本书受到
云南省哲学社会科学学术著作出版资助项目
资助

本书为
云南师范大学中国史一级学科博士点建设成果

朱俊 著

抗战时期
云南中等教育研究

中国社会科学出版社

图书在版编目（CIP）数据

抗战时期云南中等教育研究／朱俊著．—北京：中国社会科学出版社，2022.1

ISBN 978-7-5203-9194-8

Ⅰ.①抗… Ⅱ.①朱… Ⅲ.①地方教育—中等教育—教育史—云南—1937-1945 Ⅳ.①G639.29

中国版本图书馆 CIP 数据核字（2021）第 191378 号

出 版 人	赵剑英
责任编辑	耿晓明
责任校对	刘　娟
责任印制	李寡寡

出　　版	中国社会科学出版社
社　　址	北京鼓楼西大街甲 158 号
邮　　编	100720
网　　址	http://www.csspw.cn
发 行 部	010-84083685
门 市 部	010-84029450
经　　销	新华书店及其他书店
印　　刷	北京明恒达印务有限公司
装　　订	廊坊市广阳区广增装订厂
版　　次	2022 年 1 月第 1 版
印　　次	2022 年 1 月第 1 次印刷
开　　本	710×1000　1/16
印　　张	16
插　　页	2
字　　数	245 千字
定　　价	98.00 元

凡购买中国社会科学出版社图书，如有质量问题请与本社营销中心联系调换
电话：010-84083683
版权所有　侵权必究

目 录

绪 论 …………………………………………………………… (1)
 一 选题意义 ……………………………………………… (3)
 二 研究现状述评 ………………………………………… (3)
 三 研究内容 ……………………………………………… (11)
 四 研究的创新点 ………………………………………… (12)
 五 研究方法 ……………………………………………… (13)

第一章 战前演进与抗战影响 ………………………………… (14)
 第一节 云南行政区划与教育行政沿革 ………………… (14)
  一 行政区划变迁 ……………………………………… (14)
  二 教育行政因革 ……………………………………… (15)
 第二节 战前云南中等教育 ……………………………… (19)
  一 普通中学教育 ……………………………………… (20)
  二 中等师范教育 ……………………………………… (24)
  三 中等职业教育 ……………………………………… (28)
 第三节 抗战对中等教育的影响 ………………………… (34)
  一 战火摧残 …………………………………………… (34)
  二 教育文化机关迁滇 ………………………………… (37)

第二章 全面抗战发生后之应对举措 ………………………… (48)
 第一节 教育战时化 ……………………………………… (48)
  一 战时须作平时看 …………………………………… (48)

二　特殊训练 …………………………………………（51）
　　三　战教议论 …………………………………………（56）
第二节　教育救济 …………………………………………（62）
　　一　收容战区失学学生 ………………………………（62）
　　二　沦陷区学校昆明恢复办学 ………………………（65）

第三章　适应战时需要的调整 ……………………………（68）
第一节　四项要则 …………………………………………（68）
　　一　组织健全化 ………………………………………（68）
　　二　任免合法化 ………………………………………（69）
　　三　服务专业化 ………………………………………（70）
　　四　待遇合理化 ………………………………………（71）
第二节　重划学区 …………………………………………（73）
　　一　普通中学分区 ……………………………………（73）
　　二　师范学校划区 ……………………………………（77）
　　三　职业学校分区 ……………………………………（82）

第四章　教育经费困境及其解决 …………………………（85）
第一节　开源节流 …………………………………………（85）
　　一　多方争取来源 ……………………………………（85）
　　二　精打细算开支 ……………………………………（92）
第二节　经费失去独立地位 ………………………………（99）
第三节　省立中等教育受创 ………………………………（102）
　　一　校班数额无奈裁减 ………………………………（102）
　　二　教师生活水平下降 ………………………………（104）
　　三　学生就学负担加重 ………………………………（109）

第五章　难能可贵之发展 …………………………………（112）
第一节　校班调整扩充 ……………………………………（112）

一　中等学校总体增加 …………………………………… （113）
　　　二　普通中学规模增加 …………………………………… （115）
　　　三　师范学校勉力推进 …………………………………… （120）
　　　四　职业学校有限推广 …………………………………… （129）
　第二节　教育质量考察 …………………………………………… （135）
　　　一　毕业会考成绩剖析 …………………………………… （135）
　　　二　统一招生考试透视 …………………………………… （143）
　第三节　教学设备添补 …………………………………………… （149）
　　　一　统筹教科用书，设法自行制造仪器 ………………… （150）
　　　二　组织设备委员会，统筹设备充实 …………………… （151）

第六章　战时云南中等学校之管理 …………………………………… （153）
　第一节　教师管理 ………………………………………………… （153）
　　　一　师资量少质低 ………………………………………… （153）
　　　二　培养改善师资 ………………………………………… （162）
　　　三　改善教师待遇 ………………………………………… （166）
　第二节　学生管理 ………………………………………………… （170）
　　　一　指导毕业生就业 ……………………………………… （170）
　　　二　保障在校生就读 ……………………………………… （175）
　第三节　适应形势的特种教育 …………………………………… （179）
　　　一　加强学生训导 ………………………………………… （179）
　　　二　开展后方服务 ………………………………………… （181）
　　　三　组织学生集训 ………………………………………… （191）

第七章　西南联大与云南中等教育 …………………………………… （196）
　第一节　培植合格师资 …………………………………………… （196）
　　　一　创设师范学院 ………………………………………… （197）
　　　二　培养滇籍学生 ………………………………………… （200）
　第二节　训练在职教员 …………………………………………… （203）

一　协办暑讲会 …………………………………………（203）
　　二　主办晋修班 …………………………………………（212）
　　三　合办中学理化实验讲习班 …………………………（219）
　　四　受托主办中学英语讲习会 …………………………（221）
第三节　参与地方办学 ………………………………………（224）
　　一　天祥中学 ……………………………………………（225）
　　二　五华中学 ……………………………………………（227）
　　三　长城中学 ……………………………………………（229）

结　语 ………………………………………………………（233）
　　一　基本地位与评价 ……………………………………（233）
　　二　四个显著特征 ………………………………………（237）
　　三　可资借鉴之处 ………………………………………（240）

参考文献 ……………………………………………………（242）

后　记 ………………………………………………………（249）

绪　　论

　　中等教育是连接初等教育与高等教育的枢纽，在整个教育体系中居于十分重要的位置。民国以降，我国的教育事业已有较大的发展，但发展过程中的问题仍旧突出。1931年国联教育调查团来华考察时，认为中等教育是"中国国家教育之弱点"，云南地处西南边疆，又为战时后方，包括中等教育在内的整个教育系统均不发达。

　　云南为古之滇国，位于我国之西南隅，"据长江、西江两流域之上游，潞江、澜沧江、元江诸水贯穿其西部"，"其疆域东北界四川，西北界西康，东界广西，东南界贵州，南界越南，西与西南界缅甸"①。云南地形甚复杂，有高山、丘陵、盆地，全境面积约40万平方公里，90%以上为山区，素有"山国"之称。因僻处边陲，山岭丛错，交通极不发达，"旧时至内地之交通，多经川黔等省以达武汉，山路崎岖，水道险恶，经年累月，始得达目的地"②。滇人以谚语"一日上一丈，云南在天上"来形容云南交通之艰险。1910年滇越铁路修成以前，"中央政府派入云南或云南赴京的各类官员所走的一条重要驿道——滇黔大道，由昆明到贵阳全程约700公里，需走20日"③。1910年滇越铁路的修建，云南有了新的交通路线，与外地的经济文化交流大大便利，滇人出入，多取道于此，然而"云南人要到广东、上海、天津等沿海各地，

---

　　① 沈云龙：《影印〈续云南通志稿〉前言》，载（清）王文韶修《续云南通志稿》第一册，文海出版社1966年版，第1页。
　　② 严德一：《云南边疆地理》，商务印书馆1946年版，第212页。
　　③ 孙代兴、吴宝璋：《云南抗日战争史（增订本）》，云南大学出版社2005年版，第165页。

以及湖南、湖北等内地各省，得办出国护照，从滇越铁路经越南海防绕海路前往"①。云南学子赴北平、南京等内地求学深造，亦须经滇越铁路出国绕行，当时将负笈内地求学与放洋海外求学并称"留学"。因为交通不便、经济落后、风气晚开，云南的文化水准和教育程度，较内地省份，尤其东部沿海省份远远落后。

云南的教育文化水平落后，受教育者人数较少。"滇省僻处边陲，文化素称落后，文盲问题很是严重"，1932年"滇省学龄儿童数共为1737568人，其中已入学的有287293人，仅占学龄儿童数的16.53%。未入学人数1459275人，占学龄儿童数的83.47%。13岁到19岁，识字人数有256113人，占13岁到19岁人口总数1522143的16.8%，不识字人数有1266030人，占13岁到19岁人口总数的83.2%。19岁到49岁，曾受小学教育的仅有684397人，受中学教育的有60703人，受大学教育的有2565人。各级受教育人数仅占全人口数的6.29%。如个别来讲，则曾受小学教育的人数仅占全人口数的5.75%；曾受中学教育的人数仅占全人口数的0.51%，而曾受大学教育的人数所占的百分数更小，仅为全人口数的0.03%。就全省各级年龄混合讲来，识字人数仅占全人口数的11.12%，而不识字人数则占88.88%"②。这种状况，也可从《云南经济》一书刊登主计处资料得到印证，"1932年之调查6岁至49岁之人口数为8408497人，其中识字人数为1028953人，占全数12%，而不识字人数为7379544人，竟占全数88%"③。云南接受中等以上教育者占全省总人口的比例相当低，迄民国二十年（1931），"全省高中初等教育就学人数，不出二十万人"④，占全省1200万人的1.67%。1912年至1939年，"云南人中得到高等教育，或是进高等教育机会的人，不满二千人。其中包含有留学生、大学生以及

---

① 杨钜廷：《云南公路对抗日战争的贡献》，载中国人民政治协商会议云南省委员会文史资料委员会编《云南文史资料选辑》第52辑，云南人民出版社1998年版，第235页。
② 郭桓：《云南省经济问题》，正中书局1940年版，第12—13页。
③ 张肖梅：《云南经济》，中国国民经济研究所，1942年，第E33页。
④ 云南省教育厅编审股编印：《三十年云南教育简报》，1941年。

科学人物在内"①。可见云南教育水平之低。

一 选题意义

抗战时期云南中等教育研究，是关于抗战时期云南地区这一特定历史时期中等教育的区域性、专题化的全面综合探讨。通过个案研究，探索云南中等教育在战时的脉络线索，对于了解近代云南教育发展具有特殊意义，并且是云南教育史和云南近代史之重要组成部分。

《国家中长期教育改革和发展规划纲要（2010—2020年）》和《云南省中长期教育改革和发展规划纲要（2010—2020年）》对初中、高中阶段教育、职业教育等，制定了发展战略，并提出了明确的要求。对于培养师资的师范教育寄予厚望。云南作为边疆民族地区，教育底子薄弱，探索战时云南中等教育，通过历史考察，为当今教育问题提供参考和方法视角，对进一步促进云南省教育发展，服务建设绿色经济强省、民族文化强省和中国面向南亚东南亚辐射中心战略，将会有积极的借鉴和启示意义。

二 研究现状述评

云南地处西南边陲，交通闭塞、经济落后、风气晚开，社会、文化、教育落后于中原地区。1901年，清政府推行"新政"，废科举立学堂，新学在云南得以创设。就中等教育而言，光绪二十八年（1902）普洱府中学堂成立，是为云南新学之始。民国肇建，云南的中等教育不断发展，并形成普通中学、师范学校、职业学校三类格局。普通中学又分为省立、市（县）立、私立三种。抗日战争爆发后，因云南地处大后方，除边疆小片区域被日本侵略者占领，昆明、保山、个旧、蒙自等少数几个城市遭受敌机轰炸外，云南大部分地区未遭受战争破坏。地处沦陷区或战区的人们为避免战争影响，纷纷内迁西北或西南，云南便是

---

① 龚自知：《目前云南教育上两个重大问题，本月五日报告于省参议会》，《云南日报》1941年1月6日。另《民元以来云南曾受高等教育人数及科别统计表》统计为2575人，载云南省志编纂委员会办公室编《续云南通志长编》中册，1986年，第839页。

其中之一。国立北京大学、国立清华大学、私立南开大学在昆明组成国立西南联合大学（以下简称"西南联大"或"联大"），同济大学、中法大学、中山大学、国立艺术专科学校等高校也迁往云南继续办学，这些大专院校的到来，极大促进了云南的教育事业发展。学界对这些内迁高校，尤其西南联大的研究着力不小，取得了丰硕的成果。

如果按照战前的发展进程，云南中等教育遵行国民政府教育部的规定，并结合本地实际，仍处于缓慢发展之中，而战争打破了平日的静寂，给云南中等教育发展带来不利的因素。不容忽视的是，内迁高校在红土高原延绵学脉的同时，沦陷区人们大量涌入云南，随之产生了一批为满足适龄青年就学的中等学校，同时在滇专科以上学校学生充实到各级各类教师队伍之中，这些对于缓解云南师资短绌的紧张状态，提高云南中等教育质量，促进云南中等教育事业发展，无疑都是"利好"。

关于"战时云南中等教育"的研究，学界尚无系统、深入的专题研究。涉及此者，多为云南抗战史、云南教育史等著作中的若干片段。此类著作多将战时云南中等教育列为其中的一个小片段，对此并无过多阐发。研究论文方面，此亦甚寥寥，主要以内迁院校对云南教育事业影响为主题展开的论述，其中又以研究西南联大对云南地方教育贡献为多。最后为回忆文章，这些记述多为时人对亲身经历之教育事业的回顾，散见于各级政协文史委员会编纂的《文史资料选辑》。

如果将这些与之相关的研究作粗疏的划分，可分为三个时期，大致如下：

（一）20 世纪 80 年代的研究

新中国成立至 20 世纪 80 年代的研究，因限于种种原因，此类研究几乎不见。改革开放后，云南学术界、教育界逐渐关注云南教育发展史，最初是一部分人回顾自己的经历。接着与战时云南中等教育有关的研究也随之出现。其中，比较有代表性的为《续云南通志长编》《云南教育大事记》《昆明文史资料选辑》（第 7 辑）等图书。

1986 年由云南省志编纂委员会办公室编的《续云南通志长编》卷五十叙述了民国云南中等教育的发展史。该书认为"云南中等教育，计有中学校、师范学校、职业学校三种设置,均创始于清末,入民国后,继续办理,力谋分途发展,数量以渐增加。"① 此书从中等学校历年设置、学制的整理与活用、课程标准的厘定及教学改进、训管的改善与学风整饬、学籍编制、校务组织六个方面简述了中学校、师范学校、职业学校中等教育三种类别学校在民国的发展经历及变迁,并以图表形式展示了1938年、1945年三种类别学校的校数、学生数、办学地等基本信息,而其中尤以中学描述较详。然而论述战时中等教育部分并不突出,只在论及私立中学发展时,视抗战时期为民国云南私立中学发展的"第二时期"。

云南省教育志编纂委员会办公室编的《云南教育大事记(公元前121年—公元1988年)》②以编年体的形式记载了云南自公元前121年至公元1988年的教育大事。其中包括了战时中等教育的变迁沿革、教育行政、教育措施及教育统计。在教育统计方面,历述各年度中等教育校数、教职员数、学生数及成绩统计情状等。

姜一鹛的《抗战时期昆明的中学》③回顾了战时昆明主要的省立、私立中学,主要分析了中学毕业生的三条出路:其一为家庭经济宽裕者,多投考西南联大、云南大学等继续深造;其二为由学校推荐就业;其三为由亲友介绍到机关、银行、商行谋职。

进入20世纪80年代,教育、学术、文化事业开始恢复正常秩序,对"战时云南中等教育"的研究,处于原始资料的收集、初步整理阶段,尚不能言及研究的广度和深度。

(二) 20世纪90年代的研究

随着改革开放的持续深入,社会主义事业的全面推进,反映在学术研究领域,即各种学术研究作品方兴未艾。这一时期,《云南教育简史》《昆明文史资料选辑》等系列作品出现,"战时云南中等教育"研

---

① 云南省志编纂委员会办公室编:《续云南通志长编》中册,第843页。
② 云南省教育志编纂委员会办公室编:《云南教育大事记(公元前121年—公元1988年)》,云南大学出版社1989年版。
③ 姜一鹛:《抗战时期昆明的中学》,载中国人民政治协商会议云南省昆明市委员会编《昆明文史资料集萃》第1卷,云南科技出版社2009年版,第919—921页。

究，呈现出一种崭新的面貌，主要表现在以下几个方面：

1. 与之相关的作品大量涌现

1990年《昆明文史资料选辑》第15辑①为教育史专辑，该辑共选登35篇文章，其中有26篇涉及中等教育，且大多数文章直接反映了战时云南中等教育的情况，兹列其代表如下：《昆明第一中学纪略》《忆抗战时期的昆华女中》《"民主、科学、生产、劳动"——忆母校长城中学》《私立五华中学述略》《回忆天南中学》《对粤秀中学的点滴回忆》《抗战时期的安宁中学》，等等。这些文章回忆了战时公立、私立中学的办学情况，对研究战时云南中学有一定的参考价值。

刘光智的专著《云南教育简史》②是这一时期研究云南教育史的一部重要作品。此书上自西汉，下迄1950年云南解放，并将之划分为三个阶段：自西汉至两宋为第一阶段，是萌芽时期；从元代至清光绪末年，是封建教育建立和发展时期；从光绪末年到抗战结束，是新式教育诞生及发展时期。作者在该书第五章"民国时期云南教育事业的发展"辟出专节讨论抗战时期云南教育，但主要以云南大学及西南联大等内迁高校的影响为焦点，并未言及中等教育。

符开甲的《杏坛往事》③收录了作者在民国云南教育史研究领域的几篇文章，其中有《民国时期云南的高等教育》《民国时期云南的中等教育》《昆明市私立中学在抗战中崛起》等。作者在《民国时期云南的中等教育》一文中回顾了普通中学、师范学校、职业学校三种类别学校各自的发展历程，其内容大致与前述之《云南教育大事记》《续云南通志长编》中相似，陈述相对详细。

该书中的《昆明市私立中学在抗战中崛起》一文则开宗明义研究战时昆明私立中学的发展。据作者统计，抗战八年，昆明的公立学校由9校63班增加至10校85班，学生数由3686人减少至3669人，而私立

---

① 中国人民政治协商会议云南省昆明市委员会文史资料委员会编：《昆明文史资料选辑》第15辑，1990年。
② 刘光智：《云南教育简史》，贵州人民出版社1993年版。
③ 符开甲：《杏坛往事》（内部印刷），1996年。

中学则由2校4班400人,增加至19校98班3562人,几乎增加10倍,与公立学校相差无几。作者分析其中的原因有四:一是公立学校的教育经费没有保障;二是抗战加快云南交通运输发展和国民经济繁荣,省外来昆就学青年增多;三是西南联大、中法大学、华中大学的内迁,保证了师资来源;四是民族意识的觉醒促进了私立中学崛起。

政协西南地区文史资料委员会编写的《抗战时期西南的教育事业》[①] 一书收录了战时部分在西南地区办学的高等院校、中等学校的回忆性文章。与战时云南中等教育有关的文章有韩志平的《抗战时期的华侨第二中学》,李宗夏的《侨中在保山历史上的作用》,杨春洲的《云大附中十年》,秋圃的《忆抗战时期的昆华女中》,杨承烈、张星泽的《丽江县立中学办学纪略》等,这些文章均为亲历者的回忆。作者们均深情地回忆了战时"读书不忘救国",在艰苦条件下弦歌不辍,并积极投身抗战宣传等活动场景。

2. 以西南联大与战时云南中等教育为主题的研究逐渐增多

战时内迁云南的高等院校主要有国立西南联大、私立中法大学、国立中山大学等,这些内迁高校对于迁入地区基础教育的进步,一是充实了各迁居地的中小学师资,二是为发展地方教育创办了一批新的中学和小学,为经济贫瘠、文教落后地区播撒了文明因素,无疑是"一场近代史上教育的西部开发运动"[②]。西南联大即为其中用力最勤、贡献甚大的佼佼者。西南联大的前身是由北大、清华、南开三校联合组建的长沙临时大学,1938年5月4日在昆明正式上课。西南联大在滇八年,帮助云南发展教育事业,一方面创设师范学院,招收云南籍学生为家乡服务,举办各种教员培训班致力于云南地方师资培训,设立附中附小为地方办学示范;另一方面,西南联大学生办学和教师到中学兼课,积极帮助云南发展基础教育。

此时期,这方面的研究主要有:

---

① 政协西南地区文史资料委员会编:《抗战时期西南的教育事业》,1994年。
② 余子侠、冉春:《中国近代西部教育开发史:以抗日战争时期为重点》,人民教育出版社2008年版,第4页。

杨立德的《西南联大师院加强与中学的联系》① 一文从培养师资的视角论述西南联大师范学院与中等学校的联系。他认为这种联系可以理解为：第一，师范学院的办学目标就是培养优良中学师资；第二，要求教师熟悉中等教育；第三，强化教学实习和教育调查。这样，西南联大师范学院使"云南中等学校以至全国中等学校的教学质量得到提高"。

杨集成的《西南联大师范学院面向中学的贡献》② 一文从培养师资和研究指导两个方面阐述了西南联大师范学院对中学的贡献。他认为，在培养师资上，西南联大师范学院的办学形式有两种：一是专门设班，如专修科；二是合作办学，如中等学校在职教员进修班、中学理化实验讲习班和中等学校在职教员讲习讨论会。就研究指导而言，主要表现在两方面：一是对中学各科教材教法的研究和指导；二是对中小学教育新途径的研究与指导。

朱鸿运的《论西南联大对云南教育文化的影响》③ 一文从三个时段回顾了云南中等教育发展历程，突出了西南联大在其中的地位。作者首先回顾了西南联大迁滇前云南中等教育的状况，又枚举了西南联大迁滇后在云南教育事业发展方面的贡献，阐述了西南联大复员北返后云南教育的面貌，最后得出了一个结论：云南的中等教育事业，在抗战期间由于各种因素的影响和推动，较之战前有很大的变化和发展，而西南联大便是其中一个重要因素。

(三) 21 世纪以来的研究

自 21 世纪以来，在前人研究的基础上，就战时云南中等教育的讨论越来越广泛深入，这方面的研究主要反映于《云南教育史》《云南抗日战争史》等研究中的相关内容。

---

① 杨立德：《西南联大师院加强与中学的联系》，《云南师范大学学报》（哲学社会科学版）1994 年第 3 期。
② 杨集成：《西南联大师范学院面向中学的贡献》，载中国人民政治协商会议云南省昆明市委员会编《昆明文史资料集萃》第 5 卷，云南科技出版社 2009 年版，第 3755—3759 页。
③ 朱鸿运：《论西南联大对云南教育文化的影响》，《楚雄师专学报》（社会科学版）1996 年第 4 期。

绪　论

蔡寿福主编的《云南教育史》① 作为中国地方教育史研究书系之一，介绍了从元谋人至海门口文化时期起至20世纪80年代的云南各个时期的教育发展史。编者认为民国以来的云南中等教育处于"初步发展"阶段，就抗战时期这一阶段来说，云南中等以上教育损失较为惨重。编者认为：这一时期普通中学教育出现两个新情况：

一是云南省教育经费失去独立性，对各类中学的影响不一。省立中学受经费及日机轰炸破坏等影响，抗战期间呈现倒退趋势。市、县立中学受经费影响不大，因内移人口增多，加之有小学教育兴盛的生源基础，迎来了初步发展机会。而私立中学因经费不依赖于政府，经费有保障，也迎来难得的发展机遇。一些内迁师生办私立中学、到私立中学兼课，在为私立中学师资队伍注入新鲜血液的同时，也提高了私立中学的信誉和地位。

二是内迁机关及高等院校缓解云南中学师资量少质低的问题。内迁机关及高校，应云南地方政府邀请，参与地方教育事业建设，通过办专修科、师训班等培养师资，缓解了云南地方师资紧张的压力，提高了地方师资水平。

编者认为，此时期中等师范教育和职业教育也"应时而为"，云南省教育厅先后颁布了诸如《修正云南省师范学生待遇通则》《云南省推行国民教育储备师资实施计划》等一系列旨在改善师范生及教师待遇，吸引更多青年投身教育的计划。

另外，该书在研究内迁高校功绩时，充分肯定了以西南联大为代表的迁滇高校的作用，这些高校在为云南教育建立样板，推动云南教育发展中发挥的作用，提出这些高校产生了三方面影响：首先，为云南的大中小学的发展树立了榜样。其次，为云南高、中等教育，特别是中等教育的发展提供了数量充足，质量上乘的师资队伍。最后，为云南私立中学的崛起做出了巨大贡献。编者指出，迁滇高校推动了云南教育发展，抗战时期也成为云南教育发展的"黄金时代"。

---

① 蔡寿福主编：《云南教育史》，云南教育出版社2001年版。

孙代兴、吴宝璋主编的《云南抗日战争史》①认为战时云南中等教育有较大发展，其主要原因在于西南联大等大批内地及沿海高等院校迁滇，为云南中等教育提供了大量师资。另外，因抗战关系，云南省人口增加，需要更多学校以满足需求，以及教育经费、小学发达等都是中等教育发展的重要因素。

此时期，学界继续投射了更多的目光到西南联大对云南中等教育贡献的研究。如张洁的《抗战时期西南联大对云南中小学教育的影响》②、夏绍先的《抗战时期云南的教育——内迁院校与云南教育的发展》③等。以张文为例，张洁纵向比较了战前、战后情况，认为西南联大对云南中学教育发展在数量、质量方面均有重要影响，并且为新中国成立后云南基础教育的进一步发展奠定坚实基础。

闻黎明的《西南联大与云南中等学校师资培养》，认为"西南联大按照教育部指示和云南省地方教育机关要求，参与了诸多与人才培养紧密联系的活动"④，重点分析了1938年、1939年"暑讲会"对中等学校师资的培养。

通过对现有研究文献的梳理，以往的研究对我们把握抗战时期云南中等教育的历史脉络具有一定的启发意义，但还存在一些不足或需要进一步拓展完善的地方：

第一，过分强调内迁院校对云南中等教育的影响。无疑，内迁院校对云南中等教育发展的促进作用显而易见，正如有学者称之为"教育西部大开发"。但忽视了云南中等教育自民国成立以来的调整、发展有其自身的本土化色彩。

第二，战时教育应对的政策语境及措施把握不够。国家、民族危亡

---

① 孙代兴、吴宝璋主编：《云南抗日战争史》（增订本），云南大学出版社2005年版。
② 张洁：《抗战时期西南联大对云南中小学教育的影响》，《楚雄师范学院学报》2004年第4期。
③ 夏绍先：《抗战时云南的教育——内迁院校与云南教育的发展》，《云南师范大学学报》（哲学社会科学版）2002年第6期。
④ 闻黎明：《西南联大与云南中等学校师资培养》，《中国国家博物馆馆刊》2012年第10期。

之际，为保存民族文化的火种，教育也须作特殊的安排。"战时须作平时看"成为战时教育主导方针。国民政府于1938年召开了全国代表大会，制定了《抗战建国纲领》，确立了战时教育的五大纲领，并通过了《战时各级教育实施方案纲要》（以下简称《纲要》）。《纲要》规定了九大方针、十七要点，明确了教育的实施准则，并规定了各级各类学校的工作重点。这些政策的出台以及云南地方颁行的章程，对于推动本地中等教育发展，具有纲领性指导作用，各种战时应对措施正是在教育施政方针政策的指引下组织实施。因而，在研究战时云南中等教育时，不可回避战时教育政策。

第三，微观研究细化、深化不够。现有研究充分肯定了以西南联大为代表的内迁高校在云南中等教育上的贡献，看到了内迁高校在培养师资上的举措，以及在战时私立中学崛起中的作用。但这些结论仅限于面上的阐述，而缺乏对诸如培养师资各项举措实施的背景、过程、效果等方面细致入微的观察。又如内迁高校师生的确主办或协办了一批昆明私立中学，但他们在这些私立中学的发展中发挥了怎样的作用、产生了多大的影响，现有研究并无太多描述。

第四，量化考察略显单薄，实证研究阙如。在探讨内迁院校与战时云南中学教育发展关系时，有学者通过比较战前、战后教育情况，已经注意到它们在云南中等教育数量增加、质量提升的过程中所起到的积极作用，但将学校数、学生数的增加，教育质量的提高完全归结于它们的影响，证据略显不足，忽视了民国以来云南中等教育逐步发展的趋势。

三 研究内容

本书包括九个部分，除绪论和结语外，正文包括七个部分：

第一部分讨论了战前云南中等教育的演进及其受抗战的影响。主要交代云南行政区划变迁，教育行政因革，战前普通中学、中等师范学校、中等职业学校的历史演进过程，以及抗战爆发后中等教育遭受的直接间接影响。

第二部分侧重抗战发生后之应对举措。围绕平时教育与战时教育之论争，叙述战时教育总方针之确立，探讨中央、云南应对时局之特殊举措以及时人关于战时教育的议论。

第三部分关注如何适应战时需要进行教育调整。研究教育均衡化发展、抗战建国需要之下，云南中等教育适时进行的修正章则、重划学区等调整措施。

第四部分讨论了教育经费面临的困境及其解决。教育经费不足是云南中等教育发展过程中的痼疾，此部分主要研究抗战时期云南地方政府在经费十分困难的情况下，筹谋经费渠道，精打细算，保障教育运转的种种努力，以及教育经费失去独立地位之后中等教育的困窘状态。

第五部分讨论中等教育难能可贵之发展。考察经过应对调整、想方设法之后的云南中等教育的学校数、班级数情况以及质量状况。

第六部分关注中等学校之管理。主要分析中等学校的师资管理、师资培养、教师待遇、学生就学、学生就业等问题，以及条分缕析了学生训导、后方服务、学生集训等适应形势的特种教育。

第七部分分析了西南联大与云南中等教育的关系。以西南联大为个案，从培植合格师资、训练在职教员、参与地方办学等方面考察迁滇高校对云南中等教育发展的贡献。

四　研究的创新点

本书的创新之处主要有以下两个方面：

（1）选题。学界对中国中等教育史的研究相对较少，而围绕战时云南这一特定时空的研究更少之又少。就战时云南中等教育研究这一主题而言，学术界还比较缺乏专门研究。虽然有一些论述，多集中于西南联大与战时云南中学发展这一主题，且较为分散。

（2）史料运用。当前的研究，在材料的运用上，多利用已出版（或内部印刷）的一些教育史资料。而本书主要利用云南省档案馆所藏民国时期云南省教育厅档案、西南联大档案，昆明市档案馆所藏民国昆明市部分中等学校档案，以及《云南教育行政周刊》《云南教育公报》《云南教育通讯》《教与学》等民国杂志进行挖掘和整理。

五 研究方法

文献法。主要收集并整理战时云南中等教育的相关资料，诸如反映此时期中等教育状况的图书、杂志、报纸、档案等。尽管就云南教育史之研究，学界已出版《云南教育简史》《云南教育史》《云南教育大事记》等书，其中也对战时云南中等教育的史料进行了一些挖掘、整理。但对战时云南的报纸、教育类刊物收集、整理还不够。虽然这一时期史料较常见，但相互矛盾之处也不难找出，且阶段性分布不均，这些问题也是本书力图解决的地方。

数量统计法。通过对战前及战时云南中等教育的相关数据进行图表整理，描述云南中等教育在各个时期的整体特征。

第一章　战前演进与抗战影响

中等教育是整个教育体系的中间环节，起到承上启下的作用，一方面是初等教育的继续，旨在培养青年身心，养成健全国民；另一方面又为研究高深学术及从事各种职业做准备。战前云南中等教育已有发展，普通中学、师范学校、职业学校已形成一定基础并逐年按计划推进。抗战军兴，战争打破了平静，给中等教育带来新的问题。

第一节　云南行政区划与教育行政沿革

民元以降，云南的行政区划几经调整，教育行政机关也几经变更，事关云南中等教育的地区差异性、分区设置以及教育行政权之归属问题。因而，有必要做一简单陈述。

一　行政区划变迁

云南位于北纬21°9′—29°15′、东经97°39′—106°12′之间，土地总面积39.4万平方公里①，形势高耸，僻处边隅，对内据南部之上游，唇齿相依，对外有山川之连带，高屋建瓴，为我国西南之屏障，边疆之雄区也。省境之内，昆明大理，雄踞中央，为腹心重镇，曲靖、昭通，控扼川黔，为东方关键，蒙自河口当南路滇越之冲，腾冲片马，扼西路滇

---

① 云南省地方志编纂委员会编：《云南省志·地理志》，云南人民出版社1998年版，第1页。

缅之要。①

清朝统治时期,云南省"共领府十四,直隶厅六,直隶州三,厅十二,州二十六,县四十一;又土府一,土州三,土司十八"②。此外,在省、府之间设立分守道和分巡道,分守道管钱谷,分巡道管刑名。两道同时兼管其他行政事务或监察所属地方事务。清末云南设有钱粮道、盐法道、巡警道、劝业道、迤东道、迤西道、迤南道、临开广道8道③分管地方行政事务及所属地方政务。各县区又于距县城较远之要地设巡检、弹压委员等官协助知县治理。民元后,8道逐渐裁撤归并,1929年全国实行省县两级制,云南各道随即裁撤。而协助知县治理之巡检、弹压等员改为县佐。1921年全省设50余县佐,历经裁撤,至1932年保留10个。

1913年,云南废除府、厅、州制,以县级行政建制为主,又于思普沿边地区设置行政总局及8个分局,管理边疆事务。1929年取消行政总局及分局,改为车里、南峤、佛海、镇越、江城、六顺6县及宁江行政委员会。1932年又改此前设置的15个行政委员会为设治局。1937年,全省112县,其中一等县有昆明、保山、丽江等25个,二等县有维西、通海、泸西等27个,三等县有路南、昆阳、弥勒等60个,此外尚有15个设治局,2个对汛区。④ 随着县级建制不断调整,至1940年,全省县级建制131个,其中市县113个、设治局16个、督办区2个⑤。

二 教育行政因革

我国历代均设有主管教育之行政机关,以推进教育事业之发展。民国以来,我国中央教育行政机关首先调整,为与中央相适应,云南地方教育行政改革也随之展开。

---

① 京滇公路周览筹备会云南分会编:《云南概览》,1937年,第3页。
② 赵尔巽等撰:《清史稿》,吉林人民出版社1998年标点本,第1583页。
③ 云南省地方志编纂委员会编:《云南省志·地理志》,第104页。
④ 京滇公路周览筹备会云南分会编:《云南概览》,第27—33页。
⑤ 云南省地方志编纂委员会编:《云南省志·地理志》,第106页。

(一) 省教育行政

民国成立后的二十年间，行政机关随时局而变化。中华民国成立之初，云南军都督府为全省最高行政机关，内设军政、参谋、军务三部及参议处、法制局，外设民政、外交、学政、实业五司及高等审、检两厅。学政司管理全省学务，当时由学界人士投票选举李华为学政司长、陈文瀚为副司长。1912年7月，参谋部和军务部合并为参谋厅，改军政部为政务厅，下设内务、财政、外交、教育、实业5司。"教育司掌管教育行政及通省各学校一切事宜"①，周钟岳为司长。

1913年实行军民分治，民政长为全省最高行政长官，都督为最高军事长官。云南军都督府奉令撤销政务厅，成立民政长行政公署，设内务、财政、教育、实业4司。教育司由云龙担任司长，下设四科：一科管文书、会计、统计、教育会议、学校卫生等；二科管师范、中小学校、幼稚园及普通教育各学校及学龄儿童就学事；三科管专门、实业各学校，外国留学生等事；四科管博物、图书馆、图书审查及社会教育的一切事宜②。

1914年北京政府撤销云南军都督府，成立云南将军行署；改民政长行政公署为巡按使公署，设政务厅，下设总务、内务、教育、实业4科。教育科分三股，为原四科基础上所改，科设佥事一人，负责教育科事务，每股设管股主事一人，一、二两科改称一、二两股，三、四两科并为第三股。1915年云南首揭护国大旗，复改将军为都督，废巡按使公署为民政厅，隶属都督府，而教育科辖于民政厅，佥事易称科长，主事改称科员，组织权限则一仍其旧。未半年，裁民政厅，设省长，省长公署内仍设政务厅，其组织与巡按使公署大略相同。教育科变为政务厅三科之一，其权限大致与前同。

随后，护法运动继起，唐继尧以靖国军总司令名义统治全省军政，官制照旧。1922年唐继尧重主省政后，初以靖国军总司令治军，省长治民，复以省长为全省最高军政长官，省长公署内设枢要、参谋、军

---

① 云南省志编纂委员会办公室编：《续云南通志长编》上册，1985年，第1079页。
② 云南省志编纂委员会办公室编：《续云南通志长编》中册，第784页。

咨、总务4处，铨叙、统计2局，外设内务、财政、军政、外交、交通、教育、实业、司法8司。1927年"二六政变"终止了唐继尧的统治，云南废省长制为合议制，3月又新订《云南省政府组织大纲》，另组省政府，选举省务委员，全省军政由省务委员会裁夺，原有各司悉改为厅。

1927年8月云南省政府奉国民政府令改组，龙云担任主席，省府下设秘书处、民政厅、财政厅、教育厅、建设厅一处四厅。根据《省政府组织法》之规定，教育厅掌理事项如下：

关于各级学校事项；

关于社会教育事项；

关于教育及学术团体事项；

关于图书馆、博物馆、公共体育场事项；

其他教育行政事项。①

教育厅设秘书室，第一、第二、第三科暨各项委员会，分掌有关业务。秘书室负责编拟机要案件，编制公报，宣传政令，复核各科文稿，管理书报等项。第一科掌理省教育经费之预决算，省、县教育人员之叙委、诉愿，厅会计、庶务、典守印信，文件之收发、缮校等事项。第二科掌理师范教育、义务教育、小学教育、幼稚教育、民众教育等事项。第三科掌理高等教育、中等教育、职业教育、社会教育、特殊教育等事项。②

1939年，云南省教育厅设置会计室，专管教育经费岁入岁出，又应新县制之需，举办国民教育，更改原来以数字命名科室之办法，分别改为中等教育科、国民教育科、社会教育科。中等教育科下设三股：第一股专管高等教育暨不属他股事项，第二股专管中学教育，第三股专管师范教育、职业教育③。另将各种委员会归纳整理为教育经费委员会，

---

① 云南省志编纂委员会办公室编：《续云南通志长编》上册，第1079页。
② 云南省志编纂委员会办公室编：《续云南通志长编》中册，第786页。
③ 《三十一年云南教育简报》，1942年，云南省档案馆藏，资料号：1012 - 004 - 02063 - 039。

国民边地教育委员会，小学教员检定委员会，卫生教育委员会，中学、师范教员检定委员会，中学、师范学生毕业会考委员会，中小学升学及职业指导委员会等。

（二）县教育行政

相较而言，省级中等教育的行政管理主体相对明确，而县级教育行政则比较含混笼统。民元以来，县地方教育行政数次更易，历经劝学员制、劝学所长制、教育局长制、教育科长制四个时期。但实际上，只有劝学所长时期，相对明晰了县地方中等教育的管理主体。

1912年，省军都督府军政部颁布《各属自治公所办法大纲》，拟将原设之劝学所并入自治公所，劝学事务由各属参事会参事员或原劝学人员专任，此种办法如若实施，教育行政机关顿失独立之地位，军政部学政司乃坚请维持劝学所，经核准后，学政司另订《劝学所暂行章程》，规定了劝学所作为县地方教育责任的主体地位，厘清其权责。

1916年2月教育部颁《劝学所及学务委员章程》，云南省遂将前项《暂行章程》废止，遵照部章办理。又拟《县教育行政组织大纲》及《街村教育行政组织大纲》，规定县知事及所属劝学所为一县教育行政之主体，"县立中、小学及师范学校，旧制乙种职业学校，并县、市、乡立之各种补习学校，由劝学所主办"①。劝学所成为县级中等教育的行政实施主体。

1922年第八届全国教育会联合会议决，各省所属各县劝学所应改为教育局，此案经教育部审核修正后，颁行《县市乡教育行政大纲》，令各地一律将劝学所改为教育局，并制定《县教育局及特别市教育局组织规程》，规定教育局长商承县知事主持全县教育事务。1929年、1930年云南省教育厅先后拟定《县教育局暂行组织规程》和《县教育局组织标准》，对地方教育行政组织加以改进。全省112县、1市、15设治局、2对汛区，除昆明市设科外，各县均设教育局，为县地方主管教育行政机关。县教育局设局长一人，县督学二人至三人，教育委员若干

---

① 云南省志编纂委员会办公室编：《续云南通志长编》中册，第791页。

人，事务委员三人，分股办理总务、学校教育、社会教育各事项。①

1937年6月，为配合新县制之推行，云南省政府根据国民政府行政院公布之《县政府裁局改科暂行规程》，饬令各县、对汛区、设治局裁局改科，教育局变成县政府第三科，除一等县专设一科外，二、三等县则建、教合设一科。第三科设科长一员，科员二人至三人，录事二人至三人，科长秉承县长处理全县教育事宜；科员秉承科长分掌全县学校教育、社会教育及其他教育行政事项；录事承办文件、缮印手续。②

第二节　战前云南中等教育

1904年1月"癸卯学制"颁行，"初步构筑了以普通教育、师范教育与实业教育为三条主干的国民教育体系。师范教育分初级师范学堂（与中等教育平行）及优级师范学堂（与高等教育平行）……实业教育除艺徒学堂（与初等小学堂平行）外，分初等实业学堂（相当于高等小学堂）、中等实业学堂（与中等教育平行）、高等实业学堂（与高等教育平行）三等"③，在学制系统上初步厘清了中等教育之界限。

民元以后，教育规章渐成体系。1922年"壬戌学制"诞生，新学制仍将中等教育分为普通中学、师范和职业教育三类，但综合中学制盛行，造成系统混乱、目标模糊，制约了中等教育发展。1932年年底，国民政府教育部相继颁发《中学法》《师范学校法》《职业学校法》等法案，中学、师范学校、职业学校分别独立设置，各自有明确目标，以此适应当时中国教育发展的实际需要。从此而后，云南依照教育部规章，开启新的纪元。

云南中等教育之设置，均创始于清末，根据中等教育之类型划分，我们先梳理战前云南普通中学、师范教育、职业教育三种类型之发展轨迹。

---

① 《云南省市县地方教育行政概况》，《云南教育公报》1936年第7期。
② 云南省志编纂委员会办公室编：《续云南通志长编》中册，第793页。
③ 李华兴主编：《民国教育史》，上海教育出版社1997年版，第79—81页。

一 普通中学教育

(一) 清末民初

光绪二十一年(1895)天津海关道盛宣怀奏设天津中西学堂,是为中国新式中等教育之滥觞,其"二等学堂"实乃中等学校之雏形。1898年总理衙门和军机大臣会呈京师大学堂章程,请求清政府通饬各省,在府州县设立小学,省会设立中学,京师设立大学,"中学"一词始见诸教育法规。1901年清廷饬令各府书院改为中学堂,但当时学制未立,各地设校互不一致。1904年颁布的《奏定中学堂章程》,中等教育才开始自成体系。该《章程》规定,中学堂以"施较深之普通教育,俾毕业后不仕者从事于各项实业,进取者升入各高等专门学堂,均有根底"[①]为宗旨,就此而言,中学堂毕业生除入仕、升学外,已兼顾就业。中学堂分官立、公立、私立3种,各府必设官立中学一所,以为示范。中学堂修业年限为5年。1909年,学部仿效德国中学分科的做法,将中学分为文、实两科。据统计,1907年全国有中学堂398所,学生30734人,1909年有中学堂438所,学生38881人[②]。

民国肇建,万象更新。1912年9月和12月,国民政府教育部先后颁布《中学校令》和《中学校令施行规则》,这些条令规定,中学校"以完足普通教育造成健全国民"[③]为宗旨。专教女子的中学成为女子中学校。按经费来源不同,中学校分为省立、县立、私立3种。中学校修业年限为4年。此时取消文、实分科,重视普通文化教育,把中学阶段纳入普通教育体系[④]。至1912年,全国有中学500所,学生59971人[⑤]。

光绪二十八年(1902),普洱府立中学堂创立,是为云南官立(公

---

① 朱有瓛主编:《中国近代学制史料》第3辑上册,华东师范大学出版社1990年版,第382—393页。
② 国民政府教育部编:《第一次中国教育年鉴》,开明书店1934年版,第193—194页。
③ 商务印书馆编:《中华民国教育新法令》第一册,商务印书馆1912年版,第32页。
④ 李华兴主编:《民国教育史》,第621页。
⑤ 国民政府教育部编:《第二次中国教育年鉴》,商务印书馆1948年版,第1428页。

立）中学之始。至光绪三十一年（1905），全省各府、厅、州等均设中学堂，昆明设省会中学堂。"因中学生源及云南师资紧张等问题的制约"①，"除省会中学堂外，一律奉命改为师范传习所"②。光绪三十四年（1908）省会中学堂改为两级师范附中，又另设云南府中学堂1所。囿于"人款两绌"，为集中人力、物力、财力办学，提学使司采用模范办法，于宣统二年（1910）将全省划为5个学区，每学区设模范中学1所和初级师范1所。然而因条件不成熟，遂将各厅、州原应设立之1所中学堂和1所初级师范学堂合办，但仍不尽如人意。是年底将各地之中学堂并于各学区之模范中学堂内。宣统三年（1911），云南府中学堂改为模范第一中学。据统计，1911年云南全省的中学仅有省模范第一中学（昆明）、第二中学（大理）、第三中学（蒙自）、两级师范附中（昆明）、实科中学（昆明）及普洱师范附中等6所③。

（二）北洋政府时期

1912年，省模范第一中学、模范第三中学、两级师范附中及实科中学合并为"省立中学校"，加上由模范第二中学改称的第二中学校，以及昆明教育界人士发起成立的昆明私立第一中学，云南全省仅有公私立中学3所。

民国元年，全省共有初等小学3715所、高等小学154所，当年初小毕业生3333人，高小毕业生935人④，当时仅有的3所中学满足不了高小毕业生升学的需要。随着小学校校数、师生数量的不断增加，客观上要求中学应有相应的发展。而经费短绌是当时公私立中学面临的共同难题，私立第一中学"不二年复因经费无着而停顿"⑤，省财政困难，无力办更多的省立中学以满足社会需求，于是将创办中学的任务交由各

---

① 蔡寿福主编：《云南教育史》，第351页。
② 云南省地方志编纂委员会编：《云南省志·教育志》，云南人民出版社1995年版，第264页。
③ 蔡寿福主编：《云南教育史》，第352页。
④ 云南省教育志编纂委员会办公室编：《云南教育大事记（公元前121年—公元1988年）》，第32—33页。
⑤ 国民政府教育部编：《第二次中国教育年鉴》，第460页。

县，而县经费照样短缺，增办中学难题根本得不到实质性解决。1914年，云南省通饬各府、厅、州将以前筹解各府中学堂的款项用来筹办联合中学，遂有昆明十一县联合中学、蒙自十三县联合中学、丽江六县联合中学、姚安四县联合中学、普洱道立中学、文山四县联合中学、大理八县联合中学及腾冲一县四行政区联合中学①8处，而保山、顺宁（今凤庆）、蒙化（今巍山）、建水、阿迷（今开远）、镇雄、弥渡、宁洱等县亦先后设立县立中学，"嗣因经费不济，相继停办"②，复由省长公署规定县立中学设立之标准，加以限制。

民国五年、六年，护国、护法运动在滇首义，教育经费被移挪为军费，"停办中等以上学校，移其费作军用者，月约三万余元"。护法运动甫结束，西南军阀间的混战继起，政局不稳、社会不安、财政困难、教费拮据，云南中学教育发展大受影响。1917年，改昭通第二师范为省立第二中学、丽江第六师范为省立第三中学、保山第五师范为省立第四中学。1922年新学制颁行，将女子师范学校和女子职业学校合并为省立女子中学。迄1928年，云南全省共有5所省立中学，另有私立求实中学、私立成德中学、私立东陆大学附中3所私立中学和30所县立中学③。

（三）南京国民政府时期

1927年南京国民政府成立，在随后的十年间，各级教育渐趋成熟，教育目标趋于定型。1929年4月，国民政府颁布《中华民国教育宗旨及其实施方针》，确定各级教育以三民主义为旨归。1931年9月，国民党中央第157次常务会议通过《三民主义教育实施原则》，规定了中等教育目标。1932年12月教育部废除综合中学制，采用单科中学制，相继公布《中学法》《师范学校法》《职业学校法》，将普通、师范、职业三种学校分设，奠定了中等教育三足鼎立的局面。《中学法》明确了中学教育目标为："遵照中华民国教育宗旨及其实施方针，继续小学之基

---

① 蔡寿福主编：《云南教育史》，第458页。
② 云南省志编纂委员会办公室编：《续云南通志长编》中册，第843页。
③ 1929年私立成德中学改称省会第五中学。故《云南教育史》统计不准确，第458页。

础训练,以发展青年身心,培养健全国民,并为研究高深学术及从事各种职业之准备。"1933年3月《中学规程》颁行,《中学法》和《中学规程》明确中学分初级中学和高级中学,修业年限各3年,初中和高中可混设。中学分省立、市立、县立、联立、私立5种。为检验学生程度,实行毕业会考制度。1932年5月国民政府教育部推出《中小学生毕业会考暂行规程》,次年12月正式公布《中学学生毕业会考规程》。南京国民政府成立至抗战爆发的十年,全国中等教育发展迅速,1928年有中学954所,学生188700人,至1936年,有中学1956所,学生482522人①。

1927年龙云独掌云南省军政大权后,地方政局稳定,他重视教育事业,奉行"三不管":一不管经费;二不管人事;三不管成绩②,云南的教育事业步入快速发展轨道。尤其1928年年底云南省政府议决,自1929年起将卷烟特捐划作教育专款,实施教育经费独立后,教育经费相较充裕,中学教育发展较快。1929年龚自知担任教育厅厅长后,又实施了一系列计划措施。

一是颁行《云南省教育厅改进全省中学计划大纲》,对学校的设置、分配、学制、课程、班级编制、校务组织、训管、教学等均作了规定。如县立中学的设置,规定了经费、师资、生源、校舍及校具教具等;对各班次的设置,规定了初中部各年级要衔接,办足3班或4班。高中部只设普通科、师范科、农科、高科、家事科等一科者,办2班或3班,两科者为8班或6班,完全中学总数不超过12班。③ 又如对学级编制规定,中学的高级部以省立为原则,初级部以县立或共(公)立为原则。

二是"三三制"与"四二制"并行。新学制规定中学实施"三三制",即初、高中各三年。而云南的高中仅于省城办理,初中多由各县

---

① 国民政府教育部编:《第二次中国教育年鉴》,第1428、1435页。
② 龚自知:《抗日战争前龙云在云南统治概述》,载中国人民政治协商会议云南省委员会文史资料研究委员会编《云南文史资料选辑》第3辑,1963年,第49页。
③ 云南省地方志编纂委员会编:《云南省志·教育志》,第265页。

办理。为各县未能升学之初中毕业生"就业于社会,亦有较多的知识"① 计,教育厅规定1930年起各县立中学实施"四二制",即初中四年、高中二年,并鼓励各县开办高中。

三是实行中学分区。为求中学教育均衡发展,1932年2月省教育厅以"原有省立中师各校之地方为中心,更斟酌附近各县区之天然形势、文化历史,以及交通状况"②,将全省划为昆华、昭通、曲靖、楚雄、大理、丽江、永昌、开化、临安、普洱、顺宁11个中学区,1935年根据《云南省划置省学分区纲要》,又将全省重划为昆华、大理、曲靖、临安、普洱、昭通、楚雄、丽江、永昌、顺宁、开化、武定、玉溪、宜良、泸西、蒙自、石屏、东川、镇盐、两姚、华永、景东、广南、中维、腾越、镇康、澜沧、车里28个学区。

自教育部《中学法》《中学规程》等法令章程施行后,经过系列整顿,云南中学教育发展较快。1930年全省有公私立中学46所,1934年增为56所,1936年复增至68所。至抗战爆发,已达77所之规模,省立中学(含完全、初中)22所,计高中26班,学生1218人,初中98班,学生5628人;市县立中学45所,计高中6班,学生405人,初中111班,学生5516人;私立中学3所,计高中2班,学生125人,初中9班,学生473人③。

二 中等师范教育

光绪二十三年(1897)上海南洋公学设立"师范院",是为中国新式师范教育之开端。1902年张謇在南通创办的通州师范学堂,是我国第一所中等师范学校。1904年1月颁布《奏定初级师范学堂章程》和《奏定优级师范学堂章程》后,师范教育自成体系。该章程规定,师范学堂分为初级、优级两级,初级师范学堂与中学堂平行,以培养高等小

---

① 云南省地方志编纂委员会编:《云南省志·教育志》,第265页。
② 《云南省中等教育二十三年度概况》,《云南省教育公报》1935年第6期。
③ 1930年、1936年的数据见国民政府教育部编《第二次中国教育年鉴》,第460页。1934年数据见《云南省中等教育二十三年度概况》,《云南省教育公报》1935年第6期。1937年的统计见蔡寿福主编《云南教育史》,第460—461页。

学堂和初等小学堂教员为目的。省会的初级师范分为完全科、简易科，前者修业5年，服务年限为6年；后者修业1年，服务年限为3年，学生享受公费待遇。除此之外，还设有简易师范科、师范传习所、实业教员养成所等培养中小学和实业学堂师资的教育机构。1907年3月学部颁布《女子师范学堂章程》准许各州县设立女子师范学堂，女子师范教育开始纳入办学体制。据统计，1907年全国有师范学堂541所，学生36091人，其中属于速成性质的简易科和传习所有455所，占总数的84%，学生25671人，占总数的71%。1909年简易师范减至284所，学生数减至14871人，而正规师范学堂则由86所增为230所，学生数由10421人增为13701人[①]。

云南近代师范教育发端于清末光绪三十一年（1905）在省会昆明创办的初级师范学堂，专招高小毕业生。省会高等学堂亦附设师范部，办有3个优级师范班，培养中学堂和初级师范学堂师资。翌年云南省学务处将初级师范学堂改设为"省会师范传习所"，并将全省各地原设的中学堂（省会中学堂除外）改设为"师范传习所"，培养小学教师，1906年全省共有师范传习所18所，学生1140名[②]。此外传习所还附设教员讲习会，学员毕业后可到小学堂任教。同年云南学务处遵照学部令，在贡院增设5个月即能毕业之体操专修科，毕业生充任中小学堂体操教员，该届学生毕业后即裁撤。1907年，高等学堂改设为两级师范学堂（优级、简易），培养中初等学堂教师。1908年省会师范传习所停办，旋在两级师范学堂初级简易科内增设4班，学制二年，招收高小毕业生。同年，各地的师范传习所改为初级师范学堂，省会女子师范学堂亦成立，成为云南女子师范教育之开端。1909年，两级师范学堂添招"初级师范完全科"，学制五年。1910年，两级师范学堂初级简易科停办，改设"单级教员讲习所"，当年划5个学区，每区设模范中学和初级师范各1所，但因经费及生源问题，只在昆明、大理、蒙自分别设立1所初级师范学堂。

---

① 陈启天：《最近三十年中国教育史》，上海太平洋书店1930年版，第148—149页。
② 蔡寿福主编：《云南教育史》，第348页。

民国建立后，教育部于 1912 年 9 月、12 月相继颁布《师范教育令》《师范学校规程》，对师范教育进行革新，名称上将初级师范学堂改为师范学校，初级女子师范学堂改为女子师范学校，设置上提高办学规格，师范学校由府立改为省立。1912 年全国有师范学校 253 所，学生 28525 人。民初社会动荡、政局混乱，至 1915 年，师范学校减为 211 所，学生数减为 27975 人①。1912 年云南全省师范学堂改称为师范学校，"科""所"等名称照旧。省会中学校附设之初级师范班并于两级师范学堂，改称省会师范学校，同时停办单级教员讲习所。同年省教育司拟定的《省立师范学校七所章程》计划次年除省会师范学校外，在昭通、曲靖、蒙自、宁洱、永昌（保山）、丽江 6 县各办师范学校 1 所，以数字排序命名之。1913 年省会师范学校优级选科停办，改办完全科，培养小学师资。原来停办的师范传习所、讲习所复办，改称"小学教员讲习科"，交由各县办理。1914 年蒙自第四师范学校并入省会师范学校。1915—1916 年，全省有 7 所省立师范学校，学生 1516 人，15 所县办师范讲习所，学生 652 人，1 所县立女子师范学校，在校生 127 人。

护国、护法运动相继爆发，军费开支激增，教费被拨充军饷，云南教育受到极大冲击。1917 年省会师范学校改称省立第一师范学校，昭通、保山、丽江 3 所省立师范被改为省立中学，省立大理第二中学改为省立第二师范学校。1922 年省立女子师范学校亦与女子职业学校合并为省立女子中学。1923 年云南按照新学制规定，分师范教育为初级师范（又称前期师范）和高级师范（又称后期师范），前者招收高小毕业生，后者招收初中毕业生。全省省立师范仅余省会一师、大理二师、曲靖三师、宁洱四师 4 校。县立方面，除经济条件较好之昆明、顺宁（今凤庆）2 县各办 1 所师范学校外，其余各县未单独设立，联合师范学校则有"昭通等八县，富民等五县各一所"②。因小学教师紧张，33 所师范传习所得以恢复③。

---

① 国民政府教育部编：《第二次中国教育年鉴》，第 1428 页。
② 云南省志编纂委员会办公室编：《续云南通志长编》中册，第 846 页。
③ 蔡寿福主编：《云南教育史》，第 469 页。

第一章 战前演进与抗战影响

　　1922年"壬戌学制"规定，师范学校修业年限为6年，可单设后2年或后3年；招收初级中学毕业生；后3年酌行分组选修制；为补充初级小学教员之不足，可酌设相当年限之师范学校或师范讲习所。师范学校可与普通中学分设，但在具体实施中，因推行综合中学制，出现了中学合并师范学校的状况，削弱了师范教育的独立地位。

　　1928年第一次全国教育会议上，有代表提案主张师范教育独立，其理由有四：其一是保存师范教育的尊严；其二是适合师范生的需要；其三是三年师范教育年限过短；其四是师范生的待遇不同①。师范教育独立案虽引起与会代表讨论，但会议并未就此达成一致，仍以师范与普通高中合设为原则。因推进义务教育和成年补习教育，师资训练需求很大，1930年第二次全国教育会议要求师范教育独立的呼声更大。1932年12月《师范学校法》、1933年3月《师范学校规程》的颁行，标志着师范教育取得独立地位和走向规范化②。《师范学校法》明确师范教育的目标为："遵照中华民国教育宗旨及其实施方针，以严格之身心训练，养成小学之健全师资。"③ 在办学体制上，革除综合中学制"系统混淆，目的分歧"，避免了由此带来的"中学教育固无从发展，而师范与职业教育，亦流于空泛"④的弊端。自此，中等师范教育形成了一个包括师范学校、女子师范学校、乡村师范学校、师范学校附设特别师范科及幼稚师范科、简易师范学校或师范学校附设的简易师范科在内的完整系统。

　　学校制度方面，师范学校修业年限为3年，特别师范科为1年，幼稚师范科为2年或3年。师范学校由省（或直辖市）设立，也可根据地方需要，由县设立或两县联立，简易师范学校则以县立为主。师范学校招收初中毕业生，特别师范科招收高中或高级职业学校毕业生。师范生

---

① 廖世承：《三十五年来中国之中学教育》，载庄俞、贺圣鼐编《最近三十五年来之中国教育》，商务印书馆1931年版，第43页。
② 李华兴主编：《民国教育史》，第660页。
③ 1932年《国民政府公布师范学校法》，载中国第二历史档案馆编《中华民国史档案资料汇编》第五辑第一编教育，江苏古籍出版社1994年版，第415页。
④ 李华兴主编：《民国教育史》，第661页。

一律免收学费，酌免或全免膳食费。

1929年云南政局渐趋稳定，教育经费独立后，省教育事业有了经费保障。省政府颁行教育行政方针，省教育厅亦发布《饬属办理义务教育师资训练所》《令发义务教育师资训练所教科范本》《令各县义务教育师资训练所加授民众并颁发范本》《令各县继续开办义务教育师资训练所并按年轮调教员讲习》，并拟定《改进全省师范教育计划大纲》①等条令文件。1931年布告《改进全省师范教育实施纲要》对师范教育发展进行了五年规划，要求各县设置乡村师范学校一所。此时，全省共有设于省会之第一、第六师范学校，大理第二师范学校，曲靖第三师范学校，普洱第四师范学校及保山第五师范学校6所。

1932年始，教育部相继颁布《师范学校法》《师范学校规程》《修正师范学校规程》等法令章程。云南在未奉颁之前，各省立中学内多兼设高初两级师范科，各县亦设有一年或二年之师资训练所，及与初中平行之三年制乡村师范学校。为贯彻师范教育独立要求，1933年省教育厅根据《云南省立师范分区设置纲要》，划全省为昆华、曲靖、临安、大理、普洱5个师范区。1936年又重划为昆明、宣威、蒙自、思茅、保山、鹤庆、镇南7个师范区。历经推动，云南中等师范教育发展较快。据统计，1937年全省有省立师范25校，正则师范（相当于前述之高级师范）32班，学生1554人，简师29班，学生1457人；县立师范学校30校，正师1班，学生60人，简师50班，学生2185人②。对比1934年，省立师范7校，正师16班，学生696人，简师16班，学生809人；县立师范43校，70班，3053人③，省立师范的校数、班数及学生均有一定增加。

三 中等职业教育

（一）清末：实业教育萌芽

鸦片战争以后，国人在"师夷长技以制夷"的主导思想指引下开始

---

① 云南省地方志编纂委员会编：《云南省志·教育志》，第469页。
② 云南省教育志编纂委员会办公室编：《云南教育大事记（公元前121年—公元1988年）》，第61页。
③ 《云南省中等教育二十三年度概况》，《云南省教育公报》1935年第6期。

学习西方,而洋务运动的兴起,近代工业随之产生,传统的师徒相授、父子相传的技艺传承方式受到极大冲击,近代意义的职业教育开始萌芽,其标志即为1866年左宗棠在福建船政局附设船政学堂。1904年颁行的癸卯学制将职业教育分为农、工、商、商船四类,近代职业教育体系由此建立。1909年全国共有各级各类实业学堂254所,学生16649人。清末职业教育有四个特征:一是以军事工业为核心的产业技工培训;二是高度的国家垄断,民办农桑类职校既简陋又稀少;三是官办的职业教育不受市场制约,不计投入、产出,封建衙门化倾向十分严重;四是缺乏创造,效益低下。①

光绪三十年(1904),云南蚕桑学堂在昆明成立,这是近代云南实业教育的滥觞。翌年在澄江、丽江先后创办蚕桑学堂,不几年已达20余所。同时设森林学堂,创办农科。1906年又在昆明创办了10所半日制学堂。1907年各地蚕桑学堂奉命改为初等农业学堂,设蚕桑、农业、林业、兽医4科,半日制学堂亦改并为5所艺徒学堂,设纸笺、织布、鞋靴、裁缝4科,后合并为1所。是年省会蚕桑学堂、森林学堂与裁撤的体操专修科合并设立省会中等农业学堂。该校设蚕桑、农、森林3科,并附设农业教员讲习所及染织科,毕业生充任各地初等农业学堂教员。至宣统元年(1909)云南全省仅有省会中等农业学堂1所中等实业学堂,学生351人②。1910年省会及各县创设100余所女子蚕桑研究所,附设于女子师范学堂。各地之女学堂、男子初级师范学堂、中等学堂和高等小学堂也奉命增设蚕桑科,以适应云南养蚕缫丝业的发展③。可以说,清末的蚕桑实业教育,是这个时期实业教育的主流。

1910年省会女子职业学校创立,设裁缝、织布、刺绣、编物4科。同年创设的高等工矿学堂附设4个中等班,勉强撑起了全省工业人才培养的台面。

(二)中等职业教育的蹒跚(1912—1936)

1912年,农业学堂改称省会农业学校,并停办染织科。工矿学堂

---

① 李华兴主编:《民国教育史》,第672页。
② 陈启天:《最近三十年中国教育史》,第134页。
③ 蔡寿福主编:《云南教育史》,第345—346页。

改称省会工业学堂,停办高等部。初等工业学堂改为省会艺徒学校。1913年教育部颁布《实业学校令》和《实业学校规程》,将清末实业学堂重划为甲、乙两种,"甲种实业学校,施完全之普通实业教育。乙种实业学校施简易之普通实业教育"①,分别相当于原来的中、初等实业学堂。依实业性质划分,实业学校分为农业学校、工业学校、商业学校、商船学校、实业补习学校。省会农业学校改称省立甲种农业学校,各初等农业学校改称乙种农业学校;省会工业学堂改称省立甲种工业学校,并开办采矿冶金科,各初等工业学堂改称乙种工业学校。

受种种因素的困扰,全国职业教育的发展举步维艰,职业学校的数量和就读学生数的增长速度缓慢。1914年全国有职业学校525所,学生31774人②,1917年有职业学校576所,学生30517人③。1914年云南全省有1所省立甲种农业学校(11个班),1所甲种工业学校(8个班);45所乙种农业学校,5所乙种工业学校,在校生2000余人。由于政局稳定,社会安定,当局重视,这是民国"云南职业教育办得稍好的时期"④。

北洋政府为推广职业教育,发布了一系列训令。如1914年5月教育部下令各省筹设商业学校,1915年10月公布实业教员养成所规程,1917年3月要求各省甲乙种工业学校筹建像普通工厂那样的实习场所,然而由于各种实业学校经费匮乏、师资短缺,大多"工业(学校)不附设工厂,农业(学校)不附设试验场,重理论而轻实践"⑤。因为与社会实际脱节,学生毕业即失业,"实业学校"被戏称"失业学校"。据江苏省的调查,1918—1921年四年间,该省甲种实业学校毕业生,失业者达40%⑥。沿海经济发达省份如此,其他内陆经济落后省份就可想而知了。护国军兴,教育经费紧缩,职业教育受政局影响,毕业生需

---

① 商务印书馆编:《中华民国教育新法令》第五册,商务印书馆1913年版,第19页。
② 李华兴主编:《民国教育史》,第680页。
③ 李华兴主编:《民国教育史》,第680页。
④ 蔡寿福主编:《云南教育史》,第480页。
⑤ 刘鹍书:《今后当以实利主义为教育方针》,《教育杂志》1917年第6号。
⑥ 孙邦正:《六十年来的中国教育》,国立编译馆1974年版,第472页。

自谋出路，而云南经济基础薄弱，农业、工业均不发达，学生前途渺茫，职业学校招生非常困难，有的学校停办。1916年乙种农业学校37校，乙种工业学校4校①，对比两年前，略有减少。

正当官办职业教育步履蹒跚之时，以中华职业教育社为代表的民间职业教育力量应运而生。1917年5月，中华职业教育社在上海成立，其目的在于"推广职业教育，改良职业教育，改良普通教育，俾为适于生活之准备"②，并计划开展四项工作：一是调查及研究；二是培养师资；三是实施职业补习教育；四是促进女子职业教育。中华职业教育社的四项主张通过全国教育联合会呈递教育部，由教育部批转全国，成为全国职业教育的纲领性文件③。民间职业教育组织的努力，促成了北洋政府改革职业教育的行动。此后教育部发布的一系列有关职业教育的咨文、训令均以中华职业教育社等全国职教界组织或人士的主张为蓝本。如1922年新学制规定，初、高级中学视地方需要，兼设各种职业科，高中分设农、工、商、家事等科；实业学校均改称职业学校。新学制颁行后，中学可兼办职业科，初高中添办农业职业科，职业教育规模不断萎缩，职业学校学生毕业后即停止续招学生。1923年云南全省职业学校停办。云南职业教育陷入沉寂之中，基础多消减，如农业学校的农场桑园及各种实习用具，工业学校的工厂及试验器具，或移转他校，或散落无存。1925年"以教授绘画、音乐及美术工艺上必须智能，养成艺术人才以供社会之需"为宗旨的云南美术学校创设，兼办农、林、师范科及中学，职业教育开始重建。

1929年云南政局逐步稳定，教育经费独立，省教育厅通令颁行《云南省教育厅扩置全省职业教育计划大纲》，职业教育渐次恢复。云南美术学校改为省立第一工业学校，省立高级中学改为省立第一农业学校。该大纲同时要求，各中等学校开设职业班，加授职业课程。在小学

---

① 云南省地方志编纂委员会编：《云南省志·教育志》，第385页。
② 黄炎培：《最近三十五年来中国之职业教育》，载庄俞、贺圣鼐编《最近三十五年来之中国教育》，第142页。
③ 《教育部咨各省区核定全国教育联合会所拟职业教育进行计划案应请照办》，《教育杂志》1918年第8号。

加授与日常生活紧密相关的科目。此后，一些普通中学改办为职业学校，一些普通中学添设职业科或附设职业科。

1930年全国第二次教育会议召开之前，职业教育发展面临的三个问题，已成为社会各界的共识，即"一、历经军阀混战，国内经济凋敝，政府如何贯彻'民生主义'，使职业教育既能为恢复经济、发展生产服务，又能在较短时期内将大量无业人员训练成有一定谋生能力、对促进生产起作用的社会成员。二、如对职业教育放任自流，显然无法胜任上述任务，因而有必要加大行政干预，加强政府主导。三、基于上述认识，教育行政部门应大幅度调整职业学校与普通学校的比例，优先发展职业教育"①。针对上述弊端，会议提出了加强职业教育，限制普通教育的发展原则。"自二十年度起，各省应根据本地情形，酌量添办高、初级农工科职业学校；各县立中学自二十年度起改为职业学校或者乡村师范学校，停招普通中学生，改招职业或师范学生，各普通中学应一律添设职业科目或增设职业科；往后凡县市或私人呈请设立普通中学的，应劝令其改办农工等科职业学校。"②此后，国民政府陆续出台了推进职业教育发展的办法和措施。1931年6月国民政府行政院发布《确定教育设施之趋向案》，提出"尽量多办职业学校和各种职业补习学校，所授科目、内容要富有弹性，以适应当地经济发展状况，并特别奖励私人开办职业学校"③。1932年12月国民党四届三中全会通过确立教育目标与改善制度案，规定职业教育以不收费为原则。同时，教育部颁布《各省市中等学校设置及经费支配办法》，限定到1937学年度止，职业教育之经费分配须占中等教育经费的35%，仅次于普通中学（40%），高于师范教育（25%）。

此外，《职业学校法》《职业学校规程》《职业补习学校规程》等法规相继颁布，规定职业学校以单科设置为宜，分初级、高级两种，程度相当于初中、高中。初级职业学校以县立为原则，高级职业学校以省或

---

① 李华兴主编：《民国教育史》，第681页。
② 国民政府教育部编：《第二次中国教育年鉴》，第1024页。
③ 《确定教育设施之趋向案》，《教育部公报》1931年第23期。

第一章 战前演进与抗战影响

直辖市设立为原则。鼓励私人积极开办职业学校,动员公私立专科学校附设职业学校。在师资检定及训练方面,1933年10月,教育部颁布了《各省市职业学科师资登记检定及训练办法大纲》。1936年教育部又出台了《补助公私立优良职业学校办法》,拨出专款对办学成绩突出之公私立职业学校予以奖励,并帮助添置教学实习设备。在国民政府的积极推动下,尤其师资、资金的大量投入,此时中等职业教育事业发展迅猛。1928年全国有职业学校157所,学生16640人,至1936年,学校数达494所,学生数为56822人[①],短短8年间,全国职业学校数增加两倍以上,学生数增加了近两倍半,职业学校与一般中学的比例也逐年上升,由1928年的16.5%上升到1936年的25.1%[②]。

1933年云南省教育厅转发教育部《职业学校法》《职业学校规程》令各属遵行,并拟定《云南全省职业学校设置纲要》呈准颁行。省立第一农业学校改称省立昆华农校,省立第一工业学校改称省立昆华工校,农校设农、林、园艺等科,工校设土木工程科,专事培养本省公路人才。该《纲要》计划在昆华学区设省立昆华农业职业学校、昆华工业职业学校、昆华女子初级家事职业学校,并筹设省立昆华商业职业学校、省立昆华女子初级商业职业学校。在省会之外,筹设省立职业学校,并督促各县设立初级职业学校和小学附设职业班。

尽管面临经费、师资及学生出路等问题,省教育厅仍尽力扩张,一方面推广农业教育,计划在各县筹办初级农业学校,培养棉蚕人才,"以供本省禁烟后推广种棉及提倡蚕桑之用";另一方面成立职业教育设计委员会,聘请"专业技术人员及富于职业教育经验者"[③],集思广益,推行职教。在这些措施的推动下,至1937年,全省共有11所职业学校,其中:省立职校有昆华高级工业职业学校、昆华高级农业学校、昆华高级护士助产学校、鼎新初级商业职业学校、庆云初级工业职业学校、玉溪初级农业职业学校、开远初级农业职业学校等10校,13班,

---

[①] 孙邦正:《六十年来的中国教育》,第484页。
[②] 李华兴主编:《民国教育史》,第684页。
[③] 《云南省中等教育二十三年度概况》,《云南省教育公报》1935年第6期。

495名学生；市立职校有市立昆明商业学校1所，111名学生；县立职校有保山初级蚕桑职业学校1所，60名学生①。

第三节　抗战对中等教育的影响

七七事变后，日本侵略者的铁蹄从关外到华北，自此而后大半个中国弥漫于战火硝烟之中。云南地处西南边陲，抗战以前，一般人或蔽于古说，或囿于偏见，视云南为"蛮夷之域""罪犯放逐地"。全面抗战爆发后，因未受战争直接影响，云南一变而为后方，抗战初期滇越铁路、滇缅公路是我国重要的国际交通线，战略地位非常重要。1938年后，内地的机关、学校、工厂陆续迁滇，缅甸陷落后大批华侨回国居滇，云南因位置关系成为难民的"避难所"，蒋介石曾称云南为"民族复兴的重要根据地"，而朱德在致龙云的信中也说，"在将来抗战中，在争取最后的搏斗中，云南将肩负更大责任"，他盛赞云南为"抗战的一个重要根据地"②。缅甸、越南陷入敌手后，越南成为敌人南进的大本营和侵华的重要基地，日机开始"光顾"云南，欲北上截断滇缅路，扰乱后方工作，企图影响抗战实力。1938年9月28日日机第一次轰炸昆明，此后对滇南、滇西不停侵扰，云南渐有失守之势。1941年12月太平洋战争爆发后，云南再变而为前线，次年滇西腾冲、龙陵一带直接被敌人占领。除了平时因交通、文化、经济落后而致教育程度低劣外，战时云南教育大受影响。

一　战火摧残

日本发动的侵略战争，造成了云南军民伤亡总数达632158人，其中军人伤亡257039人。平民直接伤亡242070人，因修建公路铁路机场

---

① 云南省教育志编纂委员会办公室编：《云南教育大事记（公元前121年—公元1988年）》，第61页。
② 《朱德致龙云信》（1938年8月21日），转引自谢本书《龙云传》，四川民族出版社1988年版，第275页。

等，造成的间接伤亡133049人；造成云南财产损失24.779亿元（1937年7月国币值）①。在云南省境内，日军空袭对云南的教育文化机关带来了严重影响。

（一）摧毁校舍

昆明是云南省的省会，全省政治、经济、文化、交通中心。自1938年9月28日始日机对昆明地区进行了长达6年3个月150批次轰炸和袭击，出动飞机1089架次，投弹3043枚②，造成了大量的人员伤亡和财产损失。敌机的炸弹炸毁校舍，破坏正常教学秩序，在持续的轰炸中，有的学校纷纷避居郊外乡间，或疏散外县，他乡办学。

1939年9月29日敌机窜入昆明上空，昆华师范中弹14枚③，炸伤校工1人，炸死租借于此的西南联大学生数人，"该校校舍校具，则被炸损失甚多"④。1940年10月13日敌机27架飞入昆明上空，投弹百余枚，省立昆华中学北院中弹数十枚。1941年1月29日30余架日机肆虐昆明市区，昆华中学北院、云瑞中学、庆云职校等校惨遭轰炸，其中云瑞中学"计命中五枚炸弹，其间有一重磅炸弹，则竟将厨房炸为深坑，死伤共十一人，而在厨中炊爨之伙夫一名，其尸身竟被炸飞于数十步之外，统计炸毁房舍二三十间，损失至少十余万"。庆云职校被炸坏校舍38间楼房，损失亦"不下二十万"⑤。同年8月14日西南联大师范学院及附属学校租借的省立昆华工校校舍被炸毁房屋89间，而女生宿舍借用的昆华中学校舍，被炸毁48间，1945年统计抗战期间被敌机轰炸损失财产时，昆华高级商业职业学校填报损失为2500万元，昆华师范学校为15926万元⑥。

---

① 云南省课题组：《云南省抗战时期人口伤亡和财产损失调研成果选辑》，中共党史出版社2010年版，第6页。
② 昆明市地方志编纂委员会编：《昆明市志》第2分册，人民出版社2002年版，第853页。
③ 《昆明师范呈报被炸情形》，《云南日报》1939年11月24日。
④ 《教育部调查教育机关被炸损失，教育厅填报教部汇办》，《云南日报》1939年4月8日。
⑤ 《倭寇故意轰炸文化机关暴行录》，《云南日报》1941年1月31日。
⑥ 云南省课题组：《云南省抗战时期人口伤亡和财产损失调研成果选辑》，第15、20页。

昆华农校因空袭迁移造成损失共计1065万元，其中1937年120万元，1938年163万元，1940年585万元，1942年140万元，1943年57万元。① 敌机对教育机关的轰炸罪行罄竹难书。

除昆明外，日机还对其他城镇进行轰炸。太平洋战争爆发后，日军加强对云南空袭，尤其对交通运输线的破坏力度较大。自1940年10月18日至1941年2月27日不到两年内，出动飞机401架次，对滇缅公路上的功果桥和惠通桥袭击、轰炸，投弹千余枚②。此外，1943年的"五四"轰炸保山县市立中等学校直接损失180.045万元③。

1938年10月至1944年12月，日军对个旧、蒙自、建水等城镇进行了数百次的狂轰滥炸。1939年4月13日下午，19架敌机分批侵入蒙自上空，"县立中学、文澜小学、县政府……中弹一二枚或二三枚不等"④。事后统计，蒙自中学被炸毁教室8间，可容纳300人的学生宿舍3院；1940年10月3日中午敌机20架分批侵袭开远，开远教育系统财产损失达550万元⑤，省立开远农校中3弹，"有二弹落大门侧，其另一枚落办公室，现尚未爆炸"⑥。1941年日机轰炸建水时，临安中学损失310.6万元⑦。

（二）疏散办学

为避袭扰，减少损失，云南省政府防空疏散委员会报呈云南省政府，并与昆明市政府协商，令昆明市公私立中小学一律迁出市区，并颁布疏散办法⑧。各中等学校奉令后纷纷疏散乡间或外县，另觅校舍。教育厅要求各校应立即离市疏散，到安全地带办学，若无法及时疏散，可

---

① 云南省课题组：《云南省抗战时期人口伤亡和财产损失调研成果选辑》，第28页。
② 保山地区地方志编纂委员会编：《保山地区志》上卷，中华书局1999年版，第654页。
③ 云南省课题组：《云南省抗战时期人口伤亡和财产损失调研成果选辑》，第95页。
④ 《蒙自被炸调查，投弹百余枚伤亡四百余人》，《云南日报》1939年4月16日。
⑤ 云南省课题组：《云南省抗战时期人口伤亡和财产损失调研成果选辑》，第151—152页。
⑥ 《敌机前午分批袭开远，前后盲目投弹数十枚我损失甚微，省立农校被炸全毁，员生幸告安全，县府积极办理善后》，《云南日报》1940年10月3日。
⑦ 云南省课题组：《云南省抗战时期人口伤亡和财产损失调研成果选辑》，第152页。
⑧ 《本市公私立中小学省府限期疏散》，《云南教育通讯》1939年第8、9期合刊。

提前放假。疏散办学者计有：昆华体育师范迁观音山上课；昆华农校迁西郊高峣；昆华工校疏散晋宁、呈贡；昆华师范迁移晋宁；昆华中学先迁玉溪九龙池，不久搬回昆明，又被迫疏散到海源寺一带露天教学，后改迁澄江；昆明市立中学疏散玉溪北城；南英中学疏散在呈贡安江村；峨岷中学迁昆明县义合乡、玉溪北城①；昆华女中迁呈贡海晏，1942年方迁回；国立云南大学附中先迁路南县（今石林县），办学4年后，又迁到昆明岗头村。

事起突然，各中等学校为躲避空袭仓促间疏散转移，正常的教学秩序受到不小冲击。疏散后，因教学、生活不便，以致很多学生急于回昆，时任昆明市教育局局长孟立人认为其中原因主要有四：一是给养方面，因为在外县无廉价公米可买，伙食费用较多，有时供不应求；二是运输方面，多因交通不便，搬运器物困难，不但花费太多，有时还影响到日常生活；三是治安方面，因为各校多疏散在乡村，常发生抢劫事件，若是女校更成问题；四是家庭方面，因为多半与学校隔绝，很少联络，以致学生生活不大安宁。②迫于形势，这些疏散学校只能维持现状，暂无他途。

二 教育文化机关迁滇

抗战爆发后，原设东部沿海、中部省份的一些工商企业、教育文化机关纷纷内迁，原本僻处西南边疆的云南，与外界交流的机会陡增。抗战爆发后，闭塞、落后的云南，在外来机构、人员及各种资源的多重因素刺激下，经济社会、教育文化得到极大发展，推动了云南社会的近代化进程。

以工业为例，1940年昆明地区主要的工厂企业达80个，仅次于重庆和川中区，居西南第3位。其中机械制造工业11个，冶炼工业6个，电器工业7个，化学工业25个，纺织工业18个，其他工业13个③。又以金融业言，抗战爆发前云南全省银行（银号）共有8家，其中银行3

---

① 孟立人：《敌机轰炸下的昆明教育》，《教育与科学》1939年第9期。
② 孟立人：《敌机轰炸下的昆明教育》，《教育与科学》1939年第9期。
③ 袁国友：《抗日战争与云南的近代化》，载中共云南省委党史研究室、云南省社会科学学会联合会等编《全民抗战的胜利——云南省纪念抗日战争胜利50周年理论研讨会论文选编》，云南教育出版社1996年版，第252页。

家、银号 5 家，另有外商银行 1 家。抗战爆发后，全国经济中心西移，不少工商企业移入滇境，加之昆明是中国对外联系和外贸的唯一陆路通道，这种情况导致了抗战开始后昆明金融业的迅速兴盛和繁荣。抗战结束时，云南全省共有金融机构 217 个，在大后方 19 个省区中位居第二，其中总机构 58 个，分支机构 159 个，占大后方同类机构的第 5 位①。

云南成为大后方，"平、津、宁、沪的许多高等学校和沿海各地的工商企业纷纷迁往昆明，几十万沦陷区的同胞逃到云南来"②。内地人口大量迁入使云南人口骤然增加，以昆明市人口为例，1932 年为 14.37 万人，1936 年为 14.2656 万人，即抗战前几年的人口基本没有增长，而 1937 年一跃而为 20.5396 万人③，抗战首年就增加了 6 万多人，增长率高达 43%，抗战时期人们纷纷涌入昆明，至抗战结束时，昆明人口已近 30 万人，比战前增加了 15 万人左右。

云南偏处一隅，战前外界名流及政府大员鲜有入滇者，以教育视导言，"江浙以及内地一带，各省的教育行政，随时有教部派员督促指导"，因为教育落后，教育部很少派督学来云南视导，1935 年陈礼江先生是第一位部派视导督学。1937 年许季康先生是中央派员督察云南的第二人④。抗战爆发后，闭塞的云南一下子涌入大批避难的外省人，其中包括大批受过中等以上教育的文化人。据统计，1943 年昆明全市有 180093 人，其中本籍人口 92371 人，而寄籍人口则为 87722 人⑤，本地人和外籍人几乎各占一半。在受调查的本籍人口 81072 人中，受过中等以上教育者为 14935 人；在受调查的寄籍人口 81378 人中，受中等以上

---

① 云南经济研究所编：《云南近代经济史文集》，《经济问题探索》杂志社，1988 年，第 242 页。
② 中国人民政治协商会议西南地区文史资料协作会议编：《抗战时期西南的交通》，云南人民出版社 1992 年版，第 384 页。
③ 骆毅：《昆明市历代人口的变迁》，《云南地方志通讯》1986 年第 2 期。
④ 《教厅昨晨纪念周许督学讲战时教育，平时教育基础不可偏废，注重技术训练培养干部人才，昨日按照日程开始视察》，《云南日报》1937 年 12 月 22 日。
⑤ 字兴军：《抗战对昆明的影响》，载中共云南省委党史研究室、云南省社会科学学会联合会等编《全民抗战的胜利——云南省纪念抗日战争胜利 50 周年理论研讨会论文选编》，第 288 页。

第一章 战前演进与抗战影响

教育者为 17216 人。在受调查的本、寄籍总人口 162450 人中，受过高等教育的本籍占 1.26%，寄籍占 1.9%；受过中等教育的本籍占 7.9%，寄籍占 8.7%。从数据统计来看，外籍人口比昆明本籍人口受教育程度高，他们的到来，提高了昆明全市的文化水准。

以西南联大为代表的一批教育文化机关迁滇办学，直接为云南教育事业服务，襄助协力云南教育文化事业发展。抗战时期，曾内迁西南地区办学的高等院校有中央大学、西南联大、浙江大学、中山大学、同济大学、燕京大学等 56 所。曾在云南办理者计有西南联大、北平研究院、经济部地质调查所、唐山工学院、中山大学、北平图书馆、中央研究院、同济大学、中正医学院、中法大学、国立艺术专科学校、静生生物调查团、中央政治学校大理分校、中央通讯社昆明通讯处、中国营造学社、中国化学会昆明分会、国民经济研究所昆明通讯处、华中大学、国立国术体育专科学校、中央国术馆、南开大学经济研究所等学术文化团体。1940 年国立专科以上院校及学术文化机关在昆者，计有西南联大等 12 所，教职员 1900 余人，学生 7300 余人，合计近万人，图书仪器及其他器材，总计约 2000 吨①。其中西南联大、华中大学、中山大学、同济大学、中法大学、国立艺专 6 所办学规模稍大，详情见表 1-1。

表 1-1　　　　　抗战时期内迁云南的高等院校②

院校名称	何时由何地内迁	内迁何地	备注
私立华中大学	1938 年武汉	云南大理	
国立中山大学	1938 年广州	云南澄江	
国立西南联合大学	1938 年北平天津	昆明	
国立同济大学	1937 年上海	先迁昆明又转四川	1946 年返沪复校
私立中法大学	北平	昆明	
国立艺专	北平 杭州	昆明	由北平艺专和杭州艺专在湘合设，先迁昆明，后迁渝

---

① 《在昆国立专科以上学校及学术文化机关之迁移》，《高等教育季刊》1941 年第 1 期。
② 中国人民政治协商会议西南地区文史资料协作会议编：《抗战时期内迁西南的高等院校》，贵州民族出版社 1988 年版，第 355 页。

这6所高校中,以西南联大在滇时间最长,对云南的贡献最大。就教育而言,西南联大创设师范学院,致力于云南中等教育师资培养和培训,附办中小学垂范地方教育。另有中法大学亦直接参与云南中等教育事业,附办中法中学。下面将重点介绍二校。

(一) 西南联大

七七事变之后,日本军国主义者发动全面侵华战争,国家遭受前所未有之创痛。在所谓的"布波涛于万里,扬国威于四方"侵略政策引导下,日军对我国的教育文化机关进行无情破坏。

日本侵略者对我国教育文化机构大肆摧残和破坏。私立南开大学首先罹难。1937年7月31日,《中央日报》报道:"两日来日机在天津投弹,惨炸各处,而全城视线,犹注意于八里台南开大学之烟火。缘日方因二十九日之轰炸,仅及两三处大楼,为全部毁灭计,乃于三十日下午三时许,日方派骑兵百余名,汽车数辆,满载煤油到处放火,秀山堂、思源堂、图书馆、教授宿舍及邻近民房,尽在烟火之中,烟火十余处,红黑相接,黑白相间,烟火蔽天,翘首观火者,皆嗟叹不已。"北平的北京大学、清华大学同样遭受重创。7月29日北平沦陷后,日军强占校舍,"图书馆被用作伤兵医院,新体育馆、生物馆用作马厩,新南院用作敌军俱乐部。各馆器物图书,取用之外,复携出变卖,有时且因搬移费手,则随意抛弃或付之一炬者"①。

日军蓄意摧毁我文化机关,不唯南开、清华。"各地之机关学校,均以变起仓促,不及准备,其能将图书设备择要移运内地者,仅居少数,其余大都随校舍毁于炮火,损失之重,实难统计。"② 据国民政府教育部粗略统计,因日军入侵,战前大学及专科以上之学校全国共108所,卢沟桥事变后,14所学校受极大之破坏,18所学校无法续办,73所学校则迁移勉强上课,财产损失甚巨(见表1-2)。

---

① 清华大学校史研究室编:《清华大学史料选编》第三卷(上),载《抗日战争时期的清华大学(1937—1946)》,清华大学出版社1994年版,第18—19页。

② 国民政府教育部编:《第二次中国教育年鉴》,第8页。

第一章　战前演进与抗战影响

表1-2　　　　　日军所致我专科以上学校财产损失　　　　（单位：万元）

大学类别	损失数①
国立大学	3650
省立大学	610
私立大学	2260
合计	6520

资料来源：《教育部发表高教文化机关损失》，《申报》1939年3月7日。

日军侵略对教育机关带来破坏性打击，如1943年经过核算，清华所受总损失，校产为487600余万元（约合战前1937年的2438万余元）；教职员私人财产损失总值为18990余万元（约合战前1937年的994000余万元）②。南开被毁更为严重，"南开数十年惨淡经营之校舍设备图书仪器，荡然全毁"③。

在日本侵略者的铁蹄下，我教育文化机关不得不采取维持策略，开始前所未有的迁移战略。当时的高等学校，"未经迁移而在原地照常开设而未受敌人威胁者"④，只有新疆的新疆学院一所学校。许多高校一迁数迁，颠沛流离，浙江大学五次迁移，迁移次数最多者为中山大学，总共迁移了八次。

国家民族生死危亡，教育文化事业损失惨重。为延绵教育文化命脉，教育文化机关不得不迁移，国立北京大学、国立清华大学、私立南开大学就是其中的典型代表。平津沦陷后，三校被迫南迁，于1937年9月在长沙筹建长沙临时大学，于11月1日开始上课。

根据教育部安排，三校联合成立筹委会（9月28日启用"长沙临大筹委会关防"），三校校长蒋梦麟、梅贻琦、张伯苓为常委。在校舍

---

① 损失数为保守估值。
② 黄延复：《历史的见证——日本侵略者破坏清华大学的历史资料》，载清华校友总会编《校友文稿资料选编》第4辑，清华大学出版社1996年版，第26页。
③ 王文俊、梁吉生等编：《南开大学校史资料选（1919—1949）》，南开大学出版社1998年版，第93页。
④ 吴俊升：《文教论评存稿》，台北正中书局1983年版，第13页。

方面，长沙临时大学经教育部与湖南省教育厅商定租用长沙韭菜园圣经学校为校舍，而文学院则迁至南岳，命名为长沙临大南岳分校；又租借陆军第四十九标营房三座、涵德女校楼房一座，分别为男、女生宿舍。在经费方面，长沙临大商得管理中英庚款董事会同意拨款25万作为筹备费。

  长沙临大共设4学院17学系，学生以北大、清华、南开三校学生为主。由于经费短缺、仪器荒芜、图书资料稀少，长沙临时大学的教学经常无法正常开展，师生群策群力，共济时艰。无奈好景不长，战争形势日益危急，1937年12月13日南京陷落，武汉、长沙告急。自11月24日日机首次袭击长沙，日机"光顾"长沙的次数越来越多。师生们已无心继续上课，长沙临时大学常委会不得不考虑再度搬迁的问题。

  为了让学校能继续办下去，必须找一个比较安全的地方。脚跟未稳，又要搬迁，群情激昂，但情势不容乐观。湖南省政府力劝长沙临大留在湖南，支持临时大学在湖南继续办学，并认为临时大学搬迁不利于稳定湖南军心民心。此时，广西省政府亦闻讯，写信建议临大搬到桂林或广西其他地方，表示欢迎学校迁桂。为此，长沙临时大学曾派人实地考察，但认为在彼地不具备办学条件。经反复研究，常委会决定迁往云南昆明，一方面昆明地处西南，远离前线，另一方面滇越铁路、滇缅公路两条国际交通线通向国外，便于采购图书设备。迁滇已成定局，而学校里反对迁校的声音也比较大，学生自治会还派人赴汉口教育部请愿，反对内迁，要求参加抗战。① 理由不外"长沙之不能安心上课，因抗战关系，非惧敌机关系，故至昆明仍不能安心上课"；"我们要监督政府，我们先跑太不像话"；"毕业同学到滇只能上二月课，毕业后还得回来"②。留下来的同学，则埋首书斋，做好自己的本位工作，读书救国。

  尽管再度搬迁的决议招致校内外的非议和责问，有激进者视为逃跑主义，但长沙临大常委会鉴于战局变化，已下定决心，并征得当局同

---

① 查良钊：《抗战以来的西南联大》，《教育杂志》1941年第1号。
② 《董奋日记》，载张寄谦编《中国教育史上的一次创举——西南联合大学湘黔滇旅行团纪实》，北京大学出版社1999年版，第359页。

第一章 战前演进与抗战影响

意，开始有条不紊地准备搬迁工作。这样，长沙临大开始了新的征程。

1938年2月，长沙临时大学分三路西迁入滇：一路沿粤汉铁路至广州、香港，乘船至越南海防，转滇越铁路到昆明；一路沿湘桂公路经桂林、柳州至南宁，再经越南转滇越铁路到昆明；一路由300余名师生组成"湘黔滇旅行团"，由闻一多、李继侗、曾昭抡等11位教师组成辅导团随行，历时68天，行程近3500里，横跨三省进入昆明，被誉为"中国教育史上的长征"。此一路，师生经受住了考验，一路上瞻仰名胜古迹，访问民族村寨，了解风土人情，感受人民疾苦，学到了书本以外的社会知识。他们采集标本，收集民谣。哲学心理学系学生刘兆吉整理出版了《西南采风录》①，闻一多、朱自清、黄钰生为之作序。政治学系学生钱能欣将68天的日记整理出版为《西南三千五百里》②。

4月2日，长沙临大奉令改称国立西南联合大学。自此，开始了在云南的办学历程。

西南联大西迁云南，初期也面临校舍紧缺之虞，经与云南地方当局商定，租借昆华农校，供理学院使用；租借拓东路迤西会馆、江西会馆、全蜀会馆等，供工学院使用。因昆明校舍暂时无着，文学院、法商学院中途寓居滇南小城蒙自。租用那里的海关用作教室，法国银行、法国领事馆用作图书馆和教职员宿舍，哥胪士洋行为师生宿舍。女生则借宿于城内早街周伯斋宅，学生呼之曰"听风楼"。西南联大在蒙自设立办事处。于1938年5月4日开始上课，三个月后迁回昆明。

1939年西南联大于昆明城外西北郊三分寺附近购得124.45亩荒地建造新校舍，为校本部（现今云南师范大学校园）。文、法商学院、理学院才得以在新校舍办学，而工学院则仍在拓东路。

西南联大最高领导机构为校常委会，下设"两会三处"，即校务委员会、教授会，教务处、总务处、建设处（后改为训导处）。

西南联大到昆之初仍设文学院、法商学院、理学院、工学院四个学院，1938年8月，应云南当局要求，为解决云南师资问题，奉教育部

---

① 刘兆吉编：《西南采风录》，商务印书馆1946年版。
② 钱能欣：《西南三千五百里》，商务印书馆1939年版。

令，增设师范学院（师范学院即云南师范大学的前身），后又设电讯专修科、在职教员晋修班、先修班、师范专修科等。至此，西南联大共有5个学院、26个系、2个专修科和1个先修班，为当时国内规模最大的高等学府之一。

西南联大的科研机构由三校独立设置，联大统一协调。1939年各大学恢复研究机构工作后，北大、清华恢复了研究院，并开始招收研究生。三校共设置13个研究所（室）32部（组），其中：北大3所11部，清华8所16部（组），南开2所（室）5部（组）。

西南联大的教师常年保持在350人左右，教授和副教授约占一半以上。西南联大常年在校学生一般在3000人左右，在昆八年，在联大就学过的学生达8000人，培养毕业生约4000人（其中研究生74人）。为什么只有4000名左右学生毕业？从各种史料来看，原因在于：西南联大有一部分学生投笔从戎，至今矗立在云南师范大学校内的《国立西南联合大学抗战以来从军学生题名碑》就刻有其中834名从军学生的名字；有的家境困窘而辍学；有的未能达到学业考核要求而未能毕业；也有一小部分因违反学校校纪而被除名。

1940年7月，日本侵略者侵入缅甸，英国被迫关闭由云南通往国外的重要国际交通线——滇缅公路，形势日趋紧张，敌机屡屡轰炸，而日本又加紧侵占越南，后方云南渐有"前线"之感。西南联大安定的生活再次被打破，学校不得不考虑疏散、搬迁的问题。鉴于此，教育部电示联大"安南现为我国通海唯一交通，暴敌时思占领，昆明毗连越境，威胁堪虞"，"宜做万一之准备"。教育部次长、原清华工学院教授顾毓琇也致函联大，称必要时"应作迁徙之准备"①。经过讨论、考察，并商询国民政府，西南联大决定当年入学的一年级新生赴四川叙永报到，校本部暂不迁往，在叙永成立分校。因战事交通阻隔，开学日期展延至1941年1月6日，有600余名学生。分校借用叙永东城的文庙用作教室，借用春秋祠（关帝庙）、南华宫供男生住宿，借用帝主宫供女

---

① 北京大学、清华大学、南开大学、云南师范大学编：《国立西南联合大学史料》会议卷，云南教育出版社1998年版，第145页。

生住宿，食堂则安排在西城的城隍庙。后局势相对稳定，学校决定撤销叙永分校，迁回昆明校本部。同年8月底，分校宣告结束。

1945年8月，抗战胜利。1946年5月，组成西南联大的三校复员北返，为答谢云南人民八年来对西南联大的支持和帮助，西南联大决定将师范学院留昆独立设置，定名为国立昆明师范学院。

西南联大在昆开学之初，《云南日报》发表社论，文章说："联合大学，是北大、清华、南开三校合并而成；在中国的文化上，在中国民族的解放史上，都有着光荣伟大的贡献；继五四运动至卢沟桥事件发生，在每一次国内的救亡运动中，他们始终是最英勇地站在全国民众，全国学生的最前线。"同时提出了三个希望：一是希望联大的理工农林等学系能"活用所学，多从实际着眼"；二是希望联大将文化运动中的表现在云南有新发展，"使沉寂荒芜的云南文化界，也闻出一点活跃的空气"；三是希望联大做好楷模，"感召其他文化同人、青年学子"，"在学问上以及其他一切工作行动上，都应不负政府培植人才一番苦心"①。西南联大也不孚云南人民厚望，着力于云南经济社会发展，推动云南教育事业进步，做出了无愧于时代的贡献。

（二）中法大学

中法大学由勤工俭学运动领导人李石曾、蔡元培等人争取法国退还庚款推动中法教育而设，"浑称也，析言之又有北京中法大学，广东中法大学，海外中法大学"。北京中法大学肇建于1920年，创办时有文理两科，1925年后发展为服尔德学院（文学科）、孔德学院（哲学科）、居礼学院（数理化科）和陆谟克学院（生物学科）。1931年服尔德学院改称文学院，孔德学院改称社会学院，居礼学院改称理学院，陆谟克学院改称医学院。

1937年抗战爆发后，北京中法大学正常的教学活动受到影响无法进行，遂决定南迁昆明。中法大学在给教育部的呈文中表示：一是南迁是法方的主意，法方认为"云南大学虽有数处，然中法教育机关，尚属

---

① 《社论：谨献给联合大学》，《云南日报》1938年5月11日。

阙如，法人中如安南总督更极力主张在云南举办相当之中法教育"。二是"属校理学院注重应用科学，此次迁昆，并非临时性质，俟将来抗战胜利后，仍留应用部分于云南，故含永久性，似与他校不同"。三是"属校理学院向与北平研究院理化生物各研究所为合作机关，师资职员以及仪器物品颇有合聘或共同购置，现北平研究院既已在昆明工作，属校理学院亦以迁昆为宜"①。教育部批准了中法大学迁滇的呈请。1938年7月中法大学租借昆明尽忠寺坡18号为办事处②。1939年11月，理学院在昆明租用北门街南菁中学旧址正式上课。后在西郊黄土坡购地百余亩新建校舍，1940年秋在昆招收新生，设文学院、理学院两个学院。时任校长李玉麟尚留北平，校长一职由北平研究院院长李书华代理。中法大学聘请西南联大教授闻一多、朱自清、吴晗、闻家驷、曾昭抡、黄子卿、周荫阿、魏建功、邵循正、罗庸等人兼任各系教授③。抗战胜利后，1946年中法大学迁回北平。

中法大学还设有附办中小学部，在北平时期曾办有孔德学校、西山中学校、温泉女子中学校、温泉中学校4所中学。抗战爆发后，这些学校遭到日伪当局的压迫而停办。1938年昆明中法中学也同时在昆开办，先设于青云街双眼井巷8号④，后迁西山高峣办学，1939年迁黄土坡，和理学院分处东西两个院子，抗战胜利后留昆续办，发展成为昆明市第五中学⑤。

云南僻处边区，交通闭塞，社会各项事业均较沿海各省落后。抗战期间，沦陷区、战区的工商企业、教育文化机关纷纷迁滇避难，云南有

---

① 《私立北平中法大学代表周发岐关于理学院南迁问题致教育部呈（1939年9月）》，转引自葛夫平《中法文化教育合作事业研究（1912—1949）》，上海书店出版社2010年版，第124—125页。

② 罗奉先：《中国的文化新阵地云南——调查迁滇学术文化团体记》，《云南教育通讯》1939年第25、26、27期合刊。

③ 段家骥、赵谦等：《中法大学在昆明》，载中国人民政治协商会议云南省昆明市委员会文史资料委员会编《昆明文史资料选辑》第7辑，1985年，第52—60页。

④ 罗奉先：《中国的文化新阵地云南——调查迁滇学术文化团体记》，《云南教育通讯》1939年第25、26、27期合刊。

⑤ 段家骥：《从中法大学到昆明第五中学》，载中国人民政治协商会议云南省昆明市委员会文史资料委员会编《昆明文史资料选辑》第29辑，1997年，第43—45页。

机会接纳外来的各种人才，希望得到他们的援助，使云南各方面都有长足的进步。为此，云南本土的官媒《云南日报》多次发表社论，希望"本省同胞不要把外来同胞看成奇货可居，不要以为外来同胞是'国币阶级'"①，也希望各级学校、文化机关、教育行政人员，以及一般的文化工作者，"不要放弃时机，亟应赶紧提高云南文化水准，融合外来文化，加紧战时文化工作，准备战后文化建设基础"，使云南成为"战时支持前方的根据地，战后寄托民族复兴的根据地"②。

---

① 《社论：为外来同胞进一言》，《云南日报》1938年3月31日。
② 《社论：发展云南文化建设》，《云南日报》1938年1月18日。

第二章　全面抗战发生后之应对举措

抗战爆发，打乱了整个国家正常的教育教学秩序。为适应战争"变态"的影响，国民政府颁布《抗战建国纲领》，以国家意志决定战时教育走向，对抗战教育进行调整应对。

第一节　教育战时化

抗战打乱了教育的正常开展，面对战时硝烟四起的形势，教育的承续接转都是问题，但又不能因为战争而彻底放弃教育。因此，战时的教育政策与教育制度，直接关乎国家教育事业的走向。

一　战时须作平时看

大敌压境，教育又该何去何从呢？随着战区扩大，战区学校是迁移他地继续办理，还是直接停办？后方学校，受战事影响，是继续办理，还是紧缩归并？是实施完全国难教育，抑或应付一时的权宜教育？1937年8月27日，国民政府教育部颁布了《总动员时督导教育工作办法纲领》，规定了各级教育的基本政策。随着敌人的不断紧逼，我军失利不断，一片片国土相继沦丧。教育界不断迁徙求保，有人提出变更教育制度，配合抗战需要。甚至有人提出"高中以上学校与战事无关者，应予改组或停办，使员生应征服役，捍卫祖国。即初中以下学生未及兵役年龄，亦可变更课程，缩短年限"[①]，有人认为这是"在悲观、失望、狂

[①] 国民政府教育部编：《第二次中国教育年鉴》，第10页。

第二章 全面抗战发生后之应对举措

躁的心理状态下，妄图孤注一掷的'亡国论'或'速胜论'等错误思想的必然结果"①。南京沦陷后，此种呼声更是甚嚣尘上。

西南联大教师中也有彷徨不定者。在长沙临时大学时，许多教师等待国家的战争动员，幻想政府征召他们去前线参加工作，或者在后方从事战时生产，或者在士兵、民众教育上尽点力。后来，国家教育方针明确后，教授们大多同意政府的意见。物理学家吴大猷先生对国民政府的教育政策一开始也持反对态度，后改为理解。他回忆说："抗战开始时，我的看法是以为应该为全面抗战，节省一切开支，研究工作也可以等战后再做。但抗战久了，我的看法也改变了，我渐觉得为了维持从事研究工作的人的精神，不能让他们长期的感到无法工作的苦闷。为了培植及训练战后恢复研究工作所需的人才，应该在可能情形下有些研究设备。"② 钱穆先生在一次讲话中说道："青年为国栋梁，乃指此后言，非指当前言。若非诸生努力读书，能求上进，岂今日诸生便即为国家之栋梁乎。今日国家困难万状，中央政府又自武汉退出，国家需才担任艰巨，标准当更提高。目前前线有人，不待在学青年去参加。"③ 据闻一多先生回忆，教授们认为"应该努力研究，以待将来建国之用，何况学生受了训，不见得比大兵打得更好"④。师生们对教育走向的人士渐趋一致，学校里的教育就变得单纯，并非因战乱而有所特殊。

1938年3月陈立夫接任教育部部长后，发表告青年书，声明三点：第一，青年愿从事军事工作者，送往军事工作地点；第二，认为不适合军事工作者，送往学校；第三，无论在何期学校肄业之青年，遇国家需要时，应随时放弃书本，以应国家征调。

1938年3月29日至4月1日，国民党在武汉召开了临时全国代表

---

① 毛礼锐、沈灌群主编：《中国教育通史》第五卷，山东教育出版社1988年版，第256页。
② 吴大猷：《抗战期中之回忆》，《传记文学》1964年第5期。
③ 钱穆：《八十忆双亲·师友杂忆》，生活·读书·新知三联书店2008年版，第201页。
④ 闻一多：《八年来的回忆与感想》，载西南联大《除夕副刊》主编《联大八年》，新星出版社2012年版，第8页。

大会，制定了《抗战建国纲领》，其中关于教育的主要有："改定教育制度及教材，推行战时教程，注重于国民道德之修养，提高科学之研究与扩充其设备；训练各种专门技术人员，予以适当之分配，以应抗战之需要；训练青年，俾能服务于战区及农村；训练妇女，俾能服务于社会事业，以增进抗战力量。"

临全大会还通过了《战时各级教育实施方案纲要》（以下简称《纲要》），指出："教育为立国之本，整个国力之构成，有赖于教育，在平时然，在战时亦然。国家教育在平时若健全充实，在战时即立著其功能；其有缺点，则一至战时，此等缺点即全部显露，而有待于急速之补救与改正，所贵乎战时教育之设施者，即针对教育上之缺点，以谋根本之挽救而已，非战时教育之必大有异于平时也。"①

《纲要》规定了九大方针、十七要点，明确教育的实施准则，并规定各级各类学校的工作重点，如全国各级学校的迁移和设置，要与政治经济实施方针呼应，务求切实。

蒋介石在第三次全国教育会议上重申了教育方针，指出教育不分战时平时，而应循常轨，即"平时要当战时看，战时要当平时看"。关于平时教育与战时教育的争论，蒋认为是"因为我们过去不能把平时当着战时看，所以现在才有许多人不能把战时当着平时看"。他认为，教育不能遗世独立于国家需要之外，外敌压境了还安常蹈故；但因为战时，所有一切的学制课程和教育法令都可以搁在一边；"因为在战时了，我们就把所有的现代青年，无条件的都从课室、实验室、研究室里赶出来"，无选择无目的地去做应急的工作。国家需要兵员，需要各种抗战的干部，但同时国家"也需要各类深造的技术人才，需要专精研究的学者，而且尤其在抗战期间，更需要着重各种基本教育"。至此，国民政府战时教育方针政策得以确立，并指导各级各类学校的实施。

---

① 《国民党临时全国代表大会通过之战时各级教育实施方案纲要》，载中国第二历史档案馆编《中华民国史档案资料汇编》第五辑第二编教育（一），凤凰出版社1997年版，第13页。

在确定总的实施原则基础上，教育部制定了各级各类教育的实施目标。就中等教育的三种类型学校而言，其目标及施教对象分别为：

中学教育应为继续小学施行国民基础教育，以造就社会一般事业之中级中坚分子及准备进修专门学术为两大目的。初级中学应普遍设立于各县，招收小学之优秀儿童；高级中学由省分区设立，招收初中毕业之优秀学生。

师范学校教育应为培养小学健全师资之教育，养成具有忠孝、仁爱、信义、和平诸德，及各种专科学识教授方法之师资为目的。省立师范视需要分区设立，专收优秀青年免费入学。中等学校师资，设立师范学院予以专业训练。

职业学校教育应为发展生产事业之教育，以往注重公民道德与职业道德之陶冶，劳动习惯之养成，职业智能之增进，创造精神之启发，俾养成各种职业界中等创业及技术人才为目的。初级职校应各县普设，并应提倡职业补习学校，供无力升学及学徒之得受职业教育机缘；高级职业学校专招收初中毕业生之不能升入高中者，以造成各业中之中级技术人才。[①]

二 特殊训练

战事爆发后，教育部与训练总监部制定颁布《高中以上学校学生战时后方服务组织与训练办法大纲》，该大纲的主旨即平时教育与战时教育统筹结合，在正常教育之外实施国防教育，要求全国高中以上学校在战时除应继续实施正常教育外，还应加紧实施经教育部规定之特种教育，预备从事后方服务，以协助军事推进，发挥国防教育之实效。关于组织与训练，教育部要求高中以上学校酌减普通教学时数四小时至六小时，实施特殊科目的教学训练，特别要求高职及专科以上学校，注重与战争密切相关科目的训练，这些科目有机械工程、土木工程、化学工程、医学工程、医药、救护、驾驶等。

---

① 国民政府教育部编：《第二次中国教育年鉴》，第10页。

根据该大纲的指导原则，教育部要求后方各校按照军训团队编制原则，专科以上为队，高中为团，组成战时后方服务组织，协助所在地机关开展各种任务，这些工作主要包括：

宣传：采访情报，关于谣言，鼓舞民族精神，抗敌自卫，并宣传战时常识，国民责任及有关战事，重要法令。

警卫：警卫学校及其邻近秩序，并协助警察，维持地方秩序与治安。

纠察：清查户口，侦查间谍，检举奸细及不良分子，保护外侨，排斥敌货，刺探敌情等项。

交通：维持交通秩序，检查邮电，车辆船只牲口之调查征集及通信运输等项。

救护：防毒、消毒、解毒、急救、看护、担架、公共卫生等项。

救济：救济战区流亡妇孺难民等项。

防空与消防：信号警报，灯火管制，交通管制，避难统制及救火等项。

募集与慰劳：募集军事需要之物品以及现款，慰劳前方将士及受伤军民等项。①

此外，教育部还颁布《中等学校特种教育纲要》《中国童子军战时后方服务训练办法大纲》。《中国童子军战时后方服务训练办法大纲》适用于初级中学，设侦察、交通、宣传、工程、募集、救护、消防各组，每月训练一小时，以教练员或教员为组长，训练完毕后，凡年在十五岁以下者，只在校内服务。

1937年12月，云南省教育厅颁布《云南中等学校实施战时教育暂行纲要》。该纲要规定，1938年2月至6月全省各学校一律实施战时教育，战时教育分为基本训练和特殊训练两部分，分别在午前午后集中实施。基本训练之教课，即平时的正常教学课程，其教学科目、教学时数、教材分量，教育厅希望各中等学校"妥为支配，酌量减

---

① 《高中以上学校学生预备从事后方服务，依军训团队编组并分班训练，部颁办法大纲教厅转令遵办》，《云南日报》1938年9月24日。

少",但每天不得少于四小时。特殊训练之教课,分别在高级中学、师范学校、高级职业学校和初级中学、简易师范、初级职业学校实施特殊课程。高级中学、师范学校、高级职业学校的具体实施目标为:一是加授政治讲话,每周一小时;二是加强军事训练,主要限于男生;三是加强军事看护训练,主要限于女生;四是实施农工家事职业技术训练;五是推广民众师资训练。特殊训练时间为减少正课腾出之时间,主要以原来课外作业之时间充之,每天不得多于三小时。① 各项特殊训练相应编组,男生的军事训练编组遵照训练总监部颁布的学校军事训练模范队规章,在原模范队编制基础上加以扩大;女生的军事看护训练编组,分为助理护士训练班和妇婴卫生训练班,除承担军事看护外,还应充任普通医务人员之助理;农工、家事职业技术训练之编组,根据教育部颁布之《短期职业训练班暂行办法》办理,主要结合各校师资设备状况,增设日常所需实用技术训练班为主;推广民众师资训练之编组,主要依据省教育厅颁行的《义务教育短期中学师资训练班简章》,酌办民众师资训练班。

在初级中学、简易师范、初级职业学校,特殊训练之教课实施目标有三点:第一,加强童子军训练,每周普遍加授童军技术学科三小时至四小时;第二,实施劳作训练,每周加授农艺工艺、家事劳作二小时至三小时;第三,酌施通俗讲演训练。②

1938年3月,省教育厅依据部颁《高中以上学生战时后方服务组织与训练办法大纲》《中国童子军战时后方服务训练办法大纲》和《云南中等学校实施战时教育暂行纲要》,制定《云南中等学校实施战时教育暂行通则》。该通则进一步明确了云南中等学校实施战时教育的措施。主要内容有:

正常教学科目的教学时数,每周一律减少六小时,但减少某项或某

---

① 《教厅通令全省各中等学校规划实施战时教育,令发实施战时教育暂行纲要,限期拟具专案呈报查核施行》,《云南日报》1937年12月9日。
② 《教厅通令全省各中等学校规划实施战时教育,令发实施战时教育暂行纲要,限期拟具专案呈报查核施行》,《云南日报》1937年12月9日。

数项科目之教学时数,由校长慎重决定,并呈报教育厅备案,减少正课而腾出之教学时数,连同原有午后课外活动之作业时数,作为特种训练科目之教学时数。正常教学科目与特殊训练科目沿用前规,分午前午后两个时段,每周两项科目之教学总时数,不超过三十六小时。至于法定科目之教材,一概采用战时补充教材,例如自然科学各科教材,采用商务印书馆编写的中学适用自然科战时补充教材。

1938年2月该通则下发各校,全省实施的编组训练主要有以下几个方面:

第一,加强军事训练。加强高级中学及其同等学校的军事训练,扩大男生模范队编组,由国民军训会统筹办理。每周学科二小时,术科四小时,星期六下午野外演习,以造就军事下级干部。高级中学、师范学校、高初职业学校之特殊科目教学仍照男生加授军事训练、女生加授军事看护训练实施,并相应颁布《云南省高中以上学校战时军训学生模范队组织细则》《云南省立女子高中暨同等各校战时看护训练班简章》。云南省成立了11个模范中队、5个看护训练班①。初级中学、简易师范学校、初级职业学校之特殊科目教学,不分男女生,概照《中国童子军战时后方服务训练办法大纲》,加强童子军训练,以劳作训练为主。童军训练侧重技术训练,每周少则训练三小时,多则五小时,周六下午一律进行野外露营或其他活动。

第二,加强各种职业技术训练。各学校分别加强军训和童训以适应战时需要,教育厅要求各校根据原有之师资及设备,酌量举办各种以简单实用技术为主的短期职业训练班、各种以义务教育短期小学师训及民众教育为主的师资训练班。② 根据这些指导性纲领,教育厅在制定战时教育实施方案时,细化了实施目标。

高中特殊训练之具体目标为:加强军事训练,就各校开办军事初级干部训练班,以广储后备军官人才。加强军事看护训练,在女高中

---

① 龚自知:《云南战时教育设施之一斑》,《教育通讯》1938年第19期。
② 《本省中等以上学校实施战时教育,自本年二月起至六月止一律实施,男生以军训、女生以军事看护为主,教厅严密制定各项章则通令遵照》,《云南日报》1938年3月1日。

暨其同等学校，开办助理护士或妇婴卫生训练班。实施工农职业技术训练，开办各种短期职业训练班。如机械修配、汽车修理、汽车驾驶、简易测量、简易木工、简易应化、简易电气、缝纫、印刷、制图、制革、简易金工、食品腌制、打字、农产制造、制鞋、织袜、织布等。推广民众师资之训练，开办各种民教、义务、社教、艺教等项师资训练班①。

初中特殊训练之目标为：加强童子军训练，着重童军之技术训练。男生施以初级简易之工艺农艺等职业训练，女生施以初级简易之缝纫、烹饪、园艺等家事训练，但均作为劳作学科。

云南各中等学校就原有学生分别编组训练，计有民众师资训练班 4 班，缝纫训练班 4 班，短小师资训练班 5 班，防空班② 2 班，救护班 5 班，宣传班 3 班，制图班 1 班，粮食统制班 3 班，农业制造班 3 班，编织训练班 2 班，劳作训练班 2 班，无线电班 1 班，交通班 1 班，工务班 1 班，通讯班 1 班，家事班 1 班，食品制造班 1 班③。

第三，加强政治训练。为了认清行势，激发同仇敌忾的斗志，各校在原有公民科目之教学时数外，每周加授战时知识一小时，遴选政治知识宏富之教员讲授，范围比较普遍广泛，如国际政治、国际经济、战时经济问题、战地实况报告、防空防毒常识、组织民众常识、征兵问题、募债问题、国民经济建设运动、弱小民族复兴史迹④，等等。

除正常学校教育之外，在社会教育方面，也有一些举措：

其一，组织抗敌宣传队。云南省曾设有省县战时宣传委员会，专事战时宣传工作，抗战初期云南省教育厅通令各中等学校，要求各校师生

---

① 《教厅昨日商讨战时教育实施方案，决以本学期为准备试办时期，下学期开始为普遍实行时期》，《云南日报》1937 年 12 月 5 日。
② 1937 年 9 月省教育厅接到省防空协会函件后，决定在中等以上学校一律将防空常识编入正课教授，每班每周编授防空常识一小时，或各班联合受，将防空常识编入正常教学之中。见《中等以上学校编授防空常识，教厅令各校遵照》，《云南日报》1937 年 9 月 13 日。
③ 龚自知：《云南战时教育设施之一斑》，《教育通讯》1938 年第 19 期。
④ 龚自知：《云南战时教育设施之一斑》，《教育通讯》1938 年第 19 期。

就近参加省县宣传委员会工作，并利用假期组织宣传队，分赴乡村宣传，激发民众抗敌热情，加强抗战力量，如1938年年初即组织30余支宣传队在60余县进行宣传①。

其二，组织巡回话剧团。话剧宣传以其形象生动的形式，烘托气氛，引发共鸣，非一般的口头宣传能媲美。如省教育厅将金马话剧社改编为金马巡回话剧团，并依托省立昆华艺术师范学校戏剧电影科学生组织昆华巡回话剧团，到全省各地表演，并指定金马巡回剧团前往大理、腾冲、保山、梁河、盈江、莲山、凤仪、漾濞、永平、云龙、泸水等县表演，昆华剧团前往玉溪、晋宁、昆阳、江川、通海、河西、峨山、建水、蒙自、金平、石屏、龙武、曲溪等县表演②。剧本以当时富有民族意识、坚定斗志的剧本为主，歌曲以教育厅编印的"抗敌救国歌曲初编"为主。除表演外，还教导民众学唱抗战歌曲，利用各地收音机，收听抗敌消息。

三 战教议论

远在战区后方的山国云南，"战时的一切，应当如何？"成了社会各界讨论的中心。在战时标准的衡量下，原有的教育计划及实施受到影响，各种论调渐次而生。"前线主义者主张放下书本，把学校变成兵营，把男生编组成学生军，女生编组成服务团，立刻冲到前线去。否定主义者，否定了原有教育设施的一切，主张变更学校制度，变更课程，变更训练方法。"③ 这些主张恐非云南独有，正如上文所述的西南联大师生也曾徘徊彷徨。战争对既有教育秩序的冲击，不同族群是一个全国性的问题，云南的教育该如何应对？

（一）地方行政当局

云南地处西南边疆，自古以来诸多少数民族世居于此。在这块热土上，云南各族群一道辛勤劳作、生生不息。历史上，云南人民为反抗暴

---

① 龚自知：《云南战时教育设施之一斑》，《教育通讯》1938年第19期。
② 龚自知：《云南战时教育设施之一斑》，《教育通讯》1938年第19期。
③ 龚自知：《云南战时教育设施之一斑》，《教育通讯》1938年第19期。

第二章　全面抗战发生后之应对举措

力统治、民族压迫进行了一系列可歌可泣的抗争。到了近代，云南各族群人民为维护国家主权、领土完整亦进行了卓越的斗争，近代史上有名的"马嘉理事件"即其一。

民国肇建，袁世凯妄图复辟称帝，开历史倒车。1916年，云南首倡"护国运动"，一举打碎袁世凯称帝的美梦，在中国近代史上写下了浓墨重彩的一笔。作为首义之地，云南受到全国的尊重。因为地理、历史、政治等因素，云南并未受国民政府军政势力实质控制或左右，而相对自主，龙云主政云南后，尤为如此。

龙云（1884—1962），原名登云，字志舟，彝族，云南昭通人，出生在黑彝纳吉家族中，幼年丧父，流落于金沙江两岸。辛亥革命时期，投入滇军，入云南陆军讲武堂，毕业后成为云南督军唐继尧的贴身侍卫。后成为滇军第五军军长兼滇中镇守使，成为一方实权人物。1927年"二六政变"，通过"兵谏"，迫使唐继尧下台，再经过乱战，打垮胡若愚、张汝骥部，成为云南的最高统治者。龙云主政后，实行政治、经济、文化、教育等方面的整顿和改革，成效明显。在他统治时期，云南保持着比较完整的地方统治色彩，军事上有独立的滇军，经济上有自己发行的滇币。1934—1936年，红军长征两过云南，蒋介石一方面派其嫡系中央军尾追，另一方面令龙云堵剿。对蒋介石明为追剿红军，腹怀插手、控制云南的意图，龙云十分清楚，所以对红军采取尾而不堵的办法。以龙云为首的云南地方政权与国民政府处于"既抵制又互助"①的关系，云南在很大程度上的独立，龙云便有了"云南王"的称号。

作为战时后方，各种事业如何建设？在龙云的主导下，云南省实施三年行政纲要，对民政、建设、教育、金融等均缜密计划。抗战时期的云南教育该如何办，龙云仅从总纲上予以指导，提出"中教与国

---

① 陈征平：《民国政治结构变动中的云南地方与中央关系研究》，中国社会科学出版社2012年版，第144页。

教同时积极充实改进"①。而具体负责教育实施的，主要为教育厅厅长龚自知。

龚自知（1894—1967），字仲钧，云南昭通大关县人。1917年秋毕业于北京大学文科预科，返昆后与北大同学袁丕钧共办杂志《尚志》，主要介绍俄国十月革命，整理国故、地方掌故、哲学和诗文等②。1919年离开《尚志》杂志，参与创办《民觉日报》。1922年任昆明市政公所教育课课长，兼护国纪念博物馆馆长。1927年担任龙云的38军军部秘书长，兼任省政务委员会秘书长。1928—1945年出任云南省教育厅厅长。他担任教育厅厅长后，实现了云南教育经费独立，制定了一系列规章制度，建立了以昆华命名的农校、工校、昆中、昆师4所学校；在他的领导下，云南的各级各类教育均有所发展。1945年龚自知辞任教育厅厅长一职，出任省参议会议长。此外，他还担任《云南日报》常务董事一职。

抗战爆发后，云南教育如何面对变局，龚自知有明确的认识和主张。

1937年8月23日教育厅召开厅务会议，龚自知在会上传达了时任教育部部长王世杰就抗战教育行政方针、实施办法的指示：第一，抗战是长期的。无论国家处何境地，教育不可一日偏废。无论如何，均当竭力维护，保持现状。无论战区、非战区，均应设法维持。第二，非战区中之各级教育，应以共赴国难准备应战之目标，为一切设施之重心。除日常课程外，应格外加紧军训童训，严格培养守纪律重服从之习性。第三，中央给予非战地区之补助经费，决尽力设法维持。不加减缩以免既成事业受到影响。尤其义务教育、边疆教育，为救亡图存之基本工作，当绝不使因抗战而致停顿。第四，借读转学办法，业经部令通行，希望认真办理，并予借读转学者以便利。③ 这次厅务会议向与会人员传达了教育部战时教育方针，其中心思想就是抗战时期竭力维持教育现状，不

---

① 《龙主席领导群僚实施三年行政纲要，民政建设云南金融均经缜密擘画，督率各长官按期实行创造新云南》，《云南日报》1941年6月29日。

② 云南省地方志编纂委员会办公室人物志编辑组编撰：《云南省志·人物志》，云南人民出版社2002年版，第543页。

③ 《教厅厅务会议龚厅长报告抗战时期教育》，《云南日报》1937年8月25日。

因战争而使教育停顿。云南作为非战区后方,应实施国难教育,除平常教学外,还应加紧学生军事训练。

关于战时教育,龚自知既反对"教育文化是没有急迫的需要,一切都应该集中在军事第一"的观点,也反对"推翻平时教育,建立起战时教育"的见解。他认为教育,不论在何时何地,均有一成不变的本质,它是"一种觉醒青年增加青年认识的某一种东西"。为适应特定环境,不过是"把战时教育积极地,更深一步推进而已"①。那么,何谓战时教育?质言之,即"教育设施战时化"。龚自知认为,教育设施战时化,就是增加抗战之人力和物力,做到"教育军事化"和"教育生产化",一方面加强各种程度之科学技术训练,另一方面侧重军事训练和生产训练。龚自知提出,战时教育并非取平时教育而代之,而是进一步发挥平常基本训练的实际应用功能,如战时军事学术生产技术的训练,不能离开数理化。战时民众师资的训练,不能离开教育学科。

(二)教育文化界

抗战爆发后,教育如何办?云南的文化、教育界人士对未来教育的走向,畅所欲言,提出真知灼见。抗战初期,有人专门提出抵抗日本侵略者的侵略,教育必须在已有的基础上,承担起建设一个健全社会的重任,由此形成了战时教育"教育军事化"和"教育生产化"两个动向。

龚自知在《云南战时教育设施之一斑》一文中,曾列举了当时社会各界,主要是教育文化界的代表言论。

一是"教育设施战时化"。这派人认为"战时教育"为一新兴名词,其范围较之"国防教育"更为广泛,其意义不外将一切教育设施加以调整转变,使能适应战时环境,增强抗战力量。一言以蔽之,"教育设施战时化"而已②。换言之,教育的出发点和归宿点均应围绕战争,使平常不能适应非常环境的政策方略,转变使之适应,直接增进抗战的人力、物力需要,服务于军事和生产。

---

① 《教厅昨晨纪念周许督学讲战时教育,平时教育基础不可偏废,注重技术训练培养干部人才,昨日按照日程开始视察》,《云南日报》1937年12月22日。

② 龚自知:《云南战时教育设施之一斑》,《教育通讯》1938年第19期。

二是战时教育不一定是战地教育。"战地教育所设施的战时教育,大都偏重社会秩序的维持,战争灾害的救济,军事行动的协助",而战地后方的战时教育"当侧重军事训练和生产训练"①。

三是"战时教育,并非取平时教育而代之,将平时正常设施之基本训练,加以菲薄扬弃"②,而是发挥这些基本训练的应用功能。所谓教育抗战,"就是努力从事教育,借以增强抗战力量,使抗战时期社会所需各项教育都继续干下去,或创设起来。各以各的方式活动。不过,千万颗子弹打在一个靶上,一切的设施,全都只以抗战为目标"。按这种理解,他们以为学校教育要适应抗战进行一些改进,比如,读史地的要侧重说明日本帝国主义侵略我们的国耻;读经济的要打算怎样作战时统制;讲政治的要研究如何利用国际局势;讲化学的顺便要教点火药和防毒;讲物理学机械学的就带教飞机坦克③。

四是发动学校教育的力量,推行"社会式的民众教育"。社会教育除倚重社教机关外,还要组织训练班、宣传队,到民众去宣传、发动民众,激发民众抗战的热情和信心。

五是各学校的行政机构和学生编组,均应严整地军事化和规律化。

就教育的实施原则,他们提出,第一,为在敌人空袭中,保留实力,"校舍宜分散,不宜密集,宜通学,不宜寄宿,甚至露天上课也好";第二,精简课程,把此前"不切要的学科、不经济的课程",重新评估,细密选择,用节省下来的时间,加授"防空、防毒、救护、消防,以及军事上知能的锻炼和修习";第三,随着外来文化机关增多,师资来源已有所保障,要厉行专任,避免"兼课跑钟点,只知教书不学指导",教师要切实负责;第四,在经费来源受限的情况下,要采取节流办法,力求简单应用,如"上课利用笔记,可以免购书籍、文具、纸簿,可省则省。一切服务,悉令学生轮流";第五,学校教育要与社会教育打破壁垒,希望各校学生"多做生产工作,男生的工业制造,女生

---

① 龚自知:《云南战时教育设施之一斑》,《教育通讯》1938年第19期。
② 龚自知:《云南战时教育设施之一斑》,《教育通讯》1938年第19期。
③ 《发动教育抗战》,《云南日报》1937年9月3日。

第二章　全面抗战发生后之应对举措

的手工缝纫"①。

省教育厅实施战时教育"通则""纲要"出台后，教育文化界迅速回应，并在此基础上，提出了一些更为务实的主张。他们认为现时的特殊教育，应发挥科学技术在抗战中的应用，"我们抵不过敌人的地方就是战斗技术和武器上"，因此应尽量发展技术教育，培养工、农、商科人才，尤其与军事技术有关的工程、无线电、医士、护士、政治训练等中高级技术人才。就云南省培养技术人才的学校，云大、昆华工校、昆华农校、护士助产学校以及省会之外的各高级农校，虽正处于发展之中，然而数量仍不够，在教育经费锐减的情况下，应"将普通学校或办理不力的学校停止"，加以扩充技术学校。而学校里基本学科训练，还应增加抗敌问题、国际问题、民众组织训练问题、防空问题、救护问题等战时课程。至于特殊训练，则以战时服务工作及有计划的训练民众为主，要针对环境实施，开展一些切实有效的活动，切莫在街头空喊口号。如将士寒衣募集运动，女校学生参加缝制，实际上也是战地工作。抗敌宣传的同学，"单画几张日寇惨杀同胞漫画，贴在街头还嫌不够"，教师应授以学生"敌我实情、国防外交、救护防空等战时常识"②，这样在组织民众，训练民众，募集公债工作中才容易推行。

有的人更为注重特殊教育，认为高中以上学校应"改造为军事化的军官预备学校"③，提出要将高中以上理科学生施以特种军事科目训练，并安排到炮兵工兵特种部队服务。而对于初中以上学生，则以招至军官预备学校为主，使其受训后进入军官分校。这种加强中等学校军事训练，甚至发展预备军人的言论，也并非孤立的。昆华女中校长杨家凤认为高中、师范、高职要研习较高深的军事学术，尤其注重实习，"凡缺乏抗战性教材，一律摒弃"，"较高深或与抗战需要相去太远"的教材，暂行搁置。高中及同等学校的学生，应

---

① 《战时教育的几个原则》，《云南日报》1937年9月24日。
② 《社论：战时教育实施刍议》，《云南日报》1937年11月21日。
③ 《社论：战时教育实施刍议》，《云南日报》1937年11月21日。

一律以服务兵役为主①。

究竟战时后方教育,应以何为主?除基本训练、特殊训练外,还应做些什么?龚自知曾提出要"养成学生对抗战的责任心",如何承担责任?他以为学生"若能参加生产,用生产所得的,供献于抗敌,就是用自己的力量供献于国家"。因而,从这个角度讲,"战时后方的教育,应当注重使学生参加生产"②。诚如斯言,抗战能持久,需要人力、物力和财力的支持,而要充实这三种力量,必须依赖生产。西南联大教授曾作忠也认为战时后方教育应注重学生生产,其意义重要。他认为,从国家层面讲,"全国除战区以外,大学中学和小学学生的一部分,总数约有一百万人,若这一百万人加入生产,并得有良好技能的教师指导,他们的生产量必定很大"。就学生本身而言,学生参加生产,技能熟练了,"不但有助于抗战,且各人具有一技之长,将来不能升学的,也可以自谋生存"③,学生与社会有了实证和体验的机会。

第二节　教育救济

平津沦陷后,战区日益扩大,为减少战争对教育之破坏,教育部核定总动员时督导教育工作办法纲领六条,要求各省市教育厅局及公私立专科以上学校以此为办理原则。又制定各级学校临时借读办法,救济战区学生。要求各学校择安全地域避难、迁置等措施。而与后方密切相关的措施,主要有收容救济战区师生,创办国立中学等举措。

一　收容战区失学学生

教育部向来不直接主办中等教育和国民教育,而由地方直接办理。卢沟桥事变后,随着国土的连连沦陷,沦陷区、战区的教育事业遭到严

---

① 杨家凤:《实施战时教育刍议》,《云南日报》1937年12月4日。
② 《教厅昨晨纪念周许督学讲战时教育,平时教育基础不可偏废,注重技术训练培养干部人才,昨日按照日程开始视察》,《云南日报》1937年12月22日。
③ 曾作忠:《战时后方教育应注重生产》,《云南日报》1937年12月4日。

第二章 全面抗战发生后之应对举措

重破坏,各种教育停顿,大批师生被迫向后方转移。为救济这些失教失学师生,教育部于1938年2月、3月先后制定了《教育部处理由战区退出之各级学校学生办法大纲》《教育部处理战区中小学办法实施要点》,这些办法规定,"战区中等学校不能在原地继续开学,且未迁移他地,或指定借读学校者,其原有学生可向各教育厅局登记",教育部根据各地汇总情况,指定已登记志愿继续读书的学生到各国立中学肄业;志愿转学或借读他校的学生,各教育厅局有责任向各校介绍,经济困难学生可向各校请求免费;对于志愿参加战时工作者,由教育部转送军事委员会政治部,甄别合格后加以军事训练等①。另外,教育部还在后方各地建立战区中小学服务团,"计先后于河南、四川、贵州、陕西、湖北、甘肃、湖南七省成立服务团八处"②,收容战区师生。

中央令各地收容战区、沦陷区师生,除在豫、陕、甘、川、鄂、黔等省分别筹设国立中学收容失教失学师生外,又令各省就近收容流离失所之师生。抗战爆发后,战区退出之师生,虽未大批来滇,但"先后零星到各校请求收容者,为数当亦不少"③。云南省教育厅奉令后,随即令饬各中等学校迅将各该校已收容人数,列表报厅登记,并饬以后凡有战区退出学生,到校请求收容者,应一律收容④。

根据1939年5月省立昆华中学的统计,该校收容了来自浙江、河北、广东、山东、江苏、江西、福建、安徽、湖南、湖北等沦陷区、战区学生127人,其中就读于高中部的52人、初中部的75人。

收容、救济并非长久之计,只是救急之策。教育部遂决定直接担负起办理部分中等教育事业之责,创办了国立中学31所,国立华侨中学3所,国立师范学校13所,华侨师范学校2所,国立职业学校13所,共

---

① 教育部编:《教育法令汇编》第四辑,正中书局1940年版,第21页。
② 中国国民党中央委员会党史史料编纂委员会:《革命文献》第57辑,中央文物供应社1971年版,第9页。
③ 《令省会各学校及市(县)长饬具报收容战区学生及聘任战区人员案》,《云南教育公报》1938年第8期。
④ 《教部令扩充中小学级额收容战区学生,教厅转令各中小学校遵照办理并饬迅将已收容人数报厅登记》,《云南日报》1938年3月28日。

有 62 所之多，计收容学生 5 万余人，安置战区中等学校教师亦有数千①。80% 以上学生由政府供给膳食，特别贫苦的学生分别发给制服及书籍零用等费②。教育部主办这些国立学校，一方面收容战区师生，给他们就业就学之机会，另一方面这些人在后方赓续教育事业，促进了后方中等教育的发展（见表 2-1）。

表 2-1　云南省立昆华中学战区转学生统计表（1939 年 5 月）

类别	级别项目	年龄		籍贯		转自区域		现在学级	
		岁数（岁）	人数（人）	省别	人数（人）	省别	人数（人）	学级	人数（人）
高中部		15	2	云南	10	上海	9	一年级一学期	5
				浙江	7	湖南	6		
		16	4	河北	5	北平	4	一年级二学期	9
				广东	5	江苏	4		
		17	10	山东	5	浙江	4	二年级三学期	1
				江苏	4	广西	4		
		18	12	江西	4	南京	3	二年级四学期	11
				福建	3	广东	3		
		19	12	安徽	3	湖北	3	三年级五学期	13
				湖南	3	江西	3		
		20	11	广西	1	山东	3	三年级六学期	13
				湖北	1	福建	2		
		21	1	贵州	1	汉口	1	合计	52
		合计	52	共计	52	安徽	1		
						河北	1		
						河南	1		
						合计	52		

---

① 陈立夫：《战时教育行政回忆》，台湾商务印书馆股份有限公司 1973 年版，第 29 页。
② 中国第二历史档案馆编：《中华民国史档案资料汇编》第五辑第二编教育（一），第 308 页。

续表

类别/级别/项目	年龄 岁数(岁)	年龄 人数(人)	籍贯 省别	籍贯 人数(人)	转自区域 省别	转自区域 人数(人)	现在学级 学级	现在学级 人数(人)
初中部	12	5	安徽	13	湖南	14	一年级一学期	15
			江西	10	广西	8		
	13	6	江苏	9	浙江	7		
			广东	8	南京	5	一年期二学期	21
	14	9	河北	7	汉口	5		
			云南	6	广东	5		
	15	24	浙江	4	湖北	5		
			辽宁	4	上海	4	二年级一学期	10
	16	17	湖南	4	安徽	4		
			湖北	3	江西	3		
	17	7	广西	3	山东	3	二年级二学期	7
			福建	3	广州	2		
	18	4	山东	1	江苏	2		
					福建	2	三年级一学期	10
	19	3			吉林	1		
					天津	1		
	合计	75			北平	1	三年级二学期	12
					河南	1		
					香港	1	共计	75

资料来源：据昆明市档案馆藏昆华中学档案整理。昆明市档案馆此种档案全宗号为37，具体编目不详。本书只列出处，下同。

二 沦陷区学校昆明恢复办学

为救济战区流亡中等学校师生，教育部实行国立中学制，起初均称国立临时中学。1938年2月教育部颁布《国立中学暂行规程》，取消"临时"二字，次年4月改以地名命名办法为按成立先后的数字次序命名。国立中学以收容战区公私立中学及师范生为主，至1944年，在后方各省共设有国立中学28所，国立华侨中学3所、国立边疆中学3所。抗战胜利后分别移交地方办理。

1939年5月起泰国政府大量关闭华侨学校，其中仅曼谷一地，就有中华中学、黄魂中学和新民中学3所中文学校被封闭，700多名华侨学生失学，部分师生于1939年秋回国，在云南省主席龙云、昆明经济部商品检验局长蔡无忌（蔡元培之子）等人的支持下①，3校在昆明组建联办育侨中学。1939年12月5日，联办育侨中学在昆明昆华小学正式成立，中华中学校长姚巍生、黄魂中学校长张亦铮、新民中学校长纪宏良担任校委，其时有教职员13人，学生200余人，以招收泰国侨生为主。1940年春，姚、张、纪三人相继离校，新董事会决议改组学校为私立育侨中学②。1941年学校迁往呈贡。然而随着侨生源源而来，云南省教育厅令省立中学尽量编插，无奈容量有限，教育部与侨务委员会遂拟定在昆明筹设国立华侨中学③，委派刘石心为筹备主任，拨筹备费5万元，经常费每年24万元④。经过一番筹备，国立华侨中学在云南保山选定校址，1940年5月15日开始上课，并改编育侨中学为呈贡分校，1942年2月国立华侨中学更名为国立第一华侨中学。第一侨中校址设于保山龙泉门外原腾越会馆，学校大部分教学、办公场所及学生宿舍、食堂设于此，又于营盘山山下建造10余间茅屋用作教室和宿舍。

同年5月敌机轰炸保山，华侨中学被炸，校舍全毁，被炸死学生14人，受伤多人。学校遂搬迁至昆明，200余名学生暂由云南省紧急救侨委员会和西南联大华侨同学会分别接收安置⑤。而后第一侨中迁贵州清

---

① 韩志平：《抗战时期的华侨第二中学》，载中国人民政治协商会议西南地区文史资料委员会编《抗战时期西南的教育事业》，第161页。
② 云南省归国华侨联合会、云南华侨历史学会编：《赤子丰碑——华侨与抗日战争》，2005年，第457页。
③ 《昆明将筹设国立华侨中学，到滇侨胞教厅饬省中尽量编插，育侨中学定下月一日在滇复课》，《云南日报》1939年11月15日。
④ 《国立华侨中学明春在滇开学》，《云南日报》1939年12月29日。
⑤ 《市教育界捐款救济侨中同学，侨中校长昨招待各界人士，报告该校被炸及救济工作》，《云南日报》1942年5月23日。

镇五里桥乡，呈贡分校并入国立西南中山中学。因"地势偏僻，条件太差"，1944年8月教育部决定停办第一侨中，高中侨生并入国立第二华侨中学，战区生并入国立第三中学及其他国立中学①。

1940年华侨中学刚创办时有教职员62人，招收学生406人，其中高中7班235人，初中6班171人。1941年后，学生规模不断扩大（见表2-2）。

表2-2　　　　　　国立第一华侨中学历年学生数简表②

学年度	学生数（人）			班级数（个）		
	共计	高中	初中	共计	高中	初中
1940学年度第1学期	406	235	171	13	7	6
1941学年度第1学期	299	173	126	12	6	6
1941学年度第2学期	395	196	199	14	7	7
1942学年度第1学期	330	167	163	14	7	7
1942学年度第2学期	387	202	185	12	6	6
1943学年度第1学期	508	303	205	12	6	6
1943学年度第2学期	551	331	220	12	6	6

从1940年5月至1944年8月，第一侨中短暂办学4年，在滇办学仅2年。尽管时间很短，但侨中推动了保山的教育文化事业发展及社会变迁。主要表现于三个方面：一是提供了升学机会；二是侨中录取学生要求高，给本地的升学者，起到了"自觉督促的作用"；三是实行男女同校同班，这"绝无仅有的破天荒创举"③，涤荡了陈旧观念，带来了新的风气。

---

① 《国立第一华侨中学沿革》，载中国第二历史档案馆编《中华民国史档案资料汇编》第五辑第二编教育（二），江苏古籍出版社1997年版，第526页。
② 《国立第一华侨中学沿革》，载中国第二历史档案馆编《中华民国史档案资料汇编》第五辑第二编教育（二），第527页。
③ 李宗夏：《侨中在保山历史上的作用》，载中国人民政治协商会议西南地区文史资料委员会编《抗战时期西南的教育事业》，第167—168页。

第三章 适应战时需要的调整

为应时需，云南省教育厅遵照国民政府教育部相关指令，结合地方实际，推行了一系列政策和措施，意图使全省中等教育均衡、有序发展。

第一节 四项要则

20世纪30年代国民政府教育部相继颁发了《中学法》《中学规程》《师范学校法》《师范学校规程》《职业学校法》《职业学校规程》，旨在指导教育规范运行发展。抗战前又有所修正。抗战爆发后，云南省教育厅针对时代实际需要，参照教育部法令，提出中等学校四项要则，即组织健全化、任免合法化、服务专业化、待遇合理化，1939年制定《云南省立中等学校组织通则》《省立中等学校校长任免服务待遇细则》《省立中等学校教员任免服务待遇通则》《省立中等学校补助事务员司工警职掌暨待遇通则》《省立中等学校月领经费预算改编纲要》等，明确校长、教职员之职责，划一校长、教职员之待遇，以提高教育效率。

一 组织健全化

1937年10月云南省教育厅遵照教育部部颁中学、师范、职业学校各项法令，参酌本省实际情况，制定《云南省立中等学校组织规程》。该规程对学校的组织架构做了详细规定，如"省立各中等学校专设初级或高级者，其编制以三学级至六学级为率；高初两级合设者，其编制以九学级至十二学级为率"①。1938年12月云南省教育厅颁布了《修正云南省立中等学校组织通则》，对中等学校的组织构架加以修正。如规定：学校设校长一人，综理校务之全责。各校校务组织以学级数量为标准，设足六个学级至十二个学级之校，于校长之下，分设教务、训育，暨事务主任各一人；设足十三个学级至十八个学级或以上之学校，除设置前项规定的主要员额外，增设主任二人；设足三个学级至五个学级的学校，设教导主任一人；一学级至二学级之校，即由校长负教导责任，不另设主任。每两个学级设专任教员三人；三班以上之校，设会计员、医师各一人。1942年教育厅又制定了《云南省立中等学校行政组织纲要》（以下简称《组织纲要》）②，对中等学校的机构设置进一步完善。如《组织纲要》规定，学校设校长一人，主持校务。校长之下设教务主任、训导主任、事务主任各一人。会计一员（由厅委派），校工若干名，学校并从校工中酌拨校警两名，校警不以班计，全校共设两名，另设校医一人。九班以上的学校，教务主任之下设教学、注册两组长。

二　任免合法化

根据《云南省立中等学校组织规程》，1937年10月云南省教育厅同步颁行《云南省立中等学校校长任免服务待遇规程》《云南省立中等学校教员任免服务待遇规程》，对省立中等学校的校长、教职员任免进行了相应规定。省立中等学校校长由教育厅选派，省政府加委，并规定相应资格。如初级中学校长须品格健全、才学优良，且满足以下规定资格之一者：一是国内外师范大学、大学教育学院、教育科系毕业或其他院系毕业而曾习教育学科二十学分，毕业后从事教育职务二年以上成绩显著者；二是国内外大学本科、高等师范本科或专修科毕业后，从事教育职务四年以上成绩显著者。又如，高级职业学校校长，须品格健全，对于所任学校同性质之学科，确有专长，除符合基本学历外，须具备下列资格之一者：

---

① 《云南省立中等学校组织规程》，《云南教育公报》1937年第10—12期。
② 《三十一年度云南教育简报》，1942年，云南省档案馆藏，资料号：1012-004-02063-039。

(1)曾任公私立专科以上学校教员二年以上者；(2)曾任规模较大职业机关职务二年以上著有成绩者；(3)曾任初级职业学校校长三年以上著有成绩者；(4)曾任高级职业学校教员四年以上著有成绩者。①

普通教职员的任免及其职责亦有明确的规定，以事务主任为例，其共有21项职责，比如执行校务会议关于事务之决议；计划并处理全校设备事宜；计划并处理全校修筑事宜；办理校具之购置支配保管事宜；办理校具之整理修缮清洁事宜②，等等。

三 服务专业化

云南中等教育的专任师资历来偏少，根据1938年的统计，2139名教员中只有315人受过师范专业训练，约占1/7③，勉强取给，拉凑如数现象十分普遍。为改善专任教员数量偏少，提高教学程度，云南省教育厅按照教育部有关规程，厉行教员专任，如省立高初两级中学专任教员，其资格须符合《修正中学规程》第一百一十条、第一百一十一条之规定，省立师范暨简易师范学校专任教员资格，须符合《修正师范学校规程》第一百一十二条、第一百三十九条两条之规定，高初两级职业学校专任教员资格，须符合《修正职业学校规程》第九十二条、第九十三条两条之规定④。

省立中等学校校长、教员专任办法，虽自1933年颁布施行，但兼课兼职现象依然严重，为革除专任不专之弊，"取缔兼职兼课，限制旷职缺课"⑤，省教育厅制定的《云南省立中等学校校长任免服务待遇规程》《云南省立中等学校教员任免服务待遇规程》明文规定，"省立中等学校校长为专任职，不得兼任校外任何支领正式俸给之行政职务或学

---

① 《云南省立中等学校校长任免服务待遇规程》，《云南日报》1937年9月29日。
② 《云南省立中等学校教员任免服务待遇规程（续）》，《云南日报》1937年10月9日。
③ 《云南教育现状及其实施方案，龚厅长在省参会报告》，《云南日报》1940年1月7日。
④ 《各校延用专任教员应照规程办理，否则扣发月俸教厅转饬遵办》，《云南日报》1938年8月11日。
⑤ 《努力本位救国，教厅遵令整饬教育，拟定规程四种呈经省府核准，通令各校自下月一日起实行》，《云南日报》1937年9月27日。

校课务，其兼任义务或名誉职者，须先呈经教育厅核准"，"省立中等学校教员，以专任为原则，职员以由专任教员分掌为原则。专任教员均不得在校外兼任任何支领正式俸给之行政职务或学校课务"①。除上述规程外，教育厅又另定《云南省立中等学校校长教员厉行专任制度取缔兼课限制旷职缺课办法》，再次对专任制度予以强调，并对校长教员不在专任限制之列的情况加以说明，即"因服务暨进修上之必要，兼任党务机关、自治机关、学术团体、文化团体、职业团体、公益团体之非领正式俸给之义务或名誉职务者"，"校长须呈奉教育厅核准，教员须呈奉校长核准，始得照兼"②。各校奉厅令后，严格执行，如云瑞中学对于该校在外兼课之专任教职员，均遵令自行辞退，"对于到公退公时间，除由校严加整饬，并制定办公时间稽查表分达随时警惕"③。

四　待遇合理化

云南中等学校教员月俸，一向由中等教育费项下支出，后因物价飞涨等因素影响，省教育经费主要进项卷烟特捐划归国库，公教人员基本上入不敷出，以致一些人改就他业。为赓续教育事业，留住教职员，云南省教育厅想方设法提高教师月俸，增加年功，并根据《云南省立中等学校校长任免服务待遇规程》《云南省立中等学校教员任免服务待遇规程》对中等学校校长、教员的待遇明确厘定，1942年又再次调整，进一步统一标准，重定人员设置及待遇，"务使人员与事务相准，报酬与工作相衡"④（见表3-1）。

---

① 《云南省立中等学校教员任免服务待遇规程》，《云南教育公报》1937年第10—12期。
② 《云南省立中等学校校长教员厉行专任制度取缔兼课限制旷职缺课办法》，《云南教育公报》1937年第10—12期。
③ 《云瑞中学取缔兼差》，《云南日报》1937年10月2日。
④ 云南省教育厅经费委员会编：《云南省教育经费历年独立收支概况》，云南开智印刷公司1933年版，第45页。

表 3-1　1942 年云南省中等教育员工待遇标准表①

职别	高中月支俸薪（元）					初中月支俸薪（元）					备注
	一级	二级	三级	四级	五级	一级	二级	三级	四级	五级	
校长	380	350	320	290	260	360	330	300	270	240	
普通学科专任教员	220	200	180	160	140	200	180	160	140	120	
专科专任教员	250	230	210	190	170	230	210	190	170	150	
专任事务主任	170	160	150	140	130	170	160	150	140	130	八级以下同
专任文书事务主任	170	160	150	140	130	170	160	150	140	130	九级以下同
军训教官	150	140	130	120	110						
军训助教	100	90	80								
校医	250	230	210	190	170	250	230	210	190	170	
护士	140	130	120			140	130	120			
会计	220	210	200	190	180	220	210	200	190	180	
童军教练员						200	180	160	140	120	
书记	80	70	60			80	70	60			
役工	60	50	40			60	50	40			
附记	1. 校长及教职员之俸薪，师范、高职与高中同。简师、初职与初中同。 2. 凡教职人员及书记等，支俸薪在 200 元以上者，支生活补助费 50 元，200 元以下者 70 元，役工按月支食米代金 82 元，生活补助费 20 元。										

① 《三十一年云南教育简报》，1942 年，云南省档案馆藏，资料号：1012-004-02063-039。

从上述措施看，云南省教育厅制定四项要则旨在"严格组织，慎选师资，严防旷废，提高学科程度，整肃训管风纪"①，为中等学校在组织、待遇、管理等诸多方面制定标准。

第二节 重划学区

抗战期间，教育部对于各省市中等教育的一项重要措施，即订颁各类中等学校划分学区办法，通令各省依照省内人口、交通、经济、文化等情形，分别划定中学、师范、职校三类中等学校学区，分区设置各类学校，"以免重复、集中与偏枯"②，强调划分学区的重要性。

一 普通中学分区

1931年云南省根据地理交通、历史文化等划全省为11个中学区，1935年8月为求全省中等教育设置上之均衡，中学、师范、职业学校三项教育分配上之合理，"省县立之中等学校关系上之调整，各县学生会考升学之便利，并顾及义务教育督察考核之周详，小学分区研究进修之厉行，师资训练检定之举办，社会教育之统筹，与边地教育之推进种种原因起见"③，又制定《云南省划置省学分区纲要》，将全省11个学区重划为28个学区。

经过一系列调整，1937年云南全省有省立中学（含高初合设、初中）22所，高初合设的省立中学有昆华中学、昆华女中、楚雄中学、昭通中学、普洱中学、临安中学、大理中学、丽江中学、顺宁中学、曲靖中学、云南大学附中11所，省立初中有云瑞中学、富春中学、虹山中学、双塔中学、石屏中学、蒙自中学、永昌中学、武定中学、宜良中学、泸西中学、昭通女中11所。

---

① 《中等学校五项要则务使组织健全化、任免合法化、服务专业化、待遇合理化》，《云南日报》1939年7月26日。此处标题有误，内容实际上只有四项。
② 陈立夫：《战时教育行政回忆》，第30页。
③ 《云南省中等教育二十三年度概况》，《云南教育公报》1935年第6期。

省会昆明云集省立中学 7 所,几乎占据全省省中 1/3,过于集中,而云南全省 131 县,与省会距离不远之呈贡、陆良、沾益等县尚未设县立中学,更未及一县一中学之规模。且鲜有顾及女子就学,并未达到均衡发展之旨。

1938 年 12 月教育部发布训令,确定各省划分中学区办法,以每区设省立中学一所,每县设县立初级中学一所为原则,区内各校联合组织中学教育研究会,研究中学教育各问题①。云南省教育厅奉令后,为"谋各地中学教育之平均发展,及统筹设施,使供求相应,并便于组织研究,以增进其效率起见",将全省重划为十二个中学区,具体如下:

昆华中学区:辖昆明市、昆明县、嵩明县、呈贡县、晋宁县、昆阳县、安宁县、禄丰县、富民县、易门县、武定县、禄劝县、元谋县、罗次县。有省立昆华中学,省立云南大学附属中学,国立同济大学附属中学,省立云瑞、富春、虹山初级中学,省立昆华高级工业职业学校附属初级中学,昆明市立中学,昆明县立玉案、清波、日新初级中学,嵩明县立初级中学,呈贡县立初级中学,安宁县立初级中学、安宁县立景秀初级中学,禄丰县立初级中学、罗次县立初级中学,私立南菁学校中学部、求实中学、中法中学、天南中学、南英初级中学、护国初级中学。女子中学方面,有省立昆华女子中学、省立昆华女子师范学校附属初级中学、昆明市立女子中学、私立南菁学校中学部女生组。

昭通中学区:辖昭通县、大关县、永善县、绥江县、彝良县、镇雄县、盐津县、鲁甸县、会泽县、巧家县。有省立昭通中学、永绥联立初级中学、会泽县立初级中学、昭通私立明诚初级中学。该区另有省立昭通女子初级中学。

曲靖中学区:辖曲靖县、沾益县、宣威县、平彝县、马龙县、寻甸县、泸西县、罗平县、师宗县、弥勒县、丘北县。有省立曲靖中学、省立泸西初级中学、宣威县立初级中学、寻甸县立初级中学、罗平县立初级中学。该区另有省立泸西初中女生组。

---

① 中国第二历史档案馆编:《中华民国史档案资料汇编》第五辑第二编教育(一),第 118 页。

第三章 适应战时需要的调整

开广中学区：辖文山县、西畴县、马关县、砚山县、广南县、富宁县、麻栗坡对汛区。有省立开广中学、广南县立初级中学、西畴县畴阳区立初级中学。该区另有广南县立初级中学女生班。

临安中学区：辖建水县、曲溪县、石屏县、元江县、蒙自县、开远县、个旧县、屏边县、金平县、龙武设治局、河口对汛区。有省立临安中学、省立石屏初级中学、省立蒙自师范学校附属初级中学、曲溪县立初级中学、开远县立初级中学。该区另有省立石屏初级中学女子班。

玉溪中学区：辖玉溪县、江川县、华宁县、通海县、河西县、峨山县、新平县、宜良县、路南县、澄江县、陆良县。有省立玉溪中学、省立宜良初级中学、玉溪县立初级中学、华宁县立初级中学、通海县立初级中学、峨山县立初级中学、新平县立初级中学、宜良县立初级中学、路南县立初级中学、澄江县立初级中学、陆良县立初级中学、江华私立铸民中学。

楚雄中学区：辖楚雄县、广通县、盐兴县、牟定县、镇南县、双柏县、姚安县、大姚县、永仁县、双柏县、景东县。有省立楚雄中学、省立盐兴初级中学、省立景东初级中学、广通县立初级中学、牟定县立初级中学、镇南县立初级中学、永仁县立初级中学、两姚联立初级中学。该区另有省立盐兴初中女生组。

普洱中学区：辖宁洱县、墨江县、镇沅县、景谷县、思茅县、江城县、六顺县、车里县、佛海县、南峤县、镇越县、宁江设治局。有省立普洱中学、宁洱县立初级中学、墨江县立初级中学、景谷县立初级中学、思茅县立初级中学。该区另有省立普洱中学初中部女生班。

顺宁中学区：辖顺宁县、昌宁县、云县、缅宁县、镇康县、双江县、澜沧县、沧源设治局。有省立顺宁中学、县立顺宁初级中学、昌宁县立初级中学、云县县立初级中学、缅宁县立初级中学、镇康县立初级中学。

大理中学区：辖大理县、凤仪、祥云县、弥渡县、蒙化县、宾川县、邓川县、洱源县、南涧县。有省立大理中学、大理县立初级中学、凤仪县立初级中学、祥云县立初级中学、弥渡县立初级中学、蒙化县立初级中学。该区另有省立女子师范学校附属初级中学、蒙化县立初级中学女生班。

丽江中学区：辖丽江县、鹤庆县、剑川县、兰坪县、中甸县、维西县、永胜县、华坪县、德钦设治局、福贡设治局、碧江设治局、贡山设治局、宁蒗设治局。有省立丽江中学、鹤庆县立初级中学、剑川县立初级中学、永胜县立初级中学、兰坪县立初级中学。该区另有鹤庆县立初级中学女生班。

腾越中学区：辖腾冲县（附梁河设治局）、龙陵县、潞西县、陇川县（附瑞丽设治局）。有省立腾越中学、省立保山师范学校附属初级中学、保山县立初级中学、云龙县立石门初级中学、云龙县立实验初级中学、腾冲等六属联立初级中学。该区另有保山县立初级中学女生班。①

从中学分区情况来看，云南全省各区都有一所高初合设的省立中学，并以各该校为当地中学研究会之召集学校。省立昆华中学、省立昭通中学、省立曲靖中学、省立开广中学、省立临安中学、省立玉溪中学、省立楚雄中学、省立普洱中学、省立顺宁中学、省立大理中学、省立丽江中学、省立腾越中学十二校被指定为各中学区研究会之召集学校。大部分县（设治局）开办了县立中学，为当地青年学子入学提供了便利。另外，此次重划中学区的一个重要举措，即重视女子中学教育，除玉溪、顺宁两学区暂无女子中学教育外，其他各区均设有女子中学，或于初中内设女生班或女生组，而昆华中学区的女子中学较其他学区发达，有4校（组）之多。就此可言，云南省教育行政机关不仅已经注意到中学教育的区域均衡化发展，而且在女子中学教育的统筹推进上，亦有考虑或推动。

为完成均衡化目标，各辖区就既有校舍、设备、人员等通盘计划，

---

① 当日报纸中省立石屏初级中学分别出现于昆华中学区、临安中学区内，镇南县立初级中学、永仁县立初级中学、两姚联立初级中学分别出现于昭通中学区、楚雄中学区内，根据辖区划分已作相应调整。见《本省划置中学区计划大纲，全省分为十二中学区，每区并设教育研究会》，《云南日报》1939年2月1日、2日。

如开广学区，即将省立开化简易师范、省立文山初中裁并，改组筹设为高初中合设之省立开广中学，而将简师改为简易师范部①。腾越学区将原省立腾越简师学校、腾越县立凤瑞高中、腾冲五属共立初中改并为省立腾越中学，腾越简师改编为省立腾越中学之附属简易师范部。②

根据分区设置目标，各中学区均详加规划，朝着每县至少设立中学一所的目标发展，但推进过程中仍有难度。1941年昆华区尚有昆阳、富民、禄劝、元谋4县未设中学；昭通区尚有大关、镇雄、威信、盐津、鲁甸5县未设中学；曲靖区尚有师宗、弥勒、丘北3县未设中学；开广区尚有马关、砚山、富宁3县及麻栗坡对汛区未设中学；临安区尚有元江、蒙自、屏边、金平4县及河口对汛区、龙武设治局未设中学；玉溪区尚有江川、河西2县未设中学；楚雄区尚有双柏县未设中学；普洱区尚有镇沅、江城、六顺、车里、佛海、南峤、镇越7县及宁江设治局未设中学；顺宁区尚有双江、澜沧2县及沧源设治局未设中学；大理区尚有漾濞未设中学；丽江区尚有兰坪、中甸、维西3县及德钦、福贡、碧江、贡山、宁蒗5设治局未设中学；腾越区尚有龙陵、潞西、永平3县及陇川、莲山、梁河、瑞丽、盈江、泸水6设治局未设中学③。未设中学之县区，多地处边疆沿边地带，教育底子薄弱，少数民族聚居。

二 师范学校划区

1939年，云南省教育厅鉴于本省交通之进展、师范学校区域之分化，各地师范教育之平均发展及统筹设备，使供求相应，并便于辅导地方教育起见，遵照教育部修正师范学校规程，重新划分全省为九个师范学校区，每区设置省立师范一所或数所，以期增进效能。这九个师范学校区划分如下：

昆华师范学校区：辖昆明市、昆明县、嵩明县、呈贡县、晋宁县、

---

① 《开化简师、文山初中改办省立开广中学，委胡占一为校长》，《云南日报》1939年2月1日。
② 《腾越省中筹设纲要》，《云南日报》1939年4月24日。
③ 云南省教育厅编审股编印：《三十年云南教育简报》，1941年。

昆阳县、安宁县、禄丰县、富民县、易门县、武定县、禄劝县、元谋县、罗次县、宜良县、路南县、澄江县、陆良县、玉溪县、江川县、华宁县、通海县、河西县、峨山县、新平县。本区设置省立昆华师范学校、省立昆华女子师范学校、省立昆华体育师范学校、省立昆明民众教育师范学校、省立昆华简易乡村师范学校、省立玉溪简易乡村师范学校、省立小坝女子简易师范学校。

宣威师范学校区：辖宣威县、曲靖县、沾益县、平彝县、马龙县、寻甸县、会泽县、巧家县、昭通县、大关县、永善县、绥江县、鲁甸县、彝良县、镇雄县、威信县、盐津县。本区设置省立宣威乡村师范学校、省立大关简易师范学校、省立彝良师范学校。

泸西师范学校区：辖泸西县、罗平县、师宗县、弥勒县、丘北县、富宁县、文山县、砚山县、马关县、西畴县、麻栗坡对汛区。本区设置省立泸西师范学校、省立开广中学附属简易师范部、省立广南简易师范学校。

石屏师范学校区：辖石屏县、龙武设治局、元江县、建水县、曲溪县、平河设治局、蒙自县、开远县、个旧县、屏边县、金平县、河口对汛区。本区设置省立石屏师范学校、省立个旧简易师范学校。

思茅师范学校区：辖思茅县、宁洱县、墨江县、江城县、六顺县、车里县、佛海县、南峤县、临江设治局、镇越县、澜沧县、沧源设治局。本区设置省立思茅师范学校、省立佛海简易师范学校。

缅云师范学校区：辖缅宁县、顺宁县、昌宁县、云县、镇康县、双江县、景东县、镇沅县、景谷县。本区拟设省立缅宁师范学校，现有景谷简易师范学校、省立双江简易师范学校。

保山师范学校区：辖保山县、永平县、云龙县、泸水设治局、腾冲县、龙陵县、梁河设治局、盈江设治局、潞西设治局、莲山设治局、陇川设治局、瑞丽设治局。本区设置省立保山师范学校、省立腾越中学附办简易师范部。

剑川师范学校区：辖剑川县、鹤庆县、丽江县、兰坪县、华坪县、宁蒗设治局、永胜县、德钦设治局、中甸县、维西县、康乐设治局、碧江设治局、贡山设治局。本区设置省立剑川师范学校（将省立鹤庆师范学校移设）、省立永胜简易师范学校。

镇南师范学校区：辖镇南县、楚雄县、广通县、盐兴县、牟定县、双柏县、姚安县、大姚县、永仁县、盐丰县、大理县、凤仪县、祥云县、弥渡县、蒙化县、宾川县、邓川县、洱源县、漾濞县。本区设置省立镇南师范学校、省立大理女子师范学校、省立大姚简易师范学校、省立祥云简易师范学校。①

为加强各师范学校区内学校之研究及辅导地方教育，各校须参加该区之师范教育研究会及辅导会议。另外，各地除已单独设置女子师范学校者外，区内省立师范学校均采男女合班制，使女子有更多的入学机会，以增进女子教育。

1940年，省教育厅为继续广储国教师资，又依照国民教育视导分区案，于各视导区内添办简师，指定每区内学校或学级一所，作为师资培养之中心机关，筹办四年制简易师范班，或一年制简易师范科，其实施计划如下：

关永镇彝区（即关永镇彝视导区下同）就省立大关简易师范学校，扩招一年制简师科或四年制简师班一班。

昭会嵩寻区：就省立会泽初级中学，添招一年简师科一班。

曲宜宣陆区：就省立曲靖中学，添招一年制简师科一班。

泸路师罗区：就省立泸西师范学校，添招一年制简师科一班。

文西广富区：就省立开广中学，添招一年制简师科或四年制简师班一班。

明富元武区：就省立武定初级中学，添招一年制简师科一班，就省立小坝女子简易师范学校，扩招一年制简师科女生一班。

开河屏马区：就省立开远初级农业职业学校，添招一年制简师科或四年制简师班一班。

玉昆通河区：就省立玉溪简易师范学校，添招四年制简师班一班。

---

① 《平均发展师范教育教厅另划师范学区，全省划为九区每区设省师一所或数所，规定各区俱组织研究会并开辅导会议，公布办法通令遵行》，《云南日报》1939年9月15日。

建石蒙个区：就省立临安中学，添招四年制简师班一班。

牟姚华永区：就省立大姚简易师范学校，扩招一年制简师科或四年制简师班一班。

楚双景镇区：就省立景东初级中学，添招一年制简师科或四年制简师班一班。

墨元新易区：就省立墨江初级中学，添招一年制简师科或四年制简师班一班。

鹤丽中维区：就省立丽江中学，添招四年制简师班一班。

镇祥宾蒙区：就省立蒙化初级中学，添招四年制简师班一班。

缅云双澜区：就省立缅云师范学校，添招四年制简师班一班。

思普车佛区：就省立思茅师范学校，添招四年制简师班一班。

剑洱贡鹤区：就省立鹤庆师范学校，添招简师班一班。

大漾云泸区：就省立大理女子师范学校，添招四年制简师班女生一班。

保腾莲陇区：就省立腾越中学添招四年制简师班一班，就省立保山农业学校添招四年制简师班一班。

顺康龙潞区：就省立顺宁中学，添招四年制简师班一班。①

以上20个国教视导区，共指定22所中等学校添办四年制简师班或一年制简师科，简师班主要招收高级小学毕业生或同等学力学生，简师科主要招收初级中学毕业生。1944年抗战胜利在望，为加速培养合格师资，以符国家抗建大计，云南省教育厅奉教育部令，要求各师范学校招收简易师范及各中等学校附设简易师范班级，"以办理三年制简师班级为原则，原有四年制简师班级暂循例办理"②，推广三年制简易师范。

划区之后，各师范区并未完全达到预定目标，实现设校计划，更谈不上达到一县一校之标准。1941年，昆华区尚有嵩明、晋宁、安宁、禄丰、

---

① 《推行国教广储师资各视导区添办简师，教厅制订实施计划通令着手筹办，并饬将添班计划及概算呈报核行》，《云南日报》1940年8月29日。

② 《今后师校招生应着重三年制简师，以为储备战后之国民师资，教育厅奉令后已遵照办理》，《云南日报》1944年10月19日。

第三章 适应战时需要的调整

富民、武定、元谋、罗次、路南、澄江、陆良、玉溪、华宁、通海、新平等县未设师范，宣威区尚有曲靖、沾益、平彝、马龙、寻甸、会泽、巧家、昭通、绥江、鲁甸、彝良、镇雄、威信、盐津等县未设师范，泸西区尚有罗平、师宗、丘北、广南、富宁、文山、砚山、马关等县未设师范，石屏区尚有龙武设治局、元江、曲溪、平河设治局、蒙自、开远、个旧、屏边、金平、河口对汛区等地未设师范，思茅区尚有宁洱、墨江、江城、六顺、南峤、临江设治局、镇越、沧源设治局等地未设师范，顺宁区尚有顺宁、昌宁、云县、镇康、双江、景东、镇沅、景谷等县未设师范，保山区尚有泸水、梁河、盈江、潞西、莲山、陇川、瑞丽等设治局未设师范，鹤庆区尚有剑川、华坪、永胜、中甸、维西等县，宁蒗、德钦、康乐、碧江、贡山等设治局未设师范，镇南区尚有广通、盐兴、牟定、双柏、姚安、大姚、永仁、盐丰、凤仪、祥云、蒙化、宾川等县未设师范。

中等师范教育负有培养国教师资及辅导国民教育之责，为优化配置和充实改进师范教育，广储师资以推进国教，服务地方自治，1944年年底云南省教育厅再次对师范学校区区划配置进行了调整，将全省131市县局划为昆华、玉溪、石屏、开广、泸西、镇南、大理、鹤庆、丽江、宣威、昭通、缅云、保山、思茅十四个师范学校区①，其划置如下：

（1）昆华师范学校区：昆明县、嵩明、呈贡、武定、禄劝、晋宁、安宁、禄丰、富民、罗次、宜良、元谋，计十二市县；

（2）玉溪师范学校区：玉溪、新平、峨山、华宁、江川、易门、通海、河西、昆阳、澄江，计十县；

（3）宣威师范学校区：宣威、曲靖、沾益、平彝、马龙、寻甸、会泽、陆良，计八县；

（4）昭通师范学校区：昭通、巧家、大关、永善、绥江、鲁甸、彝良、镇雄、威信、盐津，计十县；

（5）镇南师范学校区：镇南、楚雄、广通、盐兴、牟定、双柏、

---

① 《教厅重新划分师范学校区，全省共划为十四区》，《云南日报》1944年6月22日。

姚安、大姚、盐丰，计九县；

（6）大理师范学校区：大理、凤仪、邓川、宾川、漾濞、祥云、弥渡、蒙化、景东，计九县；

（7）泸西师范学校区：泸西、罗平、师宗、弥勒、丘北、路南、开远、曲溪，计八县；

（8）文山师范学校区：文山、广南、富宁、砚山、马关、西畴、麻栗坡对汛区、河西对汛区，计八县区；

（9）石屏师范学校区：石屏、元江、建水、蒙自、个旧、屏边、金平、龙武设治局，计八县局；

（10）思茅师范学校区：思茅、宁洱、墨江、江城、六顺、车里、佛海、镇越、宁江设治局，计九县局；

（11）缅宁师范学校区：缅宁、顺宁、昌宁、云县、镇康、双江、镇沅、景谷、澜沧、耿马设治局、沧源设治局，计十一县局；

（12）保山师范学校区：保山、永平、云龙、腾冲、龙陵、梁河设治局、泸水设治局、盈江设治局、潞西、莲山设治局、陇川设治局、瑞丽设治局，计十二县局；

（13）鹤庆师范学校区：鹤庆、华坪、剑川、兰坪、洱源、宁蒗设治局，计六县局；

（14）丽江师范学校区：丽江、永胜、维西、中甸、德钦设治局、碧江设治局、康乐设治局、贡山设治局，计八县局。

此次划区，计划每区配置省立师范或国立师范一所，或暂于县中附办简师班[①]，要求未设有简易师范学校之县份，从速筹设[②]。事实上，并未实现预期目标。

三 职业学校分区

云南职业教育素称落后，为推进职教发展，1939年云南省教育厅

[①]《云南省教育厅民国三十三年工作报告》，1944年，云南省档案馆藏，资料号：1012-001-00070-011。

[②]《半年来的教育工作，龚厅长昨在省参会报告》，《云南日报》1944年12月17日。

第三章 适应战时需要的调整

计划将全省17所职业学校18个班级，划为7个职业教育区①，以统筹均衡发展。

东昭曲职业教育区：辖会泽、昭通、曲靖、永善、绥江、彝良、盐津、镇雄、威信、鲁甸、宣威、沾益、平彝、马龙、寻甸等县，配置职校有：昭通初级实用职业学校、会泽高级矿业工科职业班、省立曲靖中学附设初级实用职业班、省立宣威师范学校附设初级农业制造职业班、省立会泽初级中学附办初级农科。

云武泸职业教育区：辖昆明市，昆明、晋宁、昆阳、安宁、易门、禄丰、富民、嵩明、罗次、武定、禄劝、元谋、陆良、宜良、路南、澄江、江川、玉溪、峨山、新平、河西、通海、华宁、弥勒、泸西、丘北、师宗、罗平等县，配置职校有省立昆华高级工业职业学校、昆华高级农业职业学校、昆明商业职业学校、庆云初级实用职业学校、官渡农产制造职业学校、昆明女子初级实用职业学校、玉溪初级农业学校、宜良初级中学附设初级制茶科职业班、省立小龙洞初级制陶科职业学校。

临开广职业教育区：辖建水、文山、广南、石屏、元江、曲溪、开远、蒙自、个旧、屏边、金平、马关、砚山、西畴、富宁等县及河口、麻栗坡二对汛区，该区配置职校为：省立蒙自高级工业职业学校、开远初级农业职业学校，临安、开广两中学附办初级实用职业班。

楚姚大职业教育区：辖楚雄、姚安、大姚、大理、牟定、盐兴、广通、双柏、镇南、永仁、盐丰、凤仪、祥云、宾川、弥渡、蒙化、邓川、洱源、漾濞、景东、镇沅、景谷等县，配置职校包括省立宾川初级农业职业学校、祥云初级实用职业学校、楚雄中学附办初级蚕桑职业班、大理中学附办初级商业职业班、镇南师范附办初级农产制造职业班等。

澜思普职业教育区：辖澜沧、思茅、宁洱、车里、南峤、佛海、镇南、江城、六顺、墨江等县及沧源、宁洱两设治局，该区配置职校为：省立澜沧初级农校、普洱中学附设初级实用科目职业班、思茅师范附办

---

① 《教厅划分区域推进本省职业教育，全滇共设十七职校十八职班，统于本年度本学期成立开课》，《云南日报》1939年7月13日。

初级商业职业班、镇南师范附办初级农产制造职业班。

鹤丽剑职业教育区：辖鹤庆、丽江、剑川、永胜、华坪、兰坪、维西、中甸、德钦等县及宁蒗、碧江、福贡、贡山等设治局，本区配置职校为：于鹤庆设省立初级实用职业学校，于省立丽江中学及剑川师范学校酌设初级实用科目职业班，永胜设初级陶瓷科职业班。

腾永顺职业教育区：辖腾冲、保山、顺宁、永平、云龙、昌宁、云县、缅宁、双江、镇康、龙陵、潞西、陇川、莲山等县及梁河、泸水、瑞丽、盈江等设治局，于保山设省立农业学校，于腾冲设初级实用职业学校，于龙陵办初级实用科目职业班，于顺宁省中酌设制茶职业班。

因为云南经济一向落后，职业教育的底子非常薄弱，职业学校的划区并不顺利，至抗战结束，也没有按照预定计划完成划区工作，下文将展开讨论。

第四章 教育经费困境及其解决

教育经费为教育事业的命脉所系,教育的各种事项均赖于此,教育经费的总量、筹措、管理、使用,在很大程度上制约着教育事业的发展。1928年云南省教育经费独立后,省教育经费有了稳定的保障,各类教育平稳发展。抗战爆发后,一方面物价上涨,另一方面省教育经费来源受到动摇,云南省中等教育遭受严重危机。

第一节 开源节流

云南省教育经费独立后,卷烟特捐成为教育经费最大宗来源,其所占比例较大,为稳定经费,云南省教育厅不断开辟教育经费来源的多种渠道,力争多元化,并合理开支使用。

一 多方争取来源

(一) 省教育经费独立

清末云南省教育经费由征收机关将税款拨解教育行政机关核收保管,直接分配各学校、馆、所开支使用,其时为数甚微,近于独立性质。光绪后期,每年教育经费约银34万余两,此后随教育事业扩张有所增长,宣统三年(1910),达40余万两[①]。

民国建立后,教育经费由财政机关统收统支,教育经费改为按月向财政机关请领,但经费多寡随政局变动有所增减,顿失原来类似独立之

---

① 云南省教育厅经费委员会编行:《云南省教育经费历年独立收支概况》,云南开智印刷公司1933年版,第1页。

性质。"民元二两年领支总数，年共 634368 元，至三四两年，则减至 542472 元。"① 1916 年，护国军兴，军费浩繁，教育经费被挪用，经费锐减为 143532 元，以致中等学校假期延长数月。1917 年以后虽有增发，但屡有兴师，始终难达民初原额。1921 年起，币价低落，富滇银行所发滇币一元，仅值全国通用大洋一角②，省教育经费实际支出，较民初相差更远，各中等学校经费，积欠累月未能领取，"经常费衍出旧案、新案之说"③，教界人士为此奔走呼号。为请领经费，学校人员"朝夕奔走于财政厅之门，大多空手而回"，教职人员"由于给养不济，有的消极怠工，有的兼营别业，有的去而之他"④。云南教育江河日下。

事实上，由于军阀混战，教育经费被挪用而失去保障，并非云南一省。"五四"以后，"教育经费积欠日多，教育界感着生存上的需要，常以罢课停职等各种方法对待政府，但事实上并无何种满意的结果，于是乃进一步而谋教育经费之独立，北京教育界提倡于前，各省教育界附和于后"⑤。教育界人士起初以罢课索薪表达诉求，仅为权宜之策，"为目前而暂时索薪的举行，所谋者小，实是下策；而罢课索薪，更是下策中之下策"⑥。1924 年国民党一大召开，大会宣言其对内政策，有"增高教育经费，并保障其独立"之规定，大多数人已认识到教育经费不应该完全受制于政治的朝夕变动，应有自身的独立地位。

1928 年第一次全国教育会议复有《教育经费保障条例》之议决，沿江诸省渐次推波助澜，促成教育经费独立之事实。教育经费独立运动的最终目的是"使教育经费专款专用，不因任何政治因素的影响而被侵占或减少，其最初的目标一般是要求教育经费从政府财政经费支出中特别单列，或由教育机关自行保存，政府不得随意挪用；而更进一步的或

---

① 云南省教育厅经费委员会编行：《云南省教育经费历年独立收支概况》，第 1 页。
② 龚自知：《云南教育经费独立经过》，载中国政治协商会议云南省委员会文史资料委员会编《云南文史资料选辑》第 35 辑，云南人民出版社 1989 年版，第 2 页。
③ 云南省教育厅经费委员会编行：《云南省教育经费历年独立收支概况》，第 1 页。
④ 龚自知：《云南教育经费独立经过》，载中国人民政治协商会议云南省委员会文史资料委员会编《云南文史资料选辑》第 35 辑，第 2 页。
⑤ 舒新城编：《近代中国教育思想史》，福建教育出版社 2007 年版，第 185 页。
⑥ 《教育评坛·对于教职员罢课索薪的一点意见》，《教育杂志》1923 年第 11 号。

第四章 教育经费困境及其解决

根本性的要求就是筹建专门的教育基金"①。唐继尧主政云南，集中财力筹办私立东陆大学，而教育司长董泽借口实行新学制，停办农校、工校，将两校图书仪器等拨归私立东陆大学，使公立教育陷于困顿，云南教育界对教育经费独立之愿望尤为迫切。此外，各中小学教员集体索薪，尚处于巩固政权的龙云，为收拢人心，满足了教育界的需求。

经过多方努力，在1928年12月8日的省务会议上，通过了自1929年1月起，省县教育经费，一律实行独立的决议，财政厅年支老滇票36万余元（实值国币3.6万余元）卷烟特捐划作教育专款归教育厅接管②。云南省教育经费独立后，专门成立教育经费委员会为最高筹集及支配机关，设教育经费管理处为征收保管机关，教育经费稽核委员会为监察机关，并颁发了《教育经费委员会简章》《教育经费管理处大纲》《教育经费稽核委员会简章》等规章。根据组织章则，财政厅厅长陆崇仁、教育厅厅长卢锡荣、省立法政学校校长施德荣、省立高级中学校长米文兴、省立第一中学校校长邱天培、第一联合中学校长杨楷、私立求实中学校校长苏鸿纲担任第一届教育经费委员会委员。1929年3月，各会、处开始行使职权。实施未几月，三个机构各行其是、窒碍丛生，效果不佳。同年9月，新任教育厅厅长龚自知提出的改组建议获得通过，遂将筹集监察审计之权责，划归教育经费委员会，征收保管支配之权责，划归教育厅，并改委员制的经费管理处为局长制的经费管理局，专管征收、出纳、保管、岁计事务。在实施中具体分工如下：

征收：其对象为卷烟特捐，教育公产租金（原由各学校及教育机关所有收益的房屋田地，概行集中管理，将其收益列入正项开支），南防③教育专款（1932年起征。原为新三成锡税，作为建水、蒙自、石屏三县县立初中的部分经费。三县县中移归省办后，改为专款），漏捐罚

---

① 姜朝晖：《民国时期教育独立思潮研究》，中国社会科学出版社2008年版，第105—106页。
② 龚自知：《抗日战争前龙云在云南统治概述》，载中国人民政治协商会议云南省委员会文史资料研究委员会编《云南文史资料选辑》第3辑，1963年，第49页。
③ "南防"之称，"殆以临蒙各县，屏藩南疆，为国防军事重镇，其得名本出于军事观点"。广义言之，"普思开广沿边"一带，狭义言之，专指开远、蒙自、建水、石屏、个旧五县。见龚自知《南防旅游杂感》，《云南教育》1933年第1期。

金,由管理局负责。

保管:契据证券及征收未接之款,由管理局负责保管。管理局各项解款,省府及教育部补助费,银行存款利息(列入正项收支),由金库负责保管。

出纳:由金库根据支付命令,发领经费。

岁计:由金库根据年度经费收支实数,办理岁入岁出决算。

为节省经费和便于联系起见,金库与管理局合设,并由管理局正副局长兼金库正副主任。

支配:各单位经费,向教育厅请领。由教育厅审查后,报经省府核准,填发支付命令,送请省府钤章,交由金库照发。

筹集:关于卷烟捐率的规划和变更,由教育经费委员会议决,呈请省府实行。关于公产收益的整理和现款的存放(银行),由会议决报所转行(不须呈准省府)。

监察:由教育经费委员会,对管理局、金库、南华烟草公司的现金出纳、银行存款、收支账目、契卷保管、实物折价,逐周派员前往,实行监督查对。并由教育厅所派稽核员,逐旬赴金库查核账目。

审计:经、临各费开支,均由承领单位,依期造具计算,送所核转教育经费委员会审查,再报省府核销。①

1930年1月成立的第二届经费委员会有所调整,省政府主席龙云亲任委员长,财政厅前后两任厅长卢汉、陆崇仁,教育厅厅长龚自知任副委员长,省立第一师范学校校长杨天理、省立第一中学校长邱天培、省立农业学校校长李澍、省教育会理事李永清、徐继祖等人担任委员,下设筹集、监察、审计三组。

云南省教育经费独立后,历年有所增加,1930年收入259615元;1931年875254元;1932年720000元;1933年587800元;1934年

---

① 龚自知:《云南教育经费独立经过》,载中国人民政治协商会议云南省委员会文史资料委员会编《云南文史资料选辑》第35辑,第5—6页。

702599元①，改变了此前保障无依的局面。

（二）筹谋省教育经费多元化

1929年省教育经费独立收支之初，省教育经费之收入来源，仅有卷烟特捐、罚金及存款利息等。教育厅又想方设法多方筹集，力促教育经费来源多元化。1930年增加烟丝烟叶捐。1933年省教育经费收入，计有卷烟特捐、烟丝烟叶捐、房租、田租、存款利息、罚金及杂入（省府及各机关拨款）等。1935年后教育部又拨给义务教育、边地教育、职业教育、战时民众教育等补助费。自此以后，省教育经费岁入逐年增加，各种款目呈增加态势（见表4-1）。

表4-1　　1929—1931年云南省教育经费岁入决算②　　单位：元

款别＼时间（年）	1929	1930	1931
卷烟特捐	1665128.6	4945789.35	5050888.67
烟丝烟叶捐		1340.57	921.06
商货捐③	5901.19	15235.63	
房租	14260.1	80308.11	89264.45
利息	5791.26	35567.49	86408.9
杂入	29875.97	57656.89	162099
总计	1720957.12	5135898.04	5389582.08

资料来源：据1929—1931年岁入经费决算表整理，见云南省教育厅教育经费委员会编《云南省教育经费历年独立收支概况》，第41—44页。

历经数年之稳定经营，省教育经费来源相对固定。1935年，省教育经费来源有6项，共2537932元。其中：中央补助费340000元，占

---

① 《民国十九年至二十三年各省市教育经费概况》（1935年5月），载中国第二历史档案馆编《中华民国史档案资料汇编》第五辑第一编教育（一），凤凰出版社1994年版，第115—116页。
② 表列计量单位为旧滇币元。
③ 1931年起取消。

总额的 13.4%；省补助费 70000 元，占 2.8%；卷烟特捐 1927533 元，占 76%；存款利息 86177 元，占 3.4%；公产收益 26058 元，占 1.0%；其他各种杂项 87363 元，占 3.4%①。1937 年岁入 3437869.33 元，其中卷烟特捐 2382217.64 元；公产租金、税款租息及存款利息 125162.55 元；南防教育专款 130534.82 元；杂入 62663.87 元；教育部补助费 412290.45 元；省政府补助费 325000 元②。从中可以看出，一方面卷烟特捐贡献最大，另一方面云南省教育厅设法争取经费来源多元化。

卷烟特捐由省教育厅下属的教育经费管理局征收，对象为纸卷烟、叶卷烟两项。纸卷烟是其中大项，主要依其品质之优劣，按十六等级纳捐，最低额每十支征收新滇币一分（合国币五厘），最高额为新滇币三角（国币一角五分）。叶卷烟有外产和内产之别。外来吕宋烟依照各种烟支质料大小定为两项纳捐，大支吕宋烟，每支纳捐一角至三角；小支吕宋烟，每十支纳捐一角至三角。在本省用国产原料人工制造卷烟定为两项纳捐：一为选用上等净川烟制造（比普通烟支较长或仿吕宋烟式样制造）者，每十支纳捐 1/3 角；二为用普通川烟或会理蒿巧及本地烟制造者，每百支纳捐 2/6 角。③

公产租息之征收，分为房产与田产两种。房产主要有坐落于昆明市金碧路及其他街道的 172 号房屋，每号统一制有教育公产标识，按号排序，按月收取租金。田产主要为位于昆明、安宁两地的 617 处田地，按年收取租米④。

抗战前，云南省教育经费收入来源相对稳定，并且逐年增加，自 1929 年至 1939 年，年收入由国币 5 万余元增加到 150 余万元，卷烟特捐占总数的 80%以上⑤，由于教育经费充裕，省级教育发展迅速，设校增班、修建校舍、添购设备、改善师生待遇等各项计划得以顺利实施，

---

① 云南省地方志编纂委员会编：《云南省志·教育志》，第 81 页。
② 《二十六年度云南省教育经费岁入决算统计表》，载教育厅编印《云南省教育概览》（贰拾柒年度），出版年份不详。
③ 张肖梅编：《云南经济》，第 39—40 页。
④ 教育厅编印：《云南省教育概览》（贰拾柒年度），出版年份不详。
⑤ 云南省地方志编纂委员会编：《云南省志·教育志》，第 82 页。

有力地保障了各类教育发展。

(三) 加强县教育经费征收

云南省各县教育经费，清末大多有学产或专款，基础稳固。民国成立后，县教育经费沿袭旧制，以耕地租佃收入为主要来源，房租利息及杂项收入次之。

各县学租系地方教育经费收入之大宗，多为旧日学署，文庙所有田地、房产，地方公产及寺庙产业出租所得。学租积弊丛生，或租额低微，或管理失当，教育厅为改善经费短绌，提振教育，于1932年拟定《云南省各县学租整理办法》，整理学租，收效渐显，学租收入增加。

云南教育经费独立后，遵照省政府决议，各县教育经费一律实行独立管理，其来源、收入、分配、考核均有依归。县教育经费来源主要为：学款学产租息、屠宰税附加、省款补助、中央款补助。中央款补助有教育部直接拨款和财政部划拨各种捐附加有牲牙捐、碾捐、称捐、升斗捐等[①]。以1938年为例，全省县市地方教育经费，岁占总额为新币4045321元，其来源大宗为各县之教育资产租息，年计3831786元，占90%以上，其次为附加捐161552元[②]，此外尚有义教自治附捐、义教屠宰附捐、社教自治附捐等。

县教育经费历年收入，1939年为7175654元，1940年为12094507元，1941年为19736716元，1942年为45671538元[③]，1943年为80007026元，1944年为84207979元[④]，1945年为101049575元[⑤]。因各县情形不一，收款数也不同，多者10余万元，少者数百元。抗战爆发后，各县教育经费逐步增加。根据有关统计，1942年县市教育经费收入在200万元以上的县份有昆明县1县，100万元以上者有蒙化、昆

---

① 云南省地方志编纂委员会编：《云南省志·教育志》，第82页。
② 《云南二十七年度教育施政概况，龚厅长在省参会报告》，《云南教育通讯》1939年第3期。
③ 《三十一年云南教育简报》，1942年，云南省档案馆藏，资料号：1012 - 004 - 02063 - 039。
④ 《云南省教育厅民国三十三年工作报告》，1944年，云南省档案馆藏，资料号：1012 - 001 - 00070 - 011。
⑤ 云南省地方志编纂委员会编：《云南省志·教育志》，第84页。

明市 2 县市，90 万元以上者有邓川、顺宁、石屏 3 县，80 万元以上者有保山、呈贡、姚安、宣威 4 县，70 万元以上者有祥云、文山、建水 3 县，60 万元以上者有路南、寻甸、禄丰、嵩明、宜良 5 县，50 万元以上者有玉溪、广南、澄江、宾川、陆良、弥勒、泸西、罗平、开远、蒙自、鹤庆等 12 县，40 万元以上者有镇南、绥江、易门、楚雄、通海、个旧、峨山、大理、元江、砚山、牟定、丽江、景东、宁洱、永胜等 18 县，30 万元以上者有马龙、平彝、武定、元谋、华宁、盐津、曲溪、安宁、富民、江川、丘北、大姚等 17 县，20 万元以上者有西畴、永仁、彝良、昌宁、晋宁、云龙、昭通、洱源、会泽、曲靖、罗次、巧家、墨江、景谷、龙陵、河口等 18 县，15 万元以上者有广通、麻栗坡、屏边、剑川、永善、凤仪、永平、双柏、镇沅、澜沧、佛海等 13 县，10 万元以上者有师宗、新平、华坪、马关、大关、威信、思茅、镇康、南峤等 10 县，8 万元以上者有六顺、双江、中甸、车里、镇越、莲山、金平 7 县，5 万元以上者有江城、漾濞、耿马等 4 县，4 万元以上者有德钦、盈江、龙武 3 县局，3 万元以上者有梁河、碧江、贡山、宁江等 5 县局，2 万元以上者有维西、宁蒗、瑞丽、沧源、泸水 5 县，1 万元以上者有陇川 1 县[①]，据此言之，云南各县市教育经费收入因地域、经济基础等因素，悬殊较大。

二 精打细算开支

(一) 省教育经费

省教育经费之支出，战前主要列支于学校教育（包括大学、中学、师范、职业、小学教育费，中等学校教职员年功加俸、中等学生奖学金、师范学生膳食津贴、县市公私立学校补助费）、义务教育费（包括各县市区义务教育补助费，省立各边疆简师学校经费及其学生膳食津贴、奖学金、制服费，义教视导费、省立边疆小学经费及其学生制服费、书费，土司子弟公费学额，省立边疆小学卫生费，临时费，边疆教

---

① 《三十一年云南教育简报》，1942 年，云南省档案馆藏，资料号：1012 - 004 - 02063 - 039。

员年功加俸)、留学经费(包括国外留学费、国内升学奖学金经费)、社会教育费(包括省立各社教机关费、文化事业补助费)、教育行政费、临时费六项，依其性质，可分为开办、修建、充实、补助等款，每一项都是不得不开支的。

1937年，云南全省教育支出数为3314062.72元，具体列支情况①如下：

（1）学校教育费1200008.93元，内中包括：

①大学教育费165359.80元。

②中学教育费486247.34元。

③师范学校教育费208834.47元。

④职业学校教育费150753.48元。

⑤小学教育费69181.24元。

⑥中等学校职教员年功加俸24026元。

⑦中等学生奖学金15472元。

⑧师范学生膳食津贴54628元。

⑨县市公私立学校补助费25496元。

（2）义务教育费450078.97元，其中：

①省立边疆各简师学校经费108083.84元。

②省立各边疆简师学生膳食津贴、奖学金、制服费75987元。

③省立边疆小学经费126890元。

④省立各边疆小学生制服及书费30962.95元。

⑤省立边疆小学生卫生费2500元。

⑥临时费92888.75元。

⑦边疆教员年功加俸11866.43元。

（3）留学费49335元。

（4）社会教育费138523.40元。

---

① 《二十六年度云南省教育经费岁出决算统计表》，载教育厅编印《云南省教育概览》（贰拾柒年度）。就统计而言，该年义务教育经费基本上都用于边疆教育，款目实际上为边疆教育经费。

(5) 教育行政费 152486.09 元。

(6) 临时费 326630.33 元。

结合上文,1937 年云南省教育经费收入 3437869.33 元,全年支出 3314062.72 元,尚盈余 123806.61 元,说明此时云南省教育经费确实充盈。包含中学、师范、职业教育以及中等学校师生津贴、奖金、补助在内的中等教育费用支出为 939961.29,占全年总支出的 28%。

中等教育经费向为省教育经费支出之大项,云南省教育厅对中等教育的经费投入较大,中等教育经费在年领经费总额的比例不小(见表 4-2)。

表 4-2　　　　　　　　　　文教经费一览表①

项目＼年度 金额	1942	1943	1944	1945
甲、经常费(元)	10415563	14137332	19836579	83585176
常时部分	7672951	10863612	14021681	18618425
行政经费	534559	744816	733340	1384121
中等教育费	6165376	8902208	10414493	13692953
社会教育费		1050404	1206660	1492468
边地教育费	856800		1000000	1300000
私立学校及文化团体补助费	116216	166184	667188	748883
临时部分	2742612	3273720	5814898	64966751
行政费	319220	283736	399000	718500
国内大学滇生奖学金	504000	538080	655200	982800
中等教育临时费	1919392	2451904	3649240	5944012
社会教育临时费			260000	390000
国民教育临时费			851458	1177187
公费副食费				55527000
临时补助费				227252

① 云南省志编纂委员会办公室编:《续云南通志长编》中册,第 795 页。表内 1942 年战时补助费总和原表为 450835 元,计算有误,此处为重新计算结果。

续表

项目 \ 年度	1942	1943	1944	1945
乙、战时生活补助费（元）	8872351	9792700	44209800	469485700
行政员工	437519	714150	1528100	34067500
中教员工	3586824	8089550	34834900	355704100
社教员工	4848008	989000	3497600	42000100
边教员工			3349200	37714000
丙、公粮（公石）		25637.40	25637.40	30380.60
行政员工		1375.20	1375.20	1431.20
中教员工		14772.00	14772	15677.20
社教员工		1886.40	1886.40	2026.40
边教员工		1648.80	1648.80	1700.80
公教学生		5955.00	5955.00	9545.00

就经常费而言，1942 年至 1945 年，中等教育经临两项之和四年分别为 8084768 元、11354112 元、14063733 元、19636965 元，分别占经常费的 77.62%、80.31%、70.89%、23.49%，1945 年大幅跌落，而临时部分中公费生副食费比较庞大，这部分为教育当局用于改善学生待遇。战时生活补助费方面，补助中教员工费用，1943 年占该部分总数的 82.61%，1944 年占比为 78.79%，1945 年占比为 75.76%。中教员工公粮占比亦占所有教育人员的 50% 以上。

据统计①，1938 年省教育经费支出 5019178 元，中等教育费为 2084152 元，占 41% 强；1941 年支出 5661695 元，中等教育费为 2908490 元，占 51.4%；1942 年支出 19281468 元，中等教育费为 11113328 元，占 57.64%，据此可推测，中等教育经费均有上升，所占比例较大。

中等教育经费在整个教育经费开支中是一个大项，具体到各类学校，投入又有所差异。1933 年 9 月国民政府出台《中等学校经费支配标准办法》，明确各省市中等教育经费分配，要求到 1937 年应达标准为普通中学占 40%、师范学校占 25%、职业学校占 35%。事实上，云南

---

① 根据《三十年云南教育简报》《三十一年云南教育简报》等资料统计整理。

省并未达到这个标准（见表4-3）。

表4-3　　　　抗战时期云南省各类中等学校经费投入比

年度	普通中学		师范学校		职业学校		经费总数（元）
	经费数（元）	所占比例	经费数（元）	所占比例	经费数（元）	所占比例	
1937	906495	60.43%	372229	24.82%	221299	14.75%	1500023
1938	1699291	59.81%	712438	25.08%	429436	15.11%	2841165
1939	3161244	64.16%	1056871	21.45%	709066	14.39%	4927181
1940	2804520	70.05%	677587	16.92%	521543	13.03%	4003650
1941	4593286	46.26%	4112226	41.42%	1222760	12.32%	9928272

资料来源：根据《云南省市县区私立中等学校二十六年度统计表》，1937年，云南省档案馆藏，资料号：1012-004-521；《二十八年度云南省中等教育统计报告表》《二十九年度云南省中等教育统计概数》，1939年、1940年，云南省档案馆藏，资料号：1012-004-408；《云南省三十一年度中等学校岁出经费数统计报告表》，1942年，云南省档案馆藏，资料号：1012-004-178；《云南教育概览》（贰拾柒年度）整理。

据表4-3可知，中等教育经费呈逐年上升之态势，从1937年到1941年，增加了6倍多，其中中学教育经费增加了5倍，投入逐年增加，远远超过部订标准，而师范学校、职业学校的经费投入基本上达不到部订标准，尤其职业教育经费占比逐年低落，1941年仅占中等教育经费的12.32%，与部订标准相差甚远。

再具体到各中等学校，其情况也存在差异（见表4-4）。

表4-4　　1941—1945年云南部分省立中等学校教育经费年支统计

（单位：元）

年份校名	1941	1942	1943	1944	1945
昆华中学	222220	222208	417408	452192	596076
昆华女子中学	276720	222208	416028	450697	600444
楚雄中学	120108	153760	244308	264667	329284
大理中学	106403	15376	225816	244634	318084
普洱中学	133039	118896	198600	215150	244920
昭通中学	135936	118896	230568	249782	317148

第四章 教育经费困境及其解决

续表

年份 校名	1941	1942	1943	1944	1945
丽江中学	122487.82	118896	237780	257595	346164
曲靖中学	120790	118896	227208	246142	318084
顺宁中学	109366	118896	200376	217074	315120
云瑞初级中学	69764	78016	153120	165880	214344
富春初级中学	63106	78016	153120	165880	213720
武定中学	41758	46992			
宜良中学	34850	46992			
昭通女子中学	40911	78016	91068	98657	150696
开广中学	27264	118896	227208	246142	354276
玉溪中学	121881	118896	244308	264667	382356
腾越中学	147457	153760	286860		
会泽中学	96025	82336	207108		
临安中学	93119	118896	225816	244234	349284
昆华师范	109104	197691	559956	666619	896844
昆华女子师范	107363	157637	319644	424281	621920
昆华体育师范①	34682	157637	192000	208000	250536
镇南师范	68949	157637	264204	286221	414336
保山师范	111849	157637	361344	391456	309132
鹤庆师范	59766	157637	245280	265720	517928
宣威师范	95731.74	157637	367776	398424	484536
泸西师范	77315	157637	395316	428259	517764
思茅师范	91148	157637	318852	345423	488592
石屏师范	104359	157637	272580	295295	423228
缅云师范	63951.5	157637	146832	159068	244296
昆华高级工校	175741	168960	336024	364026	597636
昆华高级农校	102349	140798	218628	236847	310128
助产学校②	63918	84461	122724	132951	190021
昆明商校③	82254	84461	197712	214188	313248
官渡农校	111805	112614	206412	223613	306072
保山农业学校	35086	56304			
开远农业学校	92484	84461	159216	172250	227760

资料来源：选取部分中等学校编列，根据1941—1945年历年教育费支出统计表整理。见《续云南通志长编》（中），第588—596页。

---

① 1945年改称昆华体育专科学校。
② 1942年改称昆华高级医事学校。
③ 1942年改称昆华高级商业学校。

从历年支出来看，表列各中等学校年支经费几乎都有增长，大部分中学、职业学校从 1941 年至 1945 年增加两三倍，而师范学校增加较多，鹤庆师范增加近 9 倍。每一年教育厅投入到师范学校、职业学校的经费都多于普通中学，尤其抗战尾声，这可能与师范生、职业生免收学费，以及教育当局限制普通中学发展有关。

（二）县教育经费

县教育经费主要支出于中等教育、国民（初等）教育、社会教育、教育行政等，1938 年全省县地方教育经费支出 4045409 元，其中初等教育费 3025145 元，中等教育费 328699 元，社会教育费 321101 元，教育行政费 370464 元①，国民教育经费约占 75%，中等教育经费约占 8%。根据各县地方教育经费分配于国民教育经费约占全数 70%②的规定，大致可以推测，各县用于中等教育的经费在 8% 左右。

尽管地方用于中等教育的经费有限，但县教育经费在省教育经费失去独立地位后，却依然有独立地位。1941 年云南省对县地方财政进行了调整，调整的主要原则为：一是原来划拨归县之耕地税额，仍保其原收有数，以作各县地方经费之用；二是为调整盈虚，力求地方事业之平均发展，所有中央或省划拨归县之税款，概行统筹分配；三是各县自行收入之款，除与法令抵触外，均概归各县自行支用；四是各县教育经费之收支，仍保留其独立之精神；五是各县地方收支如有不敷，准举办法令规定许可之新税以资维持，严禁拨派③。这个原则对县教育经费无疑是一个利好政策。首先，县教育经费收支得以保留独立地位；其次，县教育经费不仅保留了耕地税，而且可以在一定范围内征收新税，并且中央和省仍拨充一定税款，无疑使县教育经费的源头有所保障，再加上各所学校的学产收入，县教育经费较省教费，就不太窘迫。

---

① 《云南二十七年度教育施政概况，龚厅长在省参会报告》，《云南教育通讯》1939 年第 3 期。

② 《云南省教育厅民国三十三年工作报告》，1944 年，云南省档案馆藏，资料号：1012 - 001 - 00070 - 010。

③ 《为检发本府民国三十一年度行政计划令教育厅收阅具报》，1942 年，云南省档案馆藏，资料号：1012 - 001 - 00060 - 003。

第二节 经费失去独立地位

抗战爆发后,国民政府在《战时各级教育实施方案纲要》中明确规定:"对于中央及各地方之教育经费,一方面应有整个之筹集整理方法,并设法逐年增加;另一方面用得其当,毋使虚糜。"教育部根据纲要再次重申,"中央对教育文化事业费与其他事业费应有相当之比额,对其用途,应合理支配。对地方义务教育经费,应按预定计划,逐年增加。各地方教育经费之依法独立者,应予保障;教育款产应予清理"[1]。从国家顶层设计上,强调了对教育事业经费投入的必要性(见表4-5)。

表4-5　　　　　　　抗战期间教育经费预算数额[2]

年度	预算数（元）	占中央预算的比例	年度	预算数（元）	与中央总预算之比例
1937	56638821	4.29%	1942	555117903.01	1.46%
1938	24975532	2.12%	1943	1308240705	1.48%
1939	61477311	2.31%	1944	4101091657.68	3.37%
1940	106300589.53	2.40%	1945	39463515738.96	1.67%
1941	204909901.97	3.00%			

据表4-5可知,抗战初期,国家教育经费预算在总预算中的占比情况相对较好,抗战中期则每况愈下,这种情况亦反映在云南省。随着战争的持续,日军的交通封锁,国外烟草难以运销,税收锐减,云南省教育经费备受影响。抗战前期,还有历年盈余结转,尚能勉力维持。1938年,云南省教育经费收入5474966元,其中上年度结存转入1776966元;税捐3381000元;租息137000元;上级机关补助费

---

[1] 国民政府教育部编:《第二次中国教育年鉴》,第12页。
[2] 国民政府教育部编:《第二次中国教育年鉴》,第52页。

1010000元；专款160000元；杂入5000元。全年支出5019178元①，尚盈余455788元。

1939年后，物价飞涨，教育经费陷入困境。该年支出总额为8143460元，平均月支678654元，超过上年度3120000元，而全年收入5260000元，缺口300多万元。省教育经费主要来源之卷烟特捐因卷烟市场"运道滞塞，囤户居奇，到处走私，消费减缩种种关系"，致使税收大减，1939年平均每月可收45万元，1940年2月仅收16万元，②逐月均有亏短，教育经费已告恐慌。在这种情况下，只能新开税源，多方筹补。教育厅先与财政厅合办全省纸烟统销，以求抵补。统销所得全部收益，除开支外，财政厅占六成，教育厅占四成③。其统销办法，"除商运纸烟入口，优予给价统购外，并筹集大宗资金，由统销处自行筹办纸烟入口，借以调剂供需，维持税源"，实行统销以后，稍见起色。但好景不长，随着滇越运道停运，"纸烟大宗来路，颇行断绝"，省教育经费大宗来路已险象环生。④

1940年7月，云南省教育厅收到财政部云南区税务局函，函称中央将财政收支划分为国家和地方两个系统，除县级机关经常费、临时费由县财政支发，盐税、消费税、烟酒税、印花税、卷烟税、矿产税、茶、糖税等均划归中央⑤，这意味着包括教育经费在内的省级机关经、临费，全部列入国家财政统筹核发，由此导致云南省教育经费命脉发生根本动摇。为此，云南省教育厅据理力争，希冀特许保留卷烟税。在给财政部的呈文中，省教育厅力陈卷烟税对云南的重要性：

---

① 《二十七年度云南教育施政概况，龚厅长昨在省参会报告》，《云南日报》1939年7月15日。

② 《现阶段的教育经费和国民教育，龚厅长昨于省参会报告》，《云南日报》1940年7月7日。

③ 《财教两厅合办全省纸烟统销，由财厅全权主办教育厅派员稽核，所得利益财厅占六成教厅占四成，营业税收及教育特捐照章征收》，《云南日报》1940年5月11日。

④ 《现阶段的教育经费和国民教育，龚厅长昨于省参会报告》，《云南日报》1940年7月7日。

⑤ 林南园：《民国初期至抗战前后的云南财政》，载中国人民政治协商会议云南省委员会文史资料委员会编《云南文史资料选辑》第18辑，云南人民出版社1983年版，第78页。

第四章　教育经费困境及其解决

　　查云南省地方教育，自民国十八年经费独立以来，其收入来源96%，完全取给于卷烟特捐。举凡师生之养给，学校之添设，设备之充实，班级之推广，无不唯此是赖。二十九年度教育卷烟特捐之收入概算为国币420万元。支出概算，所恃以取给于此项捐收之数，则为国币416万元，案牍具在，斑斑可考。今若不问事实，将全省地方教育所托命之唯一费源，遂予提拨转移，使之完全陷于绝地；……伏查税项性质，固自有其国家地方之分，而实际用途，则离强为此疆彼界之别。以言教育，无论其所教育之对象，是否限于地方，而其同为教育国家之公民则一。以言教育经费来源，亦不问其出自国家抑地方，而其同为以公共之财源，用之于公共之事业则一。今以植基已深十余年来胥蒙维护之教育经费，一旦实行提拨，以原用之于地方教育者，移转其用途于中央在滇之军政各费。在财部筹□度支，执行法令，原自有其必要。唯在教言教，则无异摧残教育。①

　　除电呈财政部外，云南省教育厅分别向云南省政府、教育部痛陈失去经费独立大宗税源之弊，力争保留。省教育厅"咨请财政部准将该省卷烟税为补助该省地方教育经费之用，免予接收"②的愿望，终因国家法令统一所在，未能获准。1940年11月财政部致电云南省政府，谓"卷烟锡矿，同属国税。务请迅饬照案移交云南区税务局"③。1941年3月卷烟特捐移交财政部云南区税务局，教育厅只保留金库，专管经费收支，其余部门撤销，省教育厅争取教育经费维持现状的愿望落空，教育经费独立遂成历史。

　　自此以后，云南省教育经费主要依靠财政部、省政府按月拨款，拨

---

　①《省教费根本动摇，教厅请电部力争，特许保留卷烟税，否则滇教立陷绝境》，《云南日报》1940年8月23日。
　②《云南卷烟税补助教费，保留税源免予接收，教部咨请财部办理》，《云南日报》1940年9月22日。
　③《目前云南教育上两个重大问题，本月五日报告于省参议会》，《云南日报》1941年1月6日。

款不敷之数，则向银行借贷赖以维持。省教育经费来源主要有三：

一是中央拨款。从1941年4月起，财政部允诺每年补助云南教建经费共780万元，每月合65万元，其中教育35万元①。此外，每年还有临时补助费，主要补助国民教育、私立中学补助、民众教育补助、省立专科学校补助、图书仪器补助、中等教育扩充修建补助等专款②。1941年省教育经费收入5661695元，支出5989279元，亏缺327584元。其中，财政部补助315万元，教育部补助国民教育费100万元③，中央补助已占全年经费的73.30%。

二是云南省政府补助。1940年起，省政府按月拨助20万元，以一年为期④。1941年，省政府补助105万元⑤（1—9月，每月10万元，国教全年15万元），占18.55%。1941年经费收入来源多仰仗财政部、教育部、省政府补助，补助数额达520万元之巨，占岁入的92%弱。

三是银行借贷。如上文所述，1939年前，云南省教育经费尚有结余，物价上涨、国地税统收统支后，云南省教育经费苦撑的另一渠道，即向银行借款。这种依靠上级政府拨款度日的局面一直持续到战后。

第三节　省立中等教育受创

抗战以来，币值物价，发生剧烈变动。对于地方教育，影响所及，异常严重。1940年卷烟特捐奉部令收归国有，云南地方中等教育经费发生根本动摇，对省立中等学校之影响不可谓不大。

一　校班数额无奈裁减

在教育经费收支不平衡的情况下，教育厅只能压缩支出。为此，云南省政府通令公布《云南省教育经费减缩开支暂行办法大纲》。该大纲

---

① 《中学校长座谈会纪要》，《云南日报》1941年4月16—18日。
② 云南省地方志编纂委员会编：《云南省志·教育志》，第83页。
③ 云南省教育厅编审股编印：《三十年云南教育简报》，1941年。
④ 《中学校长座谈会纪要》，《云南日报》1941年4月16—18日。
⑤ 云南省教育厅编审股编印：《三十年云南教育简报》，1941年。

规定，自1938年1月起为维持各项教育事业起见，量入为出，减缩开支。具体表现于三个方面：第一，经常费缩减二成。除了省立小学教员年功加俸，省立边师土民小学学费、医药费、公费学额、服装费、科书文具补助费，省立各级各项师范学生膳食津贴及通学津贴等11项不予减缩外，其他大部分教育事业经费均减缩二成。全省受此影响的中等学校包括省立昆华、昆华女子、楚雄、昭通、普洱、临安、大理、丽江、曲靖、顺宁、云瑞、富春、双塔、虹山、石屏、蒙自、永昌、武定、宜良、泸西、景东、文山、昭通女子等中学；省立昆华、昆华女子、昆华体育、昆华艺术、曲靖、临安、蒙自、镇南、大理、保山、普洱、思茅、鹤庆、宣威乡村、昆华简易乡村、玉溪简易乡村、开化简易、腾越简易等师范学校；省立昆华高级工业、高级农业、高级护士助产、鼎新初级商业、庆云初级工艺、玉溪初农、官渡初农、开远初农、安宁小龙洞初级制陶科等职业学校。第二，省立中学师范职业各学校专任校长教员之年功加俸及中学师范学生之奖学金缩减。第三，省立中等学校的补助费缩减，包括昆明市立学校、市立商业职业补习班等校班的补助费缩减。

省教育经费入不敷出、异常拮据，而教职员待遇又不得不加以改善。为兼顾教育经费与教育效率，不得不将省立中等学校加以调整裁并，"不必要或不经济之班级减少数量，提高质量，期收实际效益"[①]。1941年2月省教育厅发布《令省立各中等学校裁并班级以利节约教育经费开支由》的训令，指出"社会环境之动荡不宁，教育经费之根本动摇，学校员生之去留难定，教师生活之再改善，学校班级之应需调整，春季始业之亟宜变更。兹决定于二十九年度第二学期即三十年二月至七月，所有省立高初中、师、职各学校，除原有学级在三班以下及专案特许者外，着一概暂行停止招收正式编班之一年级新生。将其结余经费移作改善教职工生活，暨补充学校日常开支之用。各该校奉令后，为适应各该地区之升学需要起见，得自行酌定招收暂编班、先修班或补习班。一俟各项调整就绪，

---

① 《就拟具民国三十年度行政计划实施情形报告表呈云南省政府鉴核由》，1941年，云南省档案馆藏，资料号：1012-001-00057-004。

环境渐臻安定，洎至本年暑假，再为添招各项正规班班级。又各该校现有同一年期而人数在三十五人以下之班次应即厉行并班授课"。教育厅的训令甫一出台，对中等职业学校的震动最大，因为职业学校有专业之别，依据学生人数多寡裁减，不切教育实际。正如昆华工校校长毕近斗复呈教育厅"同一年期之学级，人数在三十五人以下者仅有第二学年下学期之高十七班及高十八班两班。唯高十七班系土木科，高十八班系机械科。科系各异性质悬殊，况所授课程迥然不同。学生志愿尤有关系，且两班人数合计在60人以上，不论何种实习，均非场所器械所容纳。并班一层，事实上与普通中师各校不同，困难甚多，更易引起纠纷。"①

据报载，实行合并者有4项：一是省立昆华艺术师范学校与昆华师范学校合并，将艺师合并于昆华师范学校；二是省立玉溪中学与省立玉溪初级农校、简易乡师合并，将玉溪所设省立各校，合并于省立玉溪中学；三是省立昆华小学与昆明实验小学合为一校；四是省立昆华工校农校附属中学，与云瑞、富春分别合并，将工校之附中并归云瑞中学，农校之附中并归富春中学②。事实上，裁并者不止上述数校，如昆华中学裁并高初中各一班，昆华女中裁并高中二班，初中一班，云瑞初中裁并初中一班，富春中学裁并初中一班③。因经费不足，教育厅采取的"挖肉补疮"的办法，实属万不得已。

二 教师生活水平下降

抗战爆发后，云南变为大后方，大批难民涌入昆明，而物资供应减少，物价逐渐飞涨。据当时的经济统计，昆明市生活必需品价格上涨速度较快，幅度较大，给普通民众的生活带来巨大的压力和负担。以1937年上半年的基数为100，自此而后昆明市生活必需品一直处于上涨态势（见表4-6）。

---

① 转引自任胜文《抗战时期的云南中等职业教育研究》，硕士学位论文，云南民族大学，2011年，第43—44页。
② 《节省经费改进教育，教厅厉行并校裁班，艺术师范并入昆华师范，玉溪简师农校并归玉中，昆华小学并入昆明实小，工农附中并归富春云瑞》，《云南日报》1941年2月15日。
③ 符开甲：《杏坛往事》（内部印刷），第114页。

第四章 教育经费困境及其解决

表4-6　　　　抗战初期昆明市生活必需品增长情况统计①

时间	总指数	食物类	衣着类	燃料类	建材类	杂项类
1937年6月	100	100	100	100	100	100
1938年6月	140	141	130.8	137.2	159.6	138.9
1939年6月	293	364.1	214.5	277.5	355.3	247.6
1939年12月	460	547.8	330.2	437.5	495.7	402.4

从表4-6可以看出，1938年上半年较1937年物价总指数变动较小，各项生活必需品上涨幅度不大。然而自1939年上半年始，增幅较大，至1939年年底，总指数增幅高达320%，每月约略增20%。这是物价纵向的增长反映，已见昆明物价上涨之速、幅度之大。

而抗战后期，增长幅度远甚于此。根据云南省政府统计室编的1943年4月至1945年8月《昆明市物价指数》，抗战后期昆明市的生活必需品价格增长惊人（见表4-7）。

表4-7　　1943年4月—1945年8月昆明市零售国货价格指数②

（基数：以1937年上半年平均物价为100）

时期（年月）	总指数			食物类指数			衣着类指数		
	最低	最高	每月上升倍数	最低	最高	每月上升倍数	最低	最高	每月上升倍数
1937年1—6月	100	100		100	100		100	100	
1943年4—12月	15426	38078	25	13315	16228	25.5	27704	56269	31.7
1944年	30836	112015	60	35174	104814	57	59594	159977	63.7
1945年1—8月	140995	544406	504.3	129577	605438	594.8	214130	583915	462.9

---

① 《昆明生活必需品零售物价指数变动统计表》，载张肖梅编《云南经济》，第38页。
② 李行健：《抗战时期昆明的物价》，载中国人民政治协商会议云南省昆明市委员会文史资料委员会编《昆明文史资料选辑》第7辑，1985年，第199—206页。

表 4-7 显示，至抗战胜利，昆明市物价总指数较 1937 年上半年每月上涨 500 多倍，其中食物类约上涨 600 倍，衣着类约上涨 460 余倍，增长甚巨。生活必需品中，食物类增长最大，甚至每日都在变动。拿米来说，抗战前昆明米价平均每公石约为旧国币八元多，1938 年年底，米价已涨至战前水准二倍，1939 年上半年为战前三倍。此后，米价月涨已成常态。"九月即至每公石 28 元，十月为 34 元，十一月为 52 元。1940 年二月为 85 元，七月为 100 元，1941 年三四月又再度上涨超过 120 元，十月为 140 元，十一月一跃而为 240 元。1942 年二月至 400 元，四月为 600 元，十一月旋涨到 800 元，约为战前一百倍，1943 年十月又涨至 2000 余元，十二月已达 4000 元，1944 年四月上米及中米 6900 元，二十七日上米 7300 百元，中米 7000 元，红米 6600 元，仓米 5500 元，五月十九日上米已涨到 7500 元"①，流水账的背后，记载了一个时代米价的惊人变动。

物价指数图示反映及米价的上涨尚不能直观说明物价上涨给教育带来的影响，但我们可以从生活费与教师薪金的对比中得到结论。我们先从"行政院 1941 年所订公务员日常用品消费量估计家庭最低生活费"一表估算一个教师之家的每月生活费用。

按表 4-8 估算，1942 年 11 月昆明市一个五口之家最低生活费为 7646 元，生活成本十分惊人，"生活俸薪，不足养赡之用"② 已成为中等学校教职员的现实难题。为解决物价上涨给教职员带来的生活压力，云南省教育厅一再加薪，薪资标准一再提高，尽管薪俸一再增加，无奈薪俸的上涨速度比不上物价上涨的速度，生活费的负担，远甚薪俸的增加，教职员生活困苦不堪，生活压力很大。随着物价日趋上涨，挣扎在温饱线上的中等学校教师"大都借机离校他往，物色师资，极感困难"，在职者离职他就，未来者视教育为畏途，导致"学科程度，日趋降低"。

---

① 谢洁吾遗稿、谢德宜整理《抗战时期昆明的米价》，载中国人民政治协商会议云南省昆明市委员会文史资料委员会编《昆明市文史资料选辑》第 7 辑，1985 年，第 207—209 页。
② 《就拟具民国三十年度行政计划实施情形报告表呈云南省政府鉴核由》，1941 年，云南省档案馆藏，资料号：1012-001-00057-004。

第四章 教育经费困境及其解决

表4-8 1941年公务员日用品消量估计家庭最低生活费①

物品类别		名称	品质	单位	消费量（行政院所订）	价格（昆明1941年11月）	消费值	估计说明
食物类		中白米	中等熟米	市斗	2	87.3	174.6	五口之家生活费之估计方法如下：第一步：按行政院所订公务员生活消费量，除上列各项消费得之总值再加15%作教育文化等费用，如是1838×1.15=2114元。第二步：五口之家的消费量按四个"等成年男子"计算。于是一家的生活费应为：2114×4=8456元
		本地面粉	中等	市斤	2.5	11	27.5	
		猪肉	五花肉	市斤	5	28.7	143.5	
		猪油	板油	市斤	1.5	36	54	
		鸡蛋	中等	个	9	1.476	13.20	
		盐	永盐	市斤	0.8	12.67	10.14	
		白糖	中等	市斤	0.5	28	14	
		酱油	中等	市斤	1.5	7.2	10.8	
		豆腐		市斤	10	16	160	
		蔬菜		市斤	20	9	180	
衣着类		阴丹士林布	国产	市尺	1	25	25	
		白土布	国产	市尺	1	8.8	8.8	
		冲哔叽	国产	市尺	1	42.5	42.5	
		冲毛呢鞋	国货呢	双	0.5	65	32.5	
		纹皮鞋		双	0.05	450	22.5	
		金虎男线袜	国货中等	双	0.5	42.5	21.25	

① 北京大学、清华大学、南开大学、云南师范大学编《国立西南联合大学史料》教职员卷，云南教育出版社1998年版，第556—557页。

续表

物品类别	名称	品质	单位	消费量（行政院所订）	价格（昆明 1941年11月）	消费值	估计说明
房租类	房租	平房	一方丈之房间	0.5	240	120	第三步：人力车费只宜按一人计算；若按四人计算似觉太多，故减去三人之人力车费，得，8456-810=7646元。此即五人口之家按昆明十一月物价计算之一种最低生活费
燃料类	木炭	中等	市斤	70	3.73	261.1	
燃料类	采油	中等	市斤	1.5	19	28.5	
燃料类	水	自来水	挑(120斤)	12	1.7	20.4	
杂项	肥皂	力士香皂	块	0.5	30	15	
杂项	毛巾	中等	条	0.3	35	10.5	
杂项	牙膏	黑人牌	支	0.3	18	5.4	
杂项	茶叶	中等	市斤	0.1	50	5	
杂项	人力车费		公里	30	9	270	
杂项	沐浴	盆汤	次	2	15	30	
杂项	理发		次	2	18	36	
杂项	洗衣		套	12	8	96	
总计						1838.19	

教师待遇低落，当时市面上戏称"教授教授，越教越瘦"，"薪水薪水，不能买薪买水"。西南联大附中主任，"英年硕学，教导有方，颇得学生爱戴，后因积劳致疾，无力就医而殁。"其挽联曰："叹飘零寒士，单凭着三寸毛锥，几本残书，怎敌得住国恨家仇，穷鬼病菌，向人间重重压迫而来，逼着牺牲性命，那能够睁开眼睛，同千百青年，熬通今夜"①，生动形象地描述了生活窘迫给公教人员带来的灾难。

教育经费短缺以致师生困苦不堪，已成为云南中等教育界、社会各界普遍关注的问题。自1941年起，《云南日报》多次发表社论，评论教育经费问题，疾呼妥筹教育经费。1942年云南暑期中等学校各科教员讲习讨论会上，有人专门创制《中等学校教职员服务状况调查表》进行问卷调查，涉及学校行政、教学、训导、课外活动、晋修、生活及其他七方面的问题或困难，从回收问卷统计来看，78%的教师明确提出教育经费困难、缺乏，在七大方面问题或困难中，60%以上关于经费不足而产生的种种问题②，而生活困难是其中的一个主要焦点，足证经费不影响教育事业之大。

三　学生就学负担加重

为了维系学校正常运转，学校必须有经费作为支撑，在政府经费投入不足的前提下，学校不得不向学生收费，以补学校经费之不足。《修正中学规程》规定中学可征收学费、图书费、体育费，私立中学对寄宿学生可酌收寄宿费，《修正职业学校规程》规定："职业学校以不收学费为原则，但遇必要时得呈请主管教育行政机关核准征收，公立初级职业学校每学期以四元为度，私立者以六元为度，公立高级职业学校以八元为度，私立者以十二元为度。"③ 师范学校则以不收费为原则。事实上，普通中学、职业学校因为办学经费不裕等缘故，尤其私立学校经费

---

① 谢洁吾遗稿、谢德宜整理《抗战时期昆明的米价》，载中国人民政治协商会议云南省昆明市委员会文史资料委员会编《昆明市文史资料选辑》第7辑，第207—209页。
② 蔡劼：《云南中等教育急待解决的问题》，《云南日报》1942年11月4日。
③ 中国第二历史档案馆编：《中华民国档案史料汇编》第五辑第一编教育（一），江苏古籍出版社1994年版，第433、468页。

多系自筹之故，不得不向学生开征各种费用。

1939年省立昆华高级工业职业学校向学生收取的费用有：膳费160元、书籍费30元、制服费20元、卫生费3元、体育费3元，总计216元[1]，1941年省立昆华高级医事职业学校的招生简章明文规定"随缴保证金国币5元，毕业时照数退还"[2]。1942年省教育厅为充实省立中等学校教学设备，指定"学费收入之一部分为充实学校之用"[3]。物价变动后，公私立中等学校向学生征收费用有所不同，昆明市私立中学有改收实物的动议。1943年1月，昆明市私立中学举行负责人座谈会，针对生活费日涨，各校负责人达成共识，拟"改收学费为米一石，杂费米五斗"[4]，以求改善教职员待遇。同年10月，省教育厅组织省会公私立中等学校视察团视察了21所学校，各校收费名目繁多，计有学费、体育费、卫生费、图书费、讲义费、宿费、膳费、电力费、电料费、杂费、特别费、预备费、旁听费、特别旁听费、试读生费、设备费、试验费、建校基金保证金、学米代金[5]20余种，所列费用少部分是教育行政管理部门允准的，如学费、体育费、图书费、宿费等，而大部分并无合法依据。收费五花八门，缴费数目不小，对于多数家庭而言，无疑是一个沉重的负担，寒门学子被拒之门外。针对此般状况，龚自知曾痛心地说："就学负担因生活物价不断激涨结果，一则就学者须先通过经济淘汰，然后就学。换而言之，即无钱者休想读书。二则学生就学之负担以及学校费用之征取，均形成日有增加之势。"[6] 教育厅长的这番检讨，间接地指出了教育经费困绌对中等教育的影响。

---

[1] 转引自任胜文《抗战时期的云南中等职业教育研究》，硕士学位论文，云南民族大学，2011年，第45页。

[2] 转引自任胜文《抗战时期的云南中等职业教育研究》，硕士学位论文，云南民族大学，2011年，第45页。

[3] 《云南省政府教育厅民国三十一年教育工作总检讨报告》，1942年，云南省档案馆藏，资料号：1012-001-00070-004。

[4] 《私立中学杂费将改收实物》，《云南日报》1943年1月23日。

[5] 《昆明公私立中学收生收费之限制》，1943年，云南省档案馆藏，资料号：1012-001-00070-010。

[6] 《云南教育与教育经费——龚厅长在省参会之报告》，《云南日报》1944年5月17日。

第四章　教育经费困境及其解决

为此，教育厅规定自 1943 年下学期开始，全省各公私立中等学校只征收学费、图书费、体育费、卫生费（须成立卫生室，并派有医师护士）、寄宿费、新生报名费 6 种，并划分全省为中、南，东、西两区分别制定标准，其中中、南区学费 300 元（私立学校得酌增 100 元）、图书费 100 元、体育费 100 元、卫生费 100 元、新生报名费 20 元、寄宿费（限于私立学校之有寄宿舍者）100 元；东、西区学费 200 元、图书费 100 元、体育费 100 元、卫生费 100 元、新生报名费 20 元、寄宿费（限于私立学校之有寄宿舍者）60 元。① 采取限制收费的手段，只是解决了学校"乱收费"的问题，并不能从源头上解决经费短缺给教育事业造成消极影响的局面。

随着物价上涨，云南省中等学校收费标准亦水涨船高。1945 年 2 月省教育厅出台了中等学校新的收费办法，其中规定，"省立中学高中计收学费二千元，卫生、体育、讲义、杂费每项五百元，共二千元；初中收学费一千八百元，杂费与高中同，私立中学除体育、卫生等杂费照省立中学征收外，学费则照省立中学加倍征收，并另征收学米代金六公斗，代金以二八月米价折算。"② 照此办法，省立中学收费共 4000 元，初中不少于 2300 元，而私立中学则远远高于省立高中。此种状况至抗战结束时愈演愈烈，寒门青年，难免有失学之忧。

对比邻省，云南省教育经费大为落后。1944 年 5 月云南省参议会二届二次大会上，有人提出"西康的教育支出占全省总岁出的 8%，广西占 12.1%，而本省仅占 6.6%，不及广西的一半，与西康也不能比，西康全省仅辖 33 县，3 设治局，县局不及本省 1/3。全省中等学校不及 30 所，学生仅有 5000 人，而其经费所占比例则较本省优厚。"③ 因为教育经费无法保障中等教育的稳定推进，中等教育只能量入为出，因陋就简，裁剪班额，由此而致学校发展不均衡，教师不安于教，学生不安于学，学科程度滑坡。

---

① 《本省私立中学征费，教厅规定最高限度》，《云南日报》1944 年 1 月 30 日。
② 《教厅拟具办法规定中学收费标准》，《云南日报》1945 年 2 月 4 日。
③ 《二届省参议会二次大会的总结（续昨）》，《云南日报》1944 年 5 月 29 日。

第五章　难能可贵之发展

尽管面临战时教育经费的不足，各种仪器、图书的匮乏，师资短缺等种种困难，但在国民政府、云南省政府等方面的努力下，云南中等教育在数量上逐渐增加，质量上亦有所改善。

第一节　校班调整扩充

1942年教育部公布《中等学校设校增班注意事项》，规定中学、师范、职业三类学校的设置比例，初级中等学校为6∶3∶2，高级中等学校为2∶1∶1①。换言之，假如某省或某区设初级中学6所，必须同时设置初级师范学校3所、初级职业学校2所；若设立高级中学2所，必须同时设置高级师范1所、高级职业学校1所。具体到云南省，国民政府教育部于1942年10月根据云南省教育厅工作计划，专门指示"中学教育部分，应照教育部颁发卅一年度各省中等教育设校增班注意事项切实施行；师范教育部分应照教育部卅年十二月四日第47089号训令及同年同月十三日第48523号代电制定该省第二期推进师范教育方案及师范教育实施计划；职业教育部分查该省职业学校大都尚未成立，原计划对于增设学校完成职业学校区……应于本年度内增设职业学校一二所"②。

依照教育部设校增班、中等学校分区以及省教育厅计划实施等诸种

---

① 中国第二历史档案馆编：《中华民国史档案资料汇编》第五辑第二编教育（一），第308页。
② 《训令云南省教育厅遵照民国三十一年度各省中等教育设校增班注意事项》，1942年，云南省档案馆藏，资料号：1012-001-00071-001。

措施,云南中等教育数量有所增加,但不同类型学校有所不同。

一 中等学校总体增加

自抗战以来,云南中等学校的学校数、班数、学生数均呈增长势头,可见表5-1。

表5-1　　　　　抗战时期云南公私立中等学校总况

年度	立别	学校总数(所)	班级总数(个)	学生总数(人)
1937	省立	57	211	10994
	县市立	77	171	8337
	私立	3	11	598
	合计	137	393	19929
1938	省立	64	263	13838
	县市立	64	185	7340
	私立	3	11	620
	合计	131	459	21798
1939	省立	54	306	15220
	县市立	73	213	11100
	私立	10	46	1893
	合计	137	565	28213
1940	省立	53	318	13963
	县市立	82	248	12917
	私立	15	64	2103
	合计	150	630	28983
1941	省立	46	289	11125
	县市立	98	292	13777
	私立	15	61	2322
	合计	159	642	27224
1942	省立	40	310	14203
	县市立	102	293	18399
	私立	19		
	合计	161		

续表

年度	立别	学校总数（所）	班级总数（个）	学生总数（人）
1944	省立	40	297	
	县市立	120	432	
	私立	28	132	
	合计	188	861	
1945	省立	42	333	13417
	县市立	132	473	21138
	私立	38	177	5987
	合计	212	983	40542

资料来源：1938年数据来自《二十七年度云南教育施政概况，龚厅长昨在省参会报告》，《云南日报》1939年7月15日；1939年数据来自《云南中学教育现状和今后实施方针，龚厅长昨在中学职教员晋修班讲（续）》，《云南日报》1939年12月15日；1940年、1941年、1942年数据分别来自《云南省教育厅民国三十一年度工作总检讨》，1942年，云南省档案馆藏，资料号：1012-001-00098-002；《云南省教育厅民国三十三年工作报告》，1944年，云南省档案馆藏，资料号：1012-001-00070-011；1944年、1945年校数、班数来自《令发云南省政府民国三十四年度》，1945年，云南省档案馆藏，资料号：1012-001-00073-003。

1943年省立学校总数为40校、班级总数为288班，其余数据缺。下文普通中学、师范学校、职业学校之相关统计资料来源与此处同，不再注释。本表及下文有关表格空缺处因材料难觅，暂缺，下文亦不再说明。

如表5-1所示，云南全省公私立中等学校数，对比1937年的137所，1945年增加至212所，增加75所，增幅55%；班数自393班增加至983班，增加590班，增幅151%；学生数共增加20613人，增幅103%。由此可见，抗战期间，云南中等学校校班总量上大幅增加。

因为学校经费来源不同，省立、县市立、私立中等学校的状况不一。

首先，就省立中等学校来看，全省中等学校数，1937年有57校、211班、10994人，1945年则为42校、333班、13417人。云南全省中等学校数量相对稳定，自1942年至1944年三年，中等学校数、班级数、学生数变化不大，学校数连续三年均为40所。

其次，县市立中等学校则呈现出数量上的渐次增长。从1938年起，县市立中等学校数、班级数、学生数逐年增加,1945 年校数较 1938 年增加 68 校,增加 1 倍;班级数增加 288 班,增加近 1.6 倍;学生数增加了 13798 人,增加近 2 倍。

再看私立中等学校,1937 年全省仅 3 所、11 班、598 人,至抗战结束时,已达 38 所、177 班、5987 人,规模已不可同日而语。

1937 年,省立中等学校数、班级数、学生数占当年全省中等学校总数的比例分别为 42%、54%、55%,县市立中等学校的占比分别为 56%、43%、42%,私立中等学校的占比分别为 2%、3%、3%。1945 年省立中等学校数、班级数、学生数在该年全省中等学校总数的占比分别为 20%、34%、33%,县市立中等学校的占比分别为 62%、48%、52%,私立中等学校的占比为 18%、18%、15%。纵向比较,抗战时期,云南县市立、私立中等学校数量大有增加,尤其私立中等学校增幅较大,而省立中等学校的占比有所下降。导致这种状况的原因主要有:一是云南省教育厅确定省办高中,地方办初中之双轨制原则,鼓励各县设置县立初中;二是鼓励设置各类私立中等学校。下文论述各种类型中等学校时,亦将有所阐述。

二 普通中学规模增加

抗战时期,云南省立、县市立、私立中学的学校数、班级数、学生数都有增加,见表 5-2。

表 5-2　　　　　　抗战时期的云南普通中学统计

年度	类别	学校总数（所）	班级总数（个）	学生总数（人）	高中		初中	
					班级数（个）	学生数（人）	班级数（个）	学生数（人）
1937	省立	22	124	6846	26	1218	98	5628
	县市立	45	117	5921	6	405	111	5516
	私立	3	11	598	2	125	9	473
	合计	70	252	13365	34	1748	218	11617

续表

年度	类别	学校总数（所）	班级总数（个）	学生总数（人）	高中 班级数（个）	高中 学生数（人）	初中 班级数（个）	初中 学生数（人）
1938	省立	29	162	8515	37		125	
	县市立	44	117	5458				
	私立	3	11	620				
	合计	76	290	14593				
1939	省立	21	177	10305	36	1948	9	1941
	县市立	55	177	9598	1	32	176	9566
	私立	9	41	1841	4	32	37	1809
	合计	85	395	21744	41	2012	222	13316
1940	省立	23	192	9470				
	县市立	64	206	10909				
	私立	12	59	2045				
	合计	99	457	22424				
1941	省立	20	182	7874				
	县市立	70	228	11367				
	私立	13	57	2252				
	合计	103	467	21493				
1942	省立	19	200	10504				
	县市立	74	237	15733				
	私立	18	82	3321				
	合计	111	519	29558				
1943	省立	20	176					
	县市立	76	257					
	私立	12						
	合计	108						
1944	省立	20	194					
	县市立	101	382					
	私立	27	129					
	合计	148	705					

续表

年度	类别	学校总数（所）	班级总数（个）	学生总数（人）	高中		初中	
					班级数（个）	学生数（人）	班级数（个）	学生数（人）
1945	省立	21	219	9828				
	县市立	107	413	18803				
	私立	33	170	5815				
	合计	161	802	34446				

就表5-2而言，抗战初期省立中学有22所，后稳定在21所左右，县市立中学从1937年的45所增加至1945年的107所，私立中学则从3所增至33所。私立中学的大幅度增加，与大量知识分子内迁云南不无关联，尤其西南联大师生创办或主持者不在少数，上文已有所阐述。班级数、学生数均有增加。各种类别普通中学，表现出不同样貌。

（一）省立中学之维持

1938年云南普通中学划分为12个学区，云南省教育厅按照每个分区至少设置省立中学一所的目标，努力推进。但自省教育经费失去独立地位后，省立中等学校的经费受限，不得不进行调整。1941年9月云南省拟具了1941—1943年三年的教育实施进度表，对高中、初中的主办权进行了调整，即高中以省办为原则，初中以县办为原则，并计划在第一年"将武定、永胜、蒙化、宜良、景东、墨江等各省立初级中学暨省立大姚简师学级等改归县办"[①]。1942年又计划"增编各中学区之省立中学班级其总数为六十班，于就学比率较高之中学区内增设省立女子中学三所，在本年内各别设置高初级四班"[②]，在实施期间，因物价上涨，教职员工生活困难，原预定经费已不能按照计划实行。为改善教职

---

① 《拟具今后三年教育实施进度表》，1941年，云南省档案馆藏，资料号：1012-001-00059-002。
② 《为检发本府民国三十一年度行政计划令教育厅收阅具报》，1942年，云南省档案馆藏，资料号：1012-001-00060-003。

员工生活，增加薪俸，发给生活补助费及食米代金，是年共支出教职员、校工薪俸2787048元①，增加部分已占全年岁出19281468元之14%。为此，不得不勉力维持，于稳定中缓求可能之扩充。比如1942年设置省立龙渊中学，将省立个蒙高级工校改办为省立蒙自中学。从统计数字看，自1941年调整后，省立中学大致保持在20校左右，直至抗战结束。

(二) 县市立初中之推进

云南划分中学区办法，力求每县均设置初中。教育厅拟具的1941—1943年三年的教育实施进度安排中，即有"扶植新办之县立初中或联立初中"，督饬已办者注意改进和充实，扩充县立初中数量。1937年县市立中学有45校、117班、学生5921人，抗战结束时增加为107校、413班、学生18803人，八年间，平均每年新办近8校，开办班级37班，增加学生1万余人。

县立初中扩增的原因主要有以下四个方面：

第一，省立中学设置相对平均，主要兼顾各区之初中毕业生升学需要。各省立中学大多为高初合设，高中主要招收区内初中毕业生。

第二，省办中学无力扩充，不能大量容纳小学升学学生。省教育经费失去独立地位后，经费短绌，只能"维护既成事业于不坠"。因县教育经费保留独立，来源稳定，县立初中需要承担起接收小学毕业生的责任。

第三，县教育经费相对不困难，教职员待遇有保障。正如上文所述，县教育经费有耕地税、各种新税作保障，加之中央及省府纾难，各县学田租金随粮价上涨而收入递增，教育经费反而没有陷入困顿。1939年支出636088元，1942年增至5860736元，增加9倍多②。以大姚县立中学为例，1943年该县县中田租收入折合国币900988.2元，房租等收入923.5元，共收入国币901911.7元，全年支出预算为903080元③，

---

① 《云南省教育厅民国三十一年度工作总检讨》，1942年，云南省档案馆藏，资料号：1012-001-00098-002。

② 《云南省教育厅民国三十一年度工作总检讨》，1942年，云南省档案馆藏，资料号：1012-001-00098-002。

③ 《据大姚县呈报民国三十三年度教育施政工作计划指令遵照》，1944年，云南省档案馆藏，资料号：1012-001-00063-005。

收支差不多持平。因为经费有保障,教职员待遇没有感到困难,1942年县立学校"专任教员月薪有高至国币一千四五百元,最低亦将近千元之数",而省立学校专任教员"薪俸最高者230元,最低者140元"①,县立学校的待遇较为优渥,有效地缓解了"师荒",对于县立初中之开办,大有裨益。

第四,公私立大学迁滇后,师资来源较有办法。如上文所述,以西南联大、中法大学为代表的迁滇公私立大学,为县立初中提供了质量上乘的师资。

(三)私立中学之扩增

抗战时期云南私立中学发展较快,尤以昆明比较突出,全省2/3的私立中学集中于昆明,首先,省会昆明乃后方重镇,工商业和交通运输业在省内居于"火车头"地位,一些抗战物资和生活物资自集中运输而来,商业相较繁荣。其次,东部沿海及沦陷区、战区的工厂、机关、教育文化单位西迁云南,大都汇集昆明,为昆明储备了一批人才。最后,以西南联大为代表的迁滇高校学生,为解决衣食问题,寻求出路,纷纷兼职兼差,创设学校,教师来源不成问题。

1939年昆明市有私立中学7校、30班、学生1793人,校数、班数、学生数分别占全省私立中学总数的78%、73%、97%,1945年有19校、学生98班、3562人,分别占当年全省私立中学校数的58%、班数的57%、学生数的61%。就1945年的统计来看,昆明市私立中学占全省私立中学总数的比例较1939年下降,说明昆明之外的云南其他地州的私立中学数量增加。但如果从昆明市公立与私立中学数量变化的对比情况来看,则是另一番景象。1939年昆明市公立中学有云南大学附属中学、昆华中学、昆华女中、云瑞中学、富春中学、昆明市立女中、昆华工校和昆华女师附设初中班等,共计9校63班3686人,1945年有昆华中学、昆华女中、云瑞中学、龙渊中学、富春中学、市立中学、市立女中、县立玉案初中、县立清波初中、县立日新初中10校85班3669人②,公立学校仅增加

---

① 《高等教育》,1942年,云南省档案馆藏,资料号:1012-001-00070-002。
② 符开甲:《杏坛往事》(内部印刷),第112页。

1校22班，学生数反而减少，而私立中学则增加了12校68班1769人，两相比较，私立中学的校数、班数多于公立中学，学生数与公立中学相差不大，昆明市私立中学的发展速度和规模不言而喻。

三 师范学校勉力推进

师范教育作为师资培养的机构，居于重要地位。根据《师范学校法》之规定，"师范学校由省市或直隶于行政院之市设立之，但依地方之需要，亦得由县市设立，或两县以上联合设立之"。师范学校由省市或县设立者，为省立市立或县立师范学校。由两县以上联合设立者，为某某县联立师范学校。专收女生之师范学校称之为女子师范学校。师范学校的修业年限为三年。据《修正师范学校规程》规定，"各地方为急需造就义务教育师资起见，得设简易师范学校"，"此项简易师范，俟地方小学足敷分配时，应即停止办理"。简易师范学校以县市立为原则。其修业年限原定为四年，1943年师范教育讨论会议决，在师资缺乏之地区办理三年制简易师范学校，通令各省市遵照办理。

1938年5月国民政府教育部拟定了《第一次师范教育方案》，以1938—1941年为实施期限，要求各省划分师范区，增设师范学校和简易师范学校，每一师范区设男女师范学校各一所，县立简易师范每3县设一所[①]，1939年云南省划分师范学校区时，共有各种师范学校39所，内中省立22所，县立17所。此后，教育部又根据《第二次师范教育方案》于1942—1945年再次推进师范教育，要求各地达到每一师范区有师范学校2所，每3县有简易师范学校1所。云南省遵照部令，拟具了本省的实施方案，"拟增设省立师范六校，全师二十六班，分三年完成"[②]，按照全省行政区划，"应设立国民师范37校"，"扩充新旧简师

---

① 国民政府教育部编：《第二次中国教育年鉴》，第930—931页。
② 《云南省卅三年度教育工作总检讨报告》，1944年，云南省档案馆藏，资料号：1012-001-00100-006。

班级 296 班"①。

两次师范教育推进期与抗战正好重叠，抗战时期云南中等师范的实施效果如何？换言之，教育部两次师范教育方案的实施效果，通过师范学校的校数、班级数、学生数统计情况，其实施效果一目了然（见表 5-3）。

表 5-3　　　　　　抗战时期云南师范学校概况

年度	类别	学校总数（所）	班级总数（个）	学生总数（人）	正则师范		简易师范	
					班级数（个）	学生数（人）	班级数（个）	学生数（人）
1937	省立	25	61	3011	32	1554	29	1457
	县立	30	51	2245	1	60	50	2185
	合计	55	112	5256	33	1614	79	3642
1938	省立	24	59	3751	35		24	
	县立	17	57	1585				
	合计	41	116	5336	40	1750	76	3616
1939	省立	22	73	3064	40	1435	33	1629
	县立	17	33	1387	1	53	32	1334
	合计	39	106	4451	41	1488	65	2963
1940	省立	18	74	2863				
	县立	17	39	1893				
	合计	35	113	4756				
1941	省立	14	54	1823	42		12	
	县立	24	38	1586				
	合计	38	92	3409				
1942	省立	13	59	1928	45	1604	14	324
	县立	25	50	2488	3	137	47	2351
	合计	38	109	4416	48	1741	61	2675

① 《云南省三十二年度云南省中等教育科计划》，1943 年，云南省档案馆藏，资料号：1012-001-00070-001。

续表

年度	类别	学校总数（所）	班级总数（个）	学生总数（人）	正则师范 班级数（个）	正则师范 学生数（人）	简易师范 班级数（个）	简易师范 学生数（人）
1943	省立	11	59		45		14	
	县立	25						
	合计	36						
1944	省立	13	54					
	县立	18	47					
	合计	31	101					
1945	省立	14	63	2254				
	县立	21	55	2138				
	合计	35	118	4392				

在教育部的两次督促下，云南省中等师范教育并无显著进步。中等师范学校的校数，自1937年的55所减少至1945年的35所，而班级数则从112班增至118班，中间稍有起伏，学生数从1937年的5256人减少至1945年的4392人，中间亦有起伏。若就类别、地域而言，各种类型师范学校亦表现不同之状况。

（一）省立师范之稳定

1937年云南省省立师范有昆华师范、昆华女师、昆华体师、昆华艺师、曲靖师范、蒙自师范等13所正规师范学校，昆华、玉溪2所简易乡村师范，宣威1所乡村师范，开化、双江、腾越、佛海等9所简易师校，共计25所师范学校①。1941年因经费困难，教育厅实行并校裁班，将昆华艺师并入昆华师范，该年省立师范计有昆华师范、昆华女师、昆华体师、小坝女子简师、宣威乡师、大关简师、泸西师范、石屏师范、思茅师范、佛海简师、缅宁师范、保山师范、鹤庆师范、大理女

---

① 云南省教育志编纂委员会办公室编：《云南教育大事记（公元前121年—公元1988年）》，第61页。

师等14校①。1942年8月大关简师又因"地居边远,班级较少,推进困难"②而停办,小坝女子简师兼收男女更名为昆华简师,省立师范减少至13所,此后勉力维持在此水平。根据云南省第二次实施方案计划,师范学校应逐年完成增校设班计划,如1944年计划增设师范学校5校25班,预算开办费800万元,增班设备费307.5万元,经常费70.5万元,而事实上,仅由省新兴事业费项下拨给开办费100万元,准增1校2班③。因经费受限,计划终究难于实现,至1945年仅增设武定师范学校1校,连前共有14校,63班,校数尚不及抗战初期,班级数勉强持平。

(二)县立师范之苦撑

1937年呈贡、沾益、永胜、晋宁、开远、澜沧、镇康、车里等地共设立了30所简易师范学校④。1941年昆阳、呈贡、禄劝、易门、宜良、河西、峨山、江川、永善、西畴、建水、澜沧、车里、永平、龙陵、云龙、丽江、弥渡、洱源等24县⑤设有县立简易师范学校。根据实施方案,云南省教育厅督饬各县开办县立简师或就县立初中内增设简师班级,令各县多筹经费,设法促成。但"据各县呈报,因经费困难,请求缓办"⑥,1944年仅创设会泽、江城2县立简师,各招学生一班,永仁县中等添办简师班级8班,共18校47班。1945年只增加宁洱县立简师等3校8班⑦,连前共21校55班。抗战中期,县立师范校数勉力维

---

① 《三十一年云南教育简报》,1942年,云南省档案馆藏,资料号:1012-004-02063-039。

② 《云南省教育厅三十二年度工作总检讨报告》,1943年,云南省档案馆藏,资料号:1012-001-00036-075。

③ 《云南省卅三年度教育总检讨报告》,1944年,云南省档案馆藏,资料号:1012-001-00100-006。

④ 云南省教育志编纂委员会办公室编:《云南教育大事记(公元前121年—公元1988年)》,第61页。

⑤ 《三十一年云南教育简报》,1942年,云南省档案馆藏,资料号:1012-004-02063-039。

⑥ 《云南省卅三年度教育总检讨报告》,1944年,云南省档案馆藏,资料号:1012-001-00100-006。

⑦ 《令发云南省政府民国三十四年度工作计划(中教)》,1945年,云南省档案馆藏,资料号:1012-001-00073-003。

持在 25 所左右，抗战后期反有减少之趋势，所幸各县立师范于校内增设班级，设法广招生源，班级数、学生数有一定增加。

省县立中等师范教育之艰难办理，引起了国民政府教育部及省教育厅的重视，并采取种种措施以求策进。1940 年 7 月，教育部组织国教干训班，对省县立师范学校校长和简师学级主任集中培训。1944 年召开全国师范教育会议，会议通过了战后全国实施师范教育五年计划，规定"中级师范教育以省立师范为主，专事培养中心学校师资，每一行政专员区设立一校，初级师范教育以县立简易师范为主，专门培养该县之国民学校师资"①。云南省方面，1940 年 7 月 22—23 日两日②，召开了全省师范教育会议，参加国教干训班之省县立师范学校校长或简师学级主任 30 余人③出席会议，围绕师范生入学指导、在学训练、毕业服务等展开了热烈讨论。

为加强师范教育宣传，使社会各界人士重视师范教育，1941 年 12 月教育部制定了推进师范教育 8 条原则和 18 项工作要点，其中规定自 1942 年始，每年 3 月 9 日至 4 月 4 日为"推进师范教育运动周"，令各省市每年如期办理，办理事项包括：召集师范教育会议或讨论会；刊布师范教育专号；印发师范教育辅导小册；举行师范教育广播讲演或普通讲演会；举行师范生效忠国家献身教育事业宣誓；举办师范教育成绩展览会或工作竞赛；颁给师范学校教员服务奖状及清寒优秀师范奖学金及其他④。1942 年 3 月云南省教育厅奉令后，转令各师范学校举行成绩展览或工作竞赛、师范生效忠国家、献身教育事业宣誓，运动周首日省厅中等教育科科长张季材亦前往昆明电台作有关师范教育问题之广播讲演⑤。作为云南中等教育行政管理的具体落实人，张季材借运动周发表

---

① 《师范教育会议通过战后师范教育计划，教部将设部聘教员》，《云南日报》1944 年 4 月 4 日。
② 《教厅定期召开全省师范教育会议策进全省师范教育》，《云南日报》1940 年 7 月 20 日。
③ 《全省师教会议第一日龚厅长亲临主席领导讨论，出席师范校长主任卅余人，各方提案甚多讨论颇热烈》，《云南日报》1940 年 7 月 23 日。
④ 国民政府教育部编：《第二次中国教育年鉴》，第 929 页。
⑤ 《教厅举办师范教育运动周，各师范学校举行展览或竞赛，师范学生宣誓效忠教育事业，并分配各校应领补助金》，《云南日报》1942 年 3 月 29 日。

了推进师范教育的感言，"当此国难严重的大时代，我们要达到抗战必胜建国必成的目标，无疑的必须使全国儿童和成人受到良好的国民教育，俾能成为民族的战时、健全的国民。但教育儿童和成人的责任无疑的是负在教师肩上"，为此推进师范教育"要先由引起一般社会对于师范教育的重视入手"，"对于师范教育的关心检讨实属非常必要"①。当日的《云南日报》副刊《云南教育》也刊出《推进师范教育运动周特刊》，为推进师范教育摇旗呐喊。1943年云南省举办第二届推进师范教育运动周，要求全省各师范学校举办，争取向社会各界募集师范生奖学金②。第三届绝大多数师范学校并未举行，1944年6月教育厅要求各校呈报举办师范教育运动周的详细情况，全省仅弥勒初中呈报③，可见实施效果并不理想。

（三）边疆师范之办理

云南地处边徼，是一个多民族省份，除聚居平地之汉族，教育状况大略与内地各省齐头并进外，其余聚居山间、边地之民族，人口众多，分布面积较广。边疆地区因地理环境、交通条件、经济基础、民族传统、风俗语言等诸多因素，经济社会发展滞后，教育文化落后，社会风气闭塞，为政教风俗所不及。晚近以来，西方传教士逐步从境外渗入，对边民施以文化侵略、宗教麻醉，传教设学，无孔不入，间或挑起国际纠纷、民族纠纷。英籍牧师永伟里父子在云南澜沧一带传教30余年，"在卡瓦山一带设有学校17所，福音宣讲所90余处；罗黑山一带地方，设有学校14所，福音宣讲所136处。其中糯佛一校有男女学生200余人。各校皆供膳、宿、衣服、书籍、文具。"又法国教会在沿滇越铁路各县区，"凡有土著聚居之所，均设有教堂学校，路南县边境圭山之土人多奉天主教，子弟多习法文"④。外国教会在边地势力膨胀，反观地

---

① 季材：《推进师范教育运动周感言》，《云南日报》1942年3月29日。
② 云南省教育志编纂委员会办公室编：《云南省教育大事记（公元前121年—公元1988年）》，第80页。
③ 云南省教育志编纂委员会办公室编：《云南省教育大事记（公元前121年—公元1988年）》，第82页。
④ 郭连峰：《边疆教育工作之检讨》，《教与学》1940年第7期。

方政府对边疆教育之重视程度，则不及外人。

　　云南省政府有鉴于此，为启迪边地民智，开拓边疆，巩固国防，于1931年4月制定实施《边地教育办法纲要》推进边地教育，提出自1931年8月至1937年7月为第1期，1937年8月至1943年7月为第2期，由教育厅统筹办理。而实施边地教育，所需之师资，最为缺乏，自当从培养师资训练人才入手。云南边地县域，气候特异，向以烟瘴弥漫、民族野蛮"著称"，内地人士视之畏途，故以招收边民子弟就近加以培养训练为宜。省教育厅乃令饬近边省立中等学校、省立昆华师范学校，分别开办边地师资训练班，招收各边地民族优秀子弟，施予两年师资训练，计省立昭通中学、普洱中学、丽江中学，各开办一班，省立昆华师范开办两班，共计6班，招收200余名学生①。至于边地县区，省政府又从省教育经费项下划拨专款，予以补助。

　　实施边地教育，研究民族文化，必须厚植师资基础，教育厅于1935年9月厘定《实施苗民教育计划》作为实施边地教育的指导大纲。该项计划旨在"就苗民聚居，教育向不发达，语文尚未统一之地方，推广设学，劝导就学，俾当地教育文化程度，逐渐增进，与内地相同"。根据计划，在德钦、双江、腾越、车里、开化五地，设置简易师范学校，作为"培养师资训练人才之中心机关"；在中甸、维西、福贡等29地设立省立小学，作为"直接教化边民发展边地初等教育之中心机关"。这些边地学校招收少数民族学生基本上占全校学生总数的80%以上。② 在省会昆明，省立昆华简易乡村师范学校也招收、培养边地学生。1937年6月省立昆华简易乡村师范学校校长王顺呈请教育厅，请教育厅通令边地各县保送学生30名，又统一招考20名③学生入校，以符培养边地师资之旨。此次保送学生主要面向中甸县、德钦设治局、贡山设治局、维西县、福贡设治局、碧江设治局、梁河设治局、盈江设治局、蓬山设治局、陇川设治局、瑞丽设治局、潞江设治局、镇康县、双

---

① 《云南省边地教育概况》，《云南教育公报》1936年第6—7期。
② 《云南省边地教育概况》，《云南教育公报》1936年第6—7期。
③ 《教厅令饬边地各县保送学生入昆华简易乡师肄业》，《云南日报》1937年6月19日。

江县、澜沧县、沧源设治局、车里县、南伞县、佛海县、宁江设治局、镇越县、六顺县、江城县、金平县、河口对汛督办署、丘北县、宁蒗设治局、兰坪县、泸水设治局等31县及设治局。

关于云南省边地教育经费，1931年省政府曾指拨旧滇币20万元作为基金，补助各地边地小学、师范学校。1936年教育部于边疆教育补助费项下，拨给国币9万元，指定其中2.5万元作为师资培养经费①，以此推动边地教育。

为便于边地民族地区教育推广和管理，云南省教育厅公布了《边地简易师范及小学设学概要》，将全省边疆民族地区划分为中维、丽江、永昌、腾越、镇康、澜沧、车里、普洱、蒙自、广南、泸西、东川、华永13个学区，共设立了31所省立小学和3所省立简易师范②，3所简师主要面向所属学区的相关少数民族（见表5-4）。

表5-4　　　　　　　　省立边地简师设学情况

学区	学校	该地民族
腾越学区	腾冲简师	傈僳族、傣族
镇康学区	双江简师	傣族、佤族、拉祜族
车里学区	车里简师	傣族

资料来源：范义田编：《云南边地民族教育要览》，云南省义务教育委员会印行，1936年，第49—53页。

抗战爆发后，各边疆省份一变而为抗战重要根据地，国民政府加大了对边疆教育的重视程度。1939年第三次全国教育会议议决通过了《推进边疆教育方案》，1941年行政院颁布了《边地青年教育及人事行政实施纲领》，教育部于1941年6月和1944年6月又先后公布了《边远区域师范学校暂行办法》和《边疆学生待遇办法》等实施办法，以示对边疆中等教育的重视。《推进边疆教育方案》规定初等教育师资培

---

① 《云南省边地教育概况》，《云南教育公报》1936年第6—7期。
② 马廷中：《民国时期云南民族教育史》，民族出版社2007年版，第188页。

养，由教育部筹办国立边区师范学校若干所，设立在边疆省份适当的地点，各省设立的边疆学校及师范班，应分别扩充或归并。1941年6月《边远区域师范学校暂行办法》进一步规定，"为统筹培养边地师资起见，规定边师以国立为原则；边师应分区设立，每区以设立一校为原则"。该暂行办法划全国（除新疆及蒙藏地区）为17个师范区，各设置国立师范学校培养各区国民教育师资。云南省内有国立西南师范学校、国立大理师范学校、国立丽江师范学校三所边疆师范学校。

1939年9月国立西南师范学校在昭通正式开学，曹书田担任首任校长，招收150人，有教职工50人。1940年增设附属初中部。1943年秋，增设师范部，并将四年制简师改为边疆师范，学校共有师范部、边疆师范部、附中部和3所附属小学。1946年，该校奉令迁往文山办学。在昭通期间，西南师范学校总计毕业12班，其中一年制简师1班，四年制简师4班，三年制简师1班，师范1班，初中4班，边疆师资讲习班1班，共毕业学生339人[1]，大部分毕业生在云贵川三省边区从事教育工作。

国立大理师范学校原为中央政治学校大理分校，1939年春开始招生，招收简师及初中，同年秋招高中班，1942年夏招师范班。1941年10月改称国立大理师范学校。1946年迁龙陵。至1947年，有高中1班、师范3班、边疆师范3班、边生特别补习班1班，共8班242名学生。历年毕业高中5班136人、初中1班30人、师范生2班43人、简师5班92人[2]。

国立丽江师范学校创办于1941年8月，主要招收藏族学生，为当地培养小学教师。其学生类别较为复杂，计有：师范科，培养高级小学教师，招收初中毕业生或同等学力，学制3年，共招收5届5班；边疆师范科，面向边疆地区招收，培养初小教师，招收高小毕业生或同等学力，学制4年，共招收4届5班；简师科，培养初小教师，招收高小毕业生或同等学力，学制4年，共招收3届4班；简师班，招收在职小学

---

[1] 教育部边疆教育司编：《边疆教育概况》，1947年，第24—25页。
[2] 教育部边疆教育司编：《边疆教育概况》，第37页。

教师，学制 1 年，招收过 1 班；边补班，招收边疆高小毕业生，补习高小课程，共招收 1 班①。

四 职业学校有限推广

因云南经济落后，缺少一定规模的产业支撑，对职业教育的需求亦有限，云南中等职业学校的发展滞后。抗战爆发后，云南当局对职业教育的推广力度很大，职业教育发展取得一定成就。

抗战以还，人们日常生活用品缺乏，价格飞涨，生活维艰，亟谋自给，为此，教育部制定《初级实用职业学校办法》，通令各省根据地方农产业及生活必需品，与当地生产机关"或就原有学校改办，或重新设置"②，合作举办初级实用职业学校，设置农艺、农产制造、养殖、纺织、化工、木工、铁工、土木、印刷等切合地方需要的科别，培养实用技术人才从事生产事业。1938 年 6 月教育部电令云南省筹设初级职校，下拨筹设开办费 5 万元③，省教育厅电呈教育部，计划于昆明交通便利之地择定校址，并就校舍、师资问题请示教育部。经过筹措，1939 年云南省将省立庆云初级工艺职业学校改为省立昆明初级实用职业学校④。

我国职业教育西南西北地区素不发达，质量俱差。抗战爆发后，为加强后方生产力量计，推进川康滇黔桂陕甘宁青各省之农工职业教育，教育部拟定了上述几省推进农工职业教育计划，并提出一系列原则：一是各省应参照省内农工职业及原料分布情形，决定设置初高级农工各科职业学校地点及科别；二是职业学校之设置，可先成立工厂或农场，视其需要，训练艺徒，逐渐扩充为学校；三是职业学校之一切设施应由厅局会同同性质之高等教育及生产机关规划指导⑤。1939 年 1 月，云南省

---

① 马廷中：《民国时期云南民族教育史研究》，第 251 页。
② 钟道赞：《抗战二年来之职业教育》，《教育通讯（周刊）》1939 年第 27 期。
③ 《教部拟定本省筹设初级职业学校，提倡小工业结局人民生活问题》，《云南日报》1938 年 6 月 9 日。
④ 《云南省教育厅廿八年度行政计划实施情形报告表》，1939 年，云南省档案馆藏，资料号：1012 - 001 - 00057 - 001。
⑤ 钟道赞：《抗战二年来之职业教育》，《教育通讯（周刊）》1939 年第 27 期。

教育厅根据教育部推进计划，出台了《云南省推进农工职业教育实施办法》，提出了七条原则：

第一，本省划属西南区，所有省内农工职业教育方面推进指导之责，由国立西南联合大学、国立云南大学及本省农业改进所担任之。

第二，本省高初级各科农工职业学校，依本省农工职业及原料分布情形设置之。

第三，农工各科职业学校之设施，在必要时，得先成立工厂或农场，视其需要训练少数艺徒，逐渐扩充为学校或训练所。

第四，高初级农工职业学校之教学实习改进事项，由教育厅会同国立西南联合大学、云南大学，暨本省农工实验及改进机关规划指导之。

第五，本省内各经济及建设机关，应就可能范围内，依照地方需要，筹办各种小型工厂或农场，与所在地之各级农工职业学校密切合作，并可就工厂农场内招收艺徒训练之。

第六，本省之农工建教合作事项，由国立西南联合大学、云南大学之农工学院院长，联合本省建设教育两厅厅长，及主管科长、农工实验及改进机关主任人员，负责推进之。

第七，本实施办法，以三年为完成期限。①

根据上述原则，云南省提出了农工职业教育的改进计划，一方面对现有农工职校各科，充实设备，添办科别，如昆华工校添办机械科，昆华农校充实教学实习设备；另一方面计划于当年年内添设农工职校数校：于保山县添设省立保山高级农业职业学校，办理农产制造科、蚕桑科；于思茅县添设省立思茅初级农业职业学校，办理农作科或森林科；添设农业技术人员训练班（或所），办理棉、合作、蚕桑等技术人员；于个旧县添设省立个旧高级工业职业学校，办理采矿冶金、电机等科；添设省立东川高级工业职业学校（校址设于会泽县），办理采矿冶金（注重制铜）科；于昆明市添设省立昆华女子初级家事科职业学校，办

---

① 《推进本省农工职教由联大云大建教两厅负责三年完成，本年度内添设高初级农工职校六所，实施办法业经会同拟具呈教部核示》，《云南日报》1939年1月23日。

理家事科①。事实上，因教育经费短绌，计划添设各农工职校，并未完全开办，仅于保山县设置初级农业职业学校，改办省立开远初级农业职业学校为省立开远农业职业学校②，于蒙自创设蒙自高级工业职业学校③，其余均未筹办。

为推广初级实用职校，以达实用目的，1940年云南省教育厅曾呈请教育部在本省筹设国立昆明、祥云、保山、昭通四个初级实用职业学校。昆明一校开办纺织、应用化学两科；祥云一校开办纺织、铁工两科；保山一校开办蚕桑、印刷两科；昭通一校开办铁工、印刷两科，开办费共为国币24万元，经常费共为国币12万元④，但该项呈请未获教育部允准，云南省教育厅在财力不济的情况下，又未蒙教育部襄助，只有"增加各省立职业学校之班级"，"调整已有各职校之设置使其经济化健全化"⑤。云南职业教育囿于经费难于扩充，各种计划举步维艰（见表5-5）。

表5-5　　　　　　　　抗战时期云南职业教育概况

年度	类别	学校总数（所）	班级总数（个）	学生总数（人）	高级职校		初级职校	
					班级数（个）	学生数（人）	班级数（个）	学生数（人）
1937	省立	10	26	1137	13	495	13	642
	县市立	2	3	171	1	32	2	139
	合计	12	29	1308	14	527	15	781

---

① 《推进本省农工职教由联大云大建教两厅负责三年完成，本年度内添设高初级农工职校六所，实施办法业经会同拟具呈教部核示》，《云南日报》1939年1月23日。
② 《为检发本府民国二十九年度工作报告令省教育厅收阅具报》，1940年，云南省档案馆藏，资料号：1012-001-00060-001。
③ 《云南省教育厅廿八年度行政计划实施情形报告表》，1939年，云南省档案馆藏，资料号：1012-001-00057-001。
④ 《就拟具民国二十九年度行政计划实施情形报告呈云南省政府鉴核由》，1940年，云南省档案馆藏，资料号：1012-001-00057-003。
⑤ 《拟具今后三年教育实施进度表》，1941年，云南省档案馆藏，资料号：1012-001-00059-002。

续表

年度	类别	学校总数（所）	班级总数（个）	学生总数（人）	高级职校 班级数（个）	高级职校 学生数（人）	初级职校 班级数（个）	初级职校 学生数（人）
1938	省立	11	42	1572	19		23	
	县市立	3	11	297				
	合计	14	53	1869				
1939	省立	11	56	1851	26	783	30	1068
	县市立	1	3	115				
	私立	1	5	52				
	合计	13	64	2018				
1940	省立	12	52	1630				
	县市立	1	3	115				
	私立	3	5	58				
	合计	16	60	1803				
1941	省立	12	53	1428				
	县市立	4	26	824				
	私立	2	4	70				
	合计	18	83	2322				
1942	省立	8	51	1771	27	982	20	789
	县市立	3	6	178				
	私立	1						
	合计	12						
1944	省立	7	49					
	县市立	1	3					
	私立	1	3					
	合计	9	55					
1945	省立	7	51	1335				
	县市立	3	5	197				
	私立	5	7	172				
	合计	15	63	1704				

1937年云南全省省立职校有昆华工校、昆华农校、昆华高级护士

第五章　难能可贵之发展

助产学校、鼎新初级商业职校、庆云初级工校、玉溪初级农校、开远初级农校、牛井初级棉作职校、东川初级农校、官渡初级农校10校，市立职校有昆明商校1校，县立职校仅保山初级蚕桑职校1校，全省职校共12校，29班，1300余人。全省职业学校大多为省立，且多设于昆明。1939年《云南省推进农工职业教育实施办法》出台后，增设了省立保山农校和改办了开远农校①。

1940年，省教育厅呈请筹设国立初级实用职业学校未果，乃对部分省立职校进行了调整充实，官渡初级农校调整为官渡农产制造科职校，添设酿造、农产制造两科，培养酱油制造、农产罐头制造人才，并生产行销各地②；庆云初级工校调整为昆明初级实用职业学校；鼎新初级商业职校调整为昆明商业职业学校，增设高级会计科；创办蒙自高级工业职业学校，开办采冶科③。1941年，省立职校有昆华工校、昆华农校、昆华医事职校、昆明初级商校、昆明初级实用职校、昆明女子初级实用职校、官渡农产制造职校、开远农校、个蒙工校、保山农校、宣威师范附办农科、会泽中学附办农科④12校（科）。后昆明初级商校改为昆华高级商校，昆明初级实用职校改为昆华实用职校，昆明女子初级实用职校改为昆华女子高级实用职校⑤。1942年，省立职校缩减为昆华工校、昆华农校、昆华商校、昆华实用职校、昆华女子实用职校、官渡农产制造职校、开远农校、保山农校8校⑥。1944年，昆华实用职校遭敌机轰炸，校舍及设备悉数被炸，恢复不易乃并入昆华工校⑦，省立职校减少为7校，此后这几所省立职校基本上持续稳定至抗战结束。

---

①《为检发本府民国二十九年度工作报告令省教育厅收阅具报》，1940年，云南省档案馆藏，资料号：1012-001-00060-001。
②《官渡农校筹办农产制造科》，《云南日报》1939年3月31日。
③《云南省教育厅廿八年度行政计划实施情形报告表》，1939年，云南省档案馆藏，资料号：1012-001-00057-001。
④ 云南省教育厅编审股编印：《三十年云南教育简报》，1941年。
⑤《云南省教育厅民国三十一年度工作总检讨案》，1942年，云南省档案馆藏，资料号：1012-001-00098-002。
⑥《三十一年云南教育简报》，1942年，云南省档案馆藏，资料号：1012-004-02063-039。
⑦《云南省卅三年度教育工作总检讨报告》，1944年，云南省档案馆藏，资料号：1012-001-00100-006。

省立职校之推进，如上文所言，因受经费预算限制，投入偏少，难以办理。云南省教育厅"乃分令各县筹设县立或私立各类职业学校，或就现有之中学内附办职业班级，或于中学临届毕业之班次，增设职业课程"①，以期推进职业教育。1944年县立职校呈准备案者，仅宣威初级农校1校，私立职校仅惠滇医院护士高级职校1校，原定计划实难推进。省教厅曾拟定"云南省培养中级建设人才增校实施办法"，指定省立昆华高级工业职业学校开办航空机械科、土木科各一班，省立昆华高级农业职业学校开办农科一班，省立昆华高级医事职业学校开办医事科一班②。

直至1945年，职业学校划区设置并未实现③，县立职校仅增设建水县立实用职校、沾益县立播乐农校④，连前共3校。私立者增设腾冲私立大同实用职业学校、楚雄私立合众高级蚕桑学校、大理私立福音高级护士职业学校、大理私立喜洲高级护士职业学校⑤，连前共5校。

从表5-5可以看出，云南中等职业教育以1939年为界点，该年达到最高峰值。此前班级数、学生数呈增长态势，此后有所下降。学校数除了1944年外，其余年度均保持在10所以上，学生数则逐年减少。云南中等职业学校数和学生数出现变化的原因，一是教育经费，二是受战争影响。尽管未持续增长，但1945年较抗战前，发展规模依然略有增长。

---

① 《云南省卅三年度教育工作总检讨报告》，1944年，云南省档案馆藏，资料号：1012-001-00100-006。

② 《培养中级建设人才增设专科班级，教厅指定三校办理筹备本年秋季招生》，《云南日报》1944年8月4日。

③ 《令发云南省政府民国三十四年度工作计划（中教）》，1945年，云南省档案馆藏，资料号：1012-001-00073-003。

④ 云南省教育志编纂委员会办公室编：《云南教育大事记（公元前121年—公元1988年）》，第85页。

⑤ 云南省教育志编纂委员会办公室编：《云南教育大事记（公元前121年—公元1988年）》，第85页。

第二节 教育质量考察

云南中等教育在数量上有增加，质量是否有提升呢？中等教育质量提升衡量的主要标准是教学水平的提升。质言之，即学生升学就业的状况是否有明显进步。下面我们将重点从毕业会考成绩、统一招生考试两个方面分析之。

一 毕业会考成绩剖析

云南省中学毕业会考肇始于1932年。是年教育部颁布《中小学毕业会考暂行规定》，从此实行夏、秋两季毕业会考。云南省遵照教育部颁行《修正中学学生毕业会考规程》《师范学校学生毕业会考规程》，对于所属各中学、师范学校及师范科应届毕业生，经考查毕业成绩及格后，举行毕业会考，分别组织中学学生毕业会考委员会、师范学生毕业会考委员会。自此以后，每年均举行会考。

部颁《规程》规定，会考科目高中有公民、国文、算学、物理、化学、生物学、历史、地理、外国语；初中有公民、国文、算学、理化（物理和化学）、生物（动植物）、史地（历史和地理）、外国语。师范学校、乡村师范学校不考外国语，其余科目与高中相同，师范学校加试教育概论、教育心理、小学教材及教学法，乡村师范再加试农村经济及合作、乡村教育；简易师范学校不考外国语，其余科目与初中相同，加试教育概论、教育心理学、小学教材及教学法；简易乡村师范学校，科目同简易师范学校，加试农村经济及合作、乡村教育[①]。

毕业会考成绩占毕业成绩的60%，以百分计算之，60分为及格标准。根据上述规程，会考三科以上不及格者，应令留级；一科或二科不及格者，可继续参加下两届该科会考两次，及格方得毕业，如仍有科目不及格，应考试全部科目。会考有一科或二科不及格者，而志愿升学

---

① 《修正中学学生毕业会考规程》，《云南教育公报》1936年第1期。

者，由主管教育行政机关核发投考证明，注明会考各科成绩，准其先行投考升学，经取录后，以试读生身份参加会考，会考及格取得毕业证书，才能参加升入学校之毕业会考；会考有一科或二科不及格者，如赴他省升学或服务，办法同前。

因云南地域辽阔、交通不便，全省中学、师范学校采取分区会考办法，即将所有学校学生，划分区域集中一地办理。1932 年，云南省举行中学毕业学生第一届会考，先在省会昆明试办，计省立中学 3 校、学生 100 人参加，及格 68 人、不及格 32 人，以后依照部颁规程逐年办理。1935 年 11 月省教育厅修正颁行了《云南省教育厅中学（师范）学生毕业会考分区办法》，合并中学、师范学生毕业会考委员会，定名为云南省中学师范学生毕业会考委员会，分别在夏季、冬季举行中学师范学生毕业会考两次。至于会考科目，该办法大致依照部颁该规程制定，各分区会考日期、命题、阅卷、核定成绩等，由全省中学师范学生毕业会考委员会主持办理。

全省会考分区共分为 28 区，计分昆华学区、大理学区、曲靖学区、临安学区、普洱学区、昭通学区、楚雄学区、丽江学区、永昌学区、顺宁学区、开化学区、武定学区、玉溪学区、宜良学区、泸西学区、蒙自学区、石屏学区、东川学区、镇盐学区、两姚学区、华永学区、景东学区、广南学区、中维学区、腾越学区、镇康学区、澜沧学区、车里学区。各学区参加会考县份及会考集中地见表 5-6。

表 5-6　　　　云南省教育厅中学师范毕业会考分区①

区别	参加会考县份	会考集中地
昆华学区	昆明县市、嵩明、呈贡、晋宁、昆阳、安宁、禄丰、富民、易门	昆明市
大理学区	大理、凤仪、祥云、弥渡、蒙化、宾川、邓川、洱源、漾濞	大理县
曲靖学区	曲靖、沾益、宣威、平彝、马龙、寻甸	曲靖县

① 《云南省教育厅中学师范毕业会考分区表》，《云南教育公报》1936 年第 1 期。

续表

区别	参加会考县份	会考集中地
临安学区	建水、曲溪、平河	建水县
普洱学区	宁洱、墨江、思茅、江城、六顺	宁洱县
昭通学区	昭通、大关、永善、绥江、鲁甸	昭通县
楚雄学区	楚雄、广通、盐兴、牟定、镇南、双柏	楚雄县
丽江学区	丽江、鹤庆、剑川、兰坪	丽江县
永昌学区	保山、永平、云龙、泸水	保山县
顺宁学区	顺宁、昌宁、云县、缅宁	顺宁县
开化学区	文山、西畴、马关、砚山、麻栗坡	文山县
武定学区	武定、禄劝、元谋、罗次	武定县
玉溪学区	玉溪、江川、华宁、通海、河西、峨山、新平	玉溪县
宜良学区	宜良、路南、澄江、陆良	宜良县
泸西学区	泸西、罗平、师宗、弥勒、丘北	泸西县
蒙自学区	蒙自、开远、个旧、屏边、金河、河口	蒙自县
石屏学区	石屏、龙武、元江	石屏县
东川学区	会泽、巧家	会泽县
镇盐学区	彝良、镇雄、威信、盐津	宜良县
两姚学区	姚安、大姚、永仁、盐丰	姚安县
华永学区	华坪、宁蒗、永胜	华坪县
景东学区	景东、镇沅、景谷	景东县
广南学区	广南、富州	广南县
中维学区	德钦、中甸、维西、康乐、碧江、贡山	临时指定
腾越学区	腾冲、龙陵、梁河、盈江、潞西、莲山、陇川、瑞丽	腾冲县
镇康学区	镇康、双江	镇康县
澜沧学区	澜沧、沧源	澜沧县
车里学区	车里、佛海、南峤、临江、镇越	车里县

除昆华学区由省中学师范学生毕业会考委员会主试并呈请省府派员监试外，其余分区成立会考办事处，设置主试委员一人，由教育厅委派会考集中所在地之省立或县立中等学校校长充任，办理宣布会考试题、监督会考、试卷分发及一切分区会考事宜；监试委员若干人，由分区主

试委员函聘会考集中所在地之县长、教育局长、县督学及省立或县立中等学校教职员充任，主要负责监督会考；助理员若干人，由分区主试委员酌量雇用，协助办理一切会考事宜。抗战爆发前，云南省已举办十届中学、七届师范学生毕业会考。

1937年教育部制定《二十六年度暑假中学及师范学校学生毕业会考办法》，要求各省未受战事影响学校，仍继续举行会考。云南省教育厅奉令后，遵照部颁办法，要求全省各公私立中学及各类师范学校参加本省第十一届中学第八届师范学生毕业会考。会考除遵照部颁《二十六年度暑期中学及师范学校学生毕业会考办法》办理外，还根据《修正中学学生毕业会考规程》《师范学校学生毕业会考规程》及《云南省教育厅中学（师范）学生毕业会考分区办法》办理。此次全省会考仍照旧案分18区举行，除昆华学区由毕业会考委员会委员长主试外，其余分派分区会考主试委员，成立分区会考办事处。会考科目为：初高中为国文、英文、算学、理化（物理、化学）、史地（历史、地理）五科；师范学校、乡村师范学校、简易师范学校、简易乡村师范学校为国文、算学、史地（历史、地理）、教育概论、小学教材及教学法科；二年制暨一年制幼稚师范科为国文、教育概论、儿童心理、幼稚园教材及教学法、保育法五科①。此外，考虑到国语统一的重要性，而师范生"为将来小学及义务教育师资，实负推行国语及注音汉字之责任"②，自1937年起，各类师范学校及师范科短期训练班均按部令于国文科中加授注音符号，各类师范学校及师范科学生毕业会考，均于国文科中"以简章方法，考试注音符号读法及拼法"。为解决遗留问题，对于此前会考有一科不及格学生，要求其在所属分区复试不及格学科，而以前各届师范学生毕业会考有"理化"或"农村经济及合作"等科不及格者，仍要求参加复试，有三科以上不及格者，留级后成绩及格方得与同级毕业学生参加会考。

---

① 《本年度中学师范毕业会考奉令照案举行，会考日期定于六月二十四五日，为期不远，教厅通令各校先期准备》，《云南日报》1938年5月22日。
② 《廿六年度起师范加授注音符号并于毕业会考中加以考试，教厅转令各师范学校遵照》，《云南日报》1937年6月26日。

第五章 难能可贵之发展

1939年，因云南省重划学区，省教育厅根据分区情形及道路交通状况，重新划分全省中学师范学生毕业会考分区为18个，设置26个考场，详情见表5-7。

表5-7　1939年云南省中学师范学生毕业会考分区试场[①]

分区	试场所在地	所属范围
昆华区	昆明	昆明市县、嵩明、呈贡、安宁、禄丰
	晋宁	晋宁、昆阳、易门
	武定	武定、罗次、禄劝
玉溪区	玉溪	玉溪、江川、通海、峨山、新平、河西
	宜良	宜良、路南、陆良、澄江、华宁
曲靖区	曲靖	曲靖、寻甸
	泸西	泸西、丘北、弥勒、罗平
宣威区	宣威	宣威、会泽
昭通区	昭通	昭通、彝良、大关、永善
临安区	建水	建水、石屏、曲溪
蒙自区	蒙自	蒙自、个旧、开远
开广区	文山	文山、西畴、麻栗坡
	广南	广南
思茅区	思茅	思茅、澜沧
	佛海	佛海、车里
普洱区	宁洱	宁洱、墨江、景谷
楚雄区	楚雄	楚雄、广通、盐兴、景东
镇南区	镇南	镇南、牟定
	大姚	大姚、姚安、永仁
大理区	大理	大理、凤仪、宾川、洱源、祥云、弥渡、蒙化
丽江区	丽江	丽江、华坪、永胜
鹤庆区	鹤庆	鹤庆、剑川、兰坪

[①]《教厅另划全省会考区域，共划十八分区设置二十六考场，于本届会考施行通令各校遵照》，《云南日报》1939年4月21日。

续表

分区	试场所在地	所属范围
顺宁区	顺宁	顺宁、昌宁、缅宁
	双江	双江、镇康
保山区	保山	保山、云龙、龙陵、永平
腾越区	腾冲	腾冲

分区划置试场后，各分区按照前述相关办法准备第十三届中学、第十届师范学生毕业会考。敌机空袭昆明，昆明有关中等学校为躲避空袭，纷纷迁校办理。因为不集中于昆明市，教育厅对昆华区会考各校做了如下调整：一是晋宁分区，由昆华工校负责准备，该校附中及昆华师范集中该处举行；二是昆阳分区，由昆华女师负责准备，该校及市女中、昆阳县立简师、易门县立简师等四校集中该处举行；三是昆华中学及市中两校，到玉溪区玉溪试场集中参加；四是其余各校在各该校现在校址或临时校舍举行①。1939 年，根据教育部新订之中学学生毕业会考办法，云南省第十届师范学生毕业会考后，师范学生毕业会考暂不举行，自第十三届中学毕业会考起，中学生免试英语②，其余照例举行。

此后，云南省中学毕业会考分区数次变动，1941 年第十七届中学会考分 15 区举行③；1943 年第二十一届分 12 区④，第二十二届又分昆华区、玉溪区、曲靖区、昭通区、临安区、蒙自区、开广区、普洱区、楚雄区、镇南区、大理区、丽江区、顺宁区 13 区⑤；1944 年第二十三届再次分为昆华区、玉溪区、曲靖区、临安区、开广区、普洱区、昭通

---

① 《本届会考昆华区注意事项，教厅昨分令各校遵照》，《云南日报》1939 年 5 月 24 日。
② 《二十七年度暑期中学毕业会考办法，教部定订训令遵照施行，各师范生会考暂不举行》，《云南日报》1939 年 5 月 25 日。
③ 《本省十七届中学会考共分十五学区举行，参加单位计六十四校，考生共二千八百余名，廿六七两日一律举行》，《云南日报》1941 年 6 月 11 日。
④ 《廿一届中学会考分十二区举行，参加学校六十八校，计学生三一七三人》，《云南日报》1943 年 5 月 28 日。
⑤ 《廿二届中学会考定期分区举行，参加学生二千零三人》，《云南日报》1943 年 11 月 29 日。

区、楚雄区、镇南区、大理区、鹤庆区、丽江区、保山区、顺宁区 14 区①。据报载，1941 年第十七届、第十八届中学会考，参加学生分别为 2800 余人②、2500 人③；1943 年第二十一届参加学校 68 校 3173 人④，第二十二届 46 校 2003 人⑤；1944 年第二十三届 71 校 3070 人⑥参加会考。1945 年的中学夏季会考，因交通困难，为免除学生舟车劳顿，教育部通令各省暂停举行⑦。抗战期间，云南省共举行中学学生毕业会考十三届，师范学生毕业会考三届。

那么，参加毕业会考的学生水准如何呢？我们可以从 1937—1941 年五年中学学生毕业会考情况进行一些分析（见表 5-8）。

表 5-8　　　　　　云南中学毕业会考成绩统计

	年度 项目		1937	1938	1939	1940	1941⑧
参加会考学生	国立	高中		94	50	120	122
		初中				95	81
	省立	高中	276	358	369	327	430
		初中	1167	1632	1249	1371	1676
	县市立	高中					
		初中	1260	1690	1785	1481	1598
	私立	高中		52	23	94	84
		初中	111	150	179	219	292
	合计		2814	3976	3655	3707	4283

---

① 《廿三届中学会考今日全省分区举行，参加者七一校学生三千余人》，《云南日报》1944 年 6 月 29 日。
② 《本省十七届中学会考共分十五学区举行，参加单位计六十四校，考生共二千八百余名，廿六七两日一律举行》，《云南日报》1941 年 6 月 11 日。
③ 《教厅定期举行第十八届中学会考，下月三十日至三十一日分区举行，参加会考学生共计二千五百人》，《云南日报》1941 年 11 月 29 日。
④ 《廿一届中学会考分十二区举行，参加学校六十八校，计学生三一七三人》，《云南日报》1943 年 5 月 28 日。
⑤ 《廿二届中学会考定期分区举行，参加学生二千零三人》，《云南日报》1943 年 11 月 29 日。
⑥ 《廿三届中学会考今日全省分区举行，参加者七一校学生三千余人》，《云南日报》1944 年 6 月 29 日。
⑦ 《中学会考本年暂停》，《云南日报》1945 年 4 月 25 日。
⑧ 1941 年参加学生数与报载略有出入。此处根据《三十年云南教育简报》统计。

续表

项目		年度	1937	1938	1939	1940	1941
会考及格学生	国立	高中		94	47	107	118
		初中				67	65
	省立	高中	248	346	313	307	365
		初中	1100	1592	1005	1174	1260
	县市立	高中					
		初中	1048	1583	830	934	1096
	私立	高中		52	22	90	69
		初中	94	148	137	165	183
	合计		2490	3815	2354	2844	3156
及格学生百分比	国立	高中		100	94	89	96.7
		初中				70.5	80.2
	省立	高中	89.9	96.6	84.8	93.9	84.9
		初中	94.3	97.5	80.5	85.6	75.2
	县市立	高中					
		初中	83.2	93.7	46.5	63.1	68.6
	私立	高中		100	95.7	95.8	82.1
		初中	84.7	98.7	76.5	75.3	62.7
	平均百分比		88	97.8	79.7	95.5	91.7

资料来源：根据《三十年云南教育简报》《三十一年云南教育简报》等整理。

表5-8统计了1937—1941年五年云南省中学毕业会考成绩。就平均百分比而言，1938年的合格率最高，达到了97.8%。毕业会考是检验学生学业水准的一个重要指标，因暂无抗战中后期参加会考学生之及格数统计，故不能就整个抗战期间的中学会考及格率进行纵向比对。仅就表列五年而论，云南省中等学校的毕业会考成绩显然不够理想，作为教育质量的一个重要表征，或可说明云南的中等教育质量并不高。

参加会考的学生分别来自国立、省立、县市立、私立四种经费来源不同的学校，总体来看，国立学校的会考成绩最好，省立、私立中学的成绩差不多，而县市立初中的成绩较差，最差竟低至46.5%，这个结果或许可以归结于政府对国立、省立中学的重视程度，选聘教师水准较高，私立中学绝大多数设于昆明，财才有保障等因素。省立昆华中学的情况也间接反映了这一情况。

从各年省立昆华中学参加全省中学毕业会考情况来说，该校高中、初中大部分班级的会考及格率在全省的平均水平之上，这与其省立学校应有之水准相当（见表5-9）。

二 统一招生考试透视

中等学校学生升学分为由中等初级升入中等高级、中等高级升入专科以上学校。这里主要以高中升入专科以上学校和中等学校取录新生说明之。

自1938年始，全国大学连续三年举行统一招生考试。云南中等教育的素质和程度，在全国考试之下，便不免相形见绌。1938年国立各院校统一招生，云南省参加考试学生308人，考取102人，平均每3人考取1人，成绩不算差，"系由于当年录取标准尚宽之故"。以校别言，省立昭通中学8人应考，考取7人；大理中学6人考取3人；昆华中学90人考取34人；昆华师范56人考取19人；楚雄中学6人考取3人；昆华工校37人考取12人；昆华女中83人考取22人；昆华农校22人考取3人。昭通中学以87.5%的录取率居各校之首，其余各校录取率均在50%以下，最低为昆华农校之14%。从应考学科之科别成绩来看，国文各校总平均50分，英文36分，数学甲42分，物理48分，化学35分。①

1939年教育部举办全国国立各大学专科学校统一招生。云南省投考学生417名，录取51名，平均8人中考取1人，录取水准较上年大为降低，学生素质不高确为主因。当年全国20006人应考，共取5371人，约为4人中考取1人，云南较之全国平均数，相差一倍。全国34

---

① 《目前云南教育上两个重大问题，本月五日报告于省参议会》，《云南日报》1941年1月6日。

表 5-9　1937—1939 年云南省立昆华中学参加会考人数与及格人数比较

分年时间	1937 年				1938 年				1939 年			
	春季		秋季		春季		秋季		春季		秋季	
级别	高级	初级	高级	初级	高级	初级	高级	初级	高级	初级	高级	初级
班次	第8班	第18班	第9班	第19、20班	第10班	第21、22班	第11班	第23、24班	第12班	第25、26班	第13班	第27、28班
参加会考人数	28	45	45	69	44	87	60	100	39	63	46	106
及格人数	27	45	42	60	39	81	57	96	39	63	43	105
及格人数占参加人数之百分比	96.4	100	93.3	86.9	88.6	93.1	95.0	96.0	100	100	93.5	99.1

资料来源：据昆明市档案馆藏昆华中学档案整理。

省市特别区，除北平、南京两市，云南录取率列于全国之第十七位，其前为列居第十四位、第十五位、第十六位的广西、辽宁、山西三省，其后为列居第十八位、第十九位、第二十位之贵州、甘肃、吉林三省。就校别言，昭通中学1人考取1人，丽江中学2人考取1人，楚雄中学14人考取3人，昆华女师5人考取1人，昆华中学126人考取20人，楚雄中学14人考取1人，私立求实14人考取2人，大理中学9人考取1人，昆华女中87人考取7人，昆华农校16人考取1人，昆华师范63人考取2人，除昭通中学外，大多数学校录取率不高，最低者昆华师范仅3.2%。以学科成绩来说，国文平均43分，英文24分，数学甲38分，物理54分，化学40分，国、英、数三科，均较之上年为差，每况愈下。①

升学率低下的状况，一直到抗战结束，并未得到本质改善。再以1946年投考昆明师范学院新生的成绩举例说明之。1946年昆明师范学院投考学生有1187人，录取290人，录取率为24.43%。具体情况见表5－10。

表5－10　　1946年昆明师范学院报考、录取资格统计②

学校	报考人数（人）	录取人数（人）	录取占报考人数百分比（%）
云南大学附属中学	98	43	44.87
省立昆华中学	91	25	27.47
省立昆华女子中学	88	12	13.63
省立昭通中学	47	10	21.27
省立昆华工校	41	12	29.27
省立龙渊中学	39	16	41.02
省立丽江中学	39	4	10.26
私立求实中学	33	8	24.24
私立金江中学	28	3	10.71

① 《目前云南教育上两个重大问题，本月五日报告于省参议会》，《云南日报》1941年1月6日。
② 李光溪：《昆明师范学院三十五年度投考新生成绩之分析》，《教育与科学》1946年第4期。该表个别地方原文计算有误，如私立建设中学。

续表

学校	报考人数（人）	录取人数（人）	录取占报考人数百分比（%）
省立曲靖中学	25	5	20
私立天祥中学	24	11	45.83
昆明市立中学	24	7	29.17
私立南菁中学	23	9	39.13
私立建设中学	23	8	18.05
省立云瑞中学	22	5	22.72
私立南英中学	22	4	18.18
国立大理师范中学部	20	11	55
私立建国中学	20	4	20
省立楚雄中学	19	3	15.79
昆明市立女子中学	19	1	5.26
中法大学附中	18	8	44.44
省立大理中学	18	1	5.56
省立昆华师范	17	2	11.76
国立中山高级工校	15	7	46.66
省立玉溪中学	15	2	13.33
私立五华中学	15	5	33.33
省立顺宁中学	11	0	0
中山中学	15	1	7.14
省立宣威乡师	14	3	21.43
省立昆华商业职校	13	1	7.69
私立天南中学	13	4	30.77
其他中等学校	173	36	20.81
同等学力	102	24	23.53
合计	1187	290	24.43

从表 5-10 可以看出，具有"照顾"本省学子性质的昆明师院的平均录取率不及 25%，投考学生来自国立中学、省立中学、市立中学、私立中学、县立中学等校，其中以国立中学或附属中学成绩最优，其次是私立中学，省立中学大多不佳，甚至个别省立中学录取率为零。私立

学校投考人数为201人，录取56人，录取率为27.86%，高于平均录取率。省立学校投考499人，录取101人，录取率20.24%，低于平均录取率。由此也印证了上文私立中学教学水准不弱于省立中学的结论。据此可以判断，云南中等学校滇籍升入专科以上学校学生的升学率并未得到根本提升。

再看中等学校取录新生的情况。根据省教育厅的统计，初中毕业生能升学者"不过十五分之一"①。省立中等学校因基础好，偏重升学准备，不仅受到教育当局重视，而且小学生、初中生概以考取省立学校为荣。以1939年省会各中等学校取录新生为例。省会公私立中等学校共14校，此次招考新生者12校，计有投考学生4735人（包括一人投考数校者在内，实际人数仅有2296人），共取录2092人，约占投考人数44.18%。其中投考昆华中学者955人，为各校投考人数之最，其次为昆华女中490人，最少为体师71人。各校取录学生与投考学生之百分比，昆华女中高级部最高，投考该校126人，取录95人，占投考人数75.4%；鼎新商校之投考者100人，取录74人，占74%；庆云工校之投考者95人，取录58人，约占61%。其余各校之取录百分比，约略在15%至33%。就籍贯而论，昆明投考人数为573人，取录289人，成绩最好。其次如石屏、宜良、开远、蒙自、弥勒、玉溪、建水等县，投考数均在50—100人，取录百分比为25%—50%不等。邓川、景谷、龙陵、澜沧、武定等县最少，投考者仅1人。②从中等学校取录新生来讲，小学毕业升入中学，初中毕业升入高中的程度不够，这与各校"不重视升学预备，不加紧智识学科训练"③密切相关，直接反映了学生学科程度不高的状况。

就毕业会考、统一招生而言，云南中等学校教学成绩不够理想，中等学校学生的培养质量不高，且有逐渐降低之趋势，云南省中等教育界

---

① 《半年来的云南教育——龚厅长昨在省参会报告》，《云南日报》1942年3月7日。
② 《省会各中等学校今春新生入学统计，投考四千七百余名，共取录二零九二人》，《云南日报》1939年9月8日。
③ 《云南教育现状及其实施方案，龚厅长在省参会报告》，《云南日报》1940年1月7日。

检讨"此种现象,全国同然,是因经费不足,师资缺乏及教学环境生活环境不安所致"①,"因限于经费之不甚充裕暨过去优良师资之供求不能相应,与多数职教员之未能专业负责等等原因,以致教学成绩暨学科程度均觉较为低劣,此为无可讳言之事实"②。除经费短缺是一个原因外,教师履职尽责的态度亦值得检讨。教师放弃职守,不负责任的现象时有发生,"今天请假明天旷课,每逢上课迟到又早退,学期结束而功课不能随之结束,甚或仅是草草学过寥寥数个讲义;平时既不作与批改学生的演草练习,更不知课外的指导督促为何事"③,为严防废弛,整肃风纪,提高学科程度,云南省教育厅做了不少努力。

1939年11月省教育厅拟定提高各中等学校学科程度办法十二项④,督饬各校切实遵行。其内容为:各校于暑假寒假延聘教师,应认真选择合格优秀人员于先,切实考核督促于后,不得循情敷衍;各校于每学期之始,应确切规定学科教学进度表,认真照表实行,不得稍有折扣;各校科任教师,应切实依照学科性质需要,督促学生练习演题,并按时详加评考;厉行教员补课办法;除严格遵照厅颁校历开学放假外,各校不许有借口延期开学或提前放假,任意请假等情事;凡学生毕业或学期结束时而所授学科尚未认真授完者,授课教员应停止年功加俸,或专任教员之待遇;厉行中学规程所订之考查成绩办法,考试时严禁有舞弊情事。学校有大会堂设备者,期考或年终考试时,应集中会考,严密监场;各校应随时揭示优秀学生之考试成绩,或平时成绩,以资鼓励;各校于学期或学年之末,应举行成绩展览会,俾供学生家长暨社会人士之批评参观;各校应尽量组织各种成绩竞赛会、学科突击队等,培养师生之教学兴趣;各校应切实实行升学指导及就业指导;由厅派督学认真巡

---

① 《中学校长座谈会纪》,《云南日报》1941年4月16日。
② 《就拟具民国二十九年度行政计划实施情形报告呈云南省政府鉴核由》,1940年,云南省档案馆藏,资料号:1012-001-00057-003。
③ 张嘉栋:《最近云南省教育厅改订中等学校各项要则的意义与云南中等教育同人今后应有的努力》,《云南教育通讯》1939年第20、21期合刊。
④ 《就拟具民国二十九年度行政计划实施情形报告呈云南省政府鉴核由》,1940年,云南省档案馆藏,资料号:1012-001-00057-003。

视，督学所至之校，应抽查学生各科成绩，或举行临时考试①。以上十二条办法，侧重平时、年末教学考核和教学督导，侧重教学秩序、教学纪律之维护，侧重升学就业指导。根据办法，教育厅要求各校遵照部颁学校教学科目及时数标准实施，不断提高会考命题标准及及格标准，大力推行教师专任制度，加大成绩考查力度，如举行月考、学期考、年考等，注重学生的学科训练和专业训练，中学国文、英文、算学、物理等科侧重平时撰写研究报告②，师范、职业学校学生着重将来服务社会之专业训练等。

第三节　教学设备添补

中等学校设备是否完备，视经费多少而定。抗战期间，云南中等教育经费跌宕起伏，尤其是1941年国地税统收统支，省教育经费困难，中等教育用于校舍新建翻修、图书仪器标本购置等项之费用，九牛一毛。但云南中等教育界，以抗战大局为重，克服困难，于困厄中顽强坚守。

中等学校设备有何要求？云南省教育厅曾含混地提出"以校舍场地校具等足敷应用为原则"，但并未提出具体标准。粗略来说，中等学校设备不外乎图书、仪器、标本、模型等教学设备，体育设备、卫生设备、实习场所等。云南省中等学校之设备，"省立者较完备，县立者多属简陋，成立较久者较为充实（如昆华中学、昆华师范），新成立者则尚属草率"③。民元以来，云南中等学校校舍，大多利用旧时官署庙宇改造而成，多不适用。各校应有之各种场所不能具备，仪器、图书、药品、标本等不敷应用。抗战以前省教育厅对于各校之图书、理化仪器等曾进行数次统购分配，抗战以后则因运输困难，购置不易，多由学校自行办理，后以物资多系仰自外来，虽有购买之力亦感无可购置之地。

---

① 《教厅提高各学校教学效率拟定办法通令遵照》，《云南教育通讯》1939年第15期。
② 《中等教育》，1942年，云南省档案馆藏，资料号：1012-001-00070-002。
③ 《云南中等教育概况》，1942年，云南省档案馆藏，资料号：1012-001-00070-003。

1942年云南省教育厅的调查发现，教学设备方面，省立中等学校的图书、仪器、标本、模型机件工具、军童训设备数量各校不一，县立学校不如省立学校；体育卫生设备方面，省立学校体育组、卫生室设备尚称敷用，县立学校的卫生设备多付阙如；实习场所方面，各职校基本上都有自己的实习场所。工校自设小型工厂，农校购有农场，商校则与各商店接洽实习，各师校均有附小，以供学生教育实习，但因敌机轰炸，或遭受损失，或使用效率不高①。

抗战期间，由于物价上涨及敌人肆虐之影响，各校设备大多因陋就简，但云南中等教育界想方设法，以求改进充实。

一 统筹教科用书，设法自行制造仪器

教科用书及各种教学用品，事关教学实施，因受战局影响，交通阻隔，物价上涨，难以充实，尤以理工科设备为差。

抗战前，我国中小学教科用书，采用审定制，抗战后期改为"国定制"，由教育部统编教科书后交各书局印销。抗战爆发后，后方中小学"非但没有减少反而增加，供应教科书的各大书局，除正中书局外，多未迁后方，因而教科书供应数量大为减少，供不应求，形成严重的书荒"②，各省市教育厅局长纷纷向教育部索书。教育部只得制定《中小学用书补充办法》，出台了一些临时应付的权宜之策。抗战后期各中等学校改用国定本后，由教育部组织正中书局、商务印书馆、中华书局、世界书局、大东书局、开明书局、交通书局联合组成"国定中小学教科书七家联合委员会"，主要负责部编教科书发行的统筹供应，简称"七联处"③。云南省中小学教科书多由外运输，但因运输关系，事实上不能如期如量运到。据统计，1944年每学级约需高中初中各科用书338500册，全师简师各科用书64200册，高职初职各科用书5200册，共计407900册，但因交通工具缺乏，重庆、贵阳等地的存书无法如期

---

① 《中等教育》，1942年，云南省档案馆藏，资料号：1012-001-00070-002。
② 陈立夫：《战时教育行政回忆》，第31页。
③ 贺金林：《"七联处"与1940年代的教科书发行》，《广东社会科学》2011年第3期。

运抵，而在滇印行，"又因工料，尤其纸源缺乏，印价须超过渝筑四倍，颇不合算"①，事实上已形成书荒。后经教育厅与"七联处"协商，约定一方面由"七联处"将在重庆、贵阳之存书设法尽快大量运滇，另一方面将一部纸版运滇，由商务印书馆委托规模较大之印刷厂代印，以解燃眉之急。1944 年 6 月教育厅从龙云所拨中学奖学金中，呈准以 1848 万元购商务印书馆出版之《中学文库》240 套②，分发全省各公私立中等学校及图书馆、民教馆。

至于理化仪器，教育厅曾于 1940 年与西南联大师范学院合办之云南省中学理化实验讲习班结束后，分发部颁 56 套理化仪器③给有关学校。又于 1944 年 6 月与日新滑翔社昆明分社订约制造初中物理仪器 8 套，每套国币 55000 元④，通令各校采购，又继续预订增加数量，第二批 10 套，每套 70000 元，第三批 10 套，每套 110000 元，前后三批，共计 38 套⑤，并与在滇各有关机关合作，设法自行制造。

二 组织设备委员会，统筹设备充实

抗战爆发后，中等学校设备，均有待逐步补充，但经费分配、设备标准、行政手续等项，均有赖全局统筹，以期"标准化、均衡化、单纯化、公开化"，云南省教育厅为谋求充实省立中等各学校设备起见，特组织设备委员会，负责统筹设计。设备委员会下设教学设备组、生活设备组、体育设备组、学校行政设备组四组。根据成立时之决议，除大规模之设备采购，如购买土地、收用房屋、新建校舍、设立工厂农场等需款在国币 3000 元以上者，省立各校应分别专案呈请教育厅外，其余日

---

① 《云南省教育厅民国三十三年工作报告》，1944 年，云南省档案馆藏，资料号：1012 - 001 - 00070 - 011。

② 《令发云南省政府民国三十四年度工作计划（中教）》，1945 年，云南省档案馆藏，资料号：1012 - 001 - 00073 - 003。

③ 《云南省中学理化实验讲习班简章》，1941 年，云南省档案馆藏，资料号：1032 - 001 - 00219 - 001。

④ 《云南省卅三年度教育工作总检讨报告》，1944 年，云南省档案馆藏，资料号：1012 - 001 - 00100 - 006。

⑤ 《教育施政报告——龚厅长昨在省参会报告》，《云南日报》1945 年 7 月 22 日。

常所需之教学设备、生活设备、体育设备、学校行政设备等，统一由设备委员会"分别种类，群加设计，如形势尺度材料造法价格等条件，拟定多种分级之标准，借供各校，就其自身所需与经费范围内适宜选用"①。

至于县私立各中等学校，云南省教育厅在历年的计划、总结以及给各校的饬令中反复提到，希望各县私立中等学校设法筹款，切加充实设备。省立各校尚且如此，县私立中等学校就可想而知了。

云南中等教育教学程度低落，其原因为师资缺乏经费困难，图书教具不充，教本供应缺乏，师生情绪多苦闷，外物价上涨等。就此而言，云南中等教育尽管数量上明显增加，但因财才两缺，质量上显然提升不易。

---

① 《中等学校设备委会推举委员分组负责设计，省内外各校限期提出设计案》，《云南日报》1937年8月19日。

第六章　战时云南中等学校之管理

敌机侵扰、物价飞涨、设备不敷、图书稀缺、营养不良等因素笼罩在战时云南中等学校师生头顶。为救济困难师生，提高学科程度，云南省教育厅不断提高师生待遇，严格师生管训。此外，云南中等学校学生还进行了抗敌宣传、战债劝募、兼办社教、学生集训等战时特殊训练和服务后方活动。

第一节　教师管理

教学水准的低落，很大程度上与师资缺乏、经费困难密切相关。上文已探讨了经费困难的影响。此处将着重探讨云南中等教育的师资状况、改善师资的举措及待遇情况。

一　师资量少质低

（一）师资来源不裕

云南中等教育师资来源，历来恃国内外公私立大学、专科滇籍毕业生回省服务。20世纪30年代初期，云南省省立中学教师，国内外大学毕业者占40%、高等师范毕业者占35%、专门学校毕业者占10%、其他占15%；县市、私立中学，毕业于国内外大学、高等师范学校、专门学校、其他的教师，其比例分别为8%、45%、7%、40%，其他一项包括旧制中学、高中、旧制师范、军事学校等毕业生。师范学校教师，除省立者多数合格外，县立者多因经费缺乏，待遇较差，多以高中及五年旧制师范毕业生代用,而毕业于国内外大学者约占30%、高等师范学校毕业者约占45%、专门学校毕业者约占15%、其他约占10%;县区、联立师范学校,国内外大学毕业者约占10%、高等师范学校毕业者约占10%、专门学校毕业者约占20%、其他约占60%。职业学校师资,以国内外大学毕业者居多,约占总数的60%,其次为高等师范学校或专科学校,约占30%,再次为师范或中学毕业者,约占10%①。

1939年云南省教育厅除制定《国内大学专科学校滇籍学生奖学金法规》不断增加名额、奖额外,又订《省外大学专科滇生汇款优待办法》给予汇款减半优待,奖励学习成绩优良之滇籍学生,意在培养云南经济社会发展各项事业专才,并广储中等教育师资。但因升学深造的不多,所储不广。如上文所言,1912—1937年的二十六年间,云南全省曾受高等教育的人数不过2575人,其中能够或愿意从事中等教育者,实属寥寥。1938年龚自知在省参会报告云南教育施政情况时,就中等学校师资算了一笔账,平均每班专任教员二人,1937年全省应有中等教育专业人员1200人左右,这部分人按理应出自大学或师范学院,经过专业训练,但"云南从来没有这样专业训练合格的大批中学教师"②。

1938年全国公私立大学滇籍学生717人,其中学习教育或师范学科者105人,文科134人,理科78人,美术17人,音乐6人,体育1人,假使这些人毕业后,能担任或愿担任中等学校教职,"充其量亦不逾半数"③。实际上,还达不到半数。根据云南省历年专科以上学校毕业生之服务调查,教育界为37%强,农界1%弱,工界4%强,商界4%强,交通界2%强,医界2%强,警界1%强,电界1%强,军界1%弱,公务界10%强,其他不明而随时变更业务者33%④。照这个统计,投身教育界之毕业生约占1/3强,而龚自知悲观地认为,这700多人,

---

① 《云南省省县市立师范学校概况》,《云南教育公报》1936年第5期。
② 《云南教育现状及其实施方案,龚厅长在省参会报告》,《云南日报》1940年1月7日。
③ 教育厅编印《云南省教育概览》(贰拾柒年度),出版年份不详。《高等教育》,1942年,云南省档案馆藏,资料号:1012-001-00070-002。
④ 《高等教育》,1942年,云南省档案馆藏,资料号:1012-001-00070-002。

第六章　战时云南中等学校之管理

"受师范专业训练，准备为中等教育服务的，还不到二十分之一"①。此后数年，升入专科以上学校的滇籍学生亦未增多，其中学习教育或师范者，仍然不多（见表6-1）。

表6-1　1939—1942年大学暨专科学校滇籍在学学生科系统计②

人数（人）　年度 科系	1939	1940	1941	1942
农科	14	14	15	10
工科	102	99	84	64
医科	45	51	73	43
理科	41	37	102	47
教育科	47	41	53	12
文科	103	88	105	71
法科			75	57
商科			2	7
艺科	17	23	16	7
体育		6	15	26
其他	18	19		
合计	427	412	546	497

资料来源：1939年、1940年、1941年统计资料来自云南省教育厅编审股编印《三十年云南教育简报》。1941年统计来自《云南教育概况》，1941年，云南省档案馆藏，资料号：1012-001-00001-014。

据表6-1统计，1939—1942年四年在学的专科以上学校滇籍学生一般为四五百人，按照以往服务结果之估计，从事教育者一二百人，而

---

① 《云南教育现状及其实施方案，龚厅长在省参会报告》，《云南日报》1940年1月7日。
② 合计数据为原表统计，与实际计算存在误差。此处以原表统计为准。

历年以培养中等学校师资为主的教育科学生仅分别为47人、41人、53人、12人。可见，云南中等教育的师资储备不足、来源有限的确为不争的事实。

(二) 在职教职员数量不敷

储备如此，在职服务者又如何呢？我们先从在职教职员的数量做一些考察。据统计，1938年云南全省中等学校教职员2139人①，学生21798人，师生比约为1∶10，即平均每一教员差不多教授10名学生；1940年教职员数减为2080人②，学生数却增加到28983人，师生比约为7∶100，同样教授100名学生，1938年是10位教职员，1940年减少至7位，意即学生增多了，教职员反而减少。尽管如此，但中学师范学校"尚能勉强取给，拉凑如数"③，而"职业学科、音乐、美术、劳作、体育、童军等项师资，倍形缺乏"④，中等学校的"师荒"愈来愈明显。1941年教育部督学孙东生从社会罗致、物价高涨、环境刺激、文化提高、地位变迁分析了云南中等学校师资缺乏的原因。就社会罗致而言，他说："云南地处大后方，抗战以后，就成为抗建的根据地、战时机关和建设机关较平时增加了很多，各项机关推动的事业，自然需出大量的人才。从前以学校为栖身地，以教育为唯一出路的，自抗建工作展开，都容易得到机会，行其所学，受各种机关的罗致，放弃执教的生活。"从地位变迁来说，"商人、工人、劳动大众们那一阶级的人都比教员生活宽裕，以物质作标准，教员的地位确实降低了。有人可凭借的做官去了，有物可凭借的经商去了"⑤。虽然我们无法考证究竟有多少教职员因其他单位邀请或生活所迫改就他业，但我们可以从抗战初期省立昆华中学教职员的变动情况得到一些印证（见表6-2）。

---

① 《二十七年度云南教育施政概况，龚厅长昨在省参会报告》，《云南日报》1939年7月15日。

② 《函请云南通讯社发表本厅民国二十九年度中等教育统计各项数额由》，1940年，云南省档案馆藏，资料号：1012-004-00408-010。

③ 《云南中学教育现状和今后实施方针，龚厅长昨在中学职教员晋修班讲（续）》，《云南日报》1939年12月15日。

④ 教育厅编印：《云南省教育概览》（贰拾柒年度），出版年份不详。

⑤ 孙东生：《云南中等学校的师资》，《云南日报》1941年7月1日。

表6-2 1937—1939年云南省立昆华中学教职员变动情形及其人数比较

年份	时间	总数（人）	新聘人数（人）	新聘人数占总数百分比（%）	去职人数	去职人数占总数百分比（%）	备注
1937	春季	62	24	38.71	31	50	去职教员中有另受他校之聘者14人，另就他业者17人
	秋季	59	20	33.89	14	23.73	另受他校之聘者6人，另就他业者8人
1938	春季	54	15	27.77	23	42.59	另受他校之聘者12人，另就他业者12人
	秋季	45	16	35.55	28	62.22	另受他校之聘者9人，委省立玉溪中学者1人，另就他业者9人，学校迁移未能兼任者9人
1939	春季	42	5	11.90	9	21.42	另受他校之聘者5人，另就他业者4人
	秋季	42	8	19.05	7	16.67	教厅指调入中师教员晋修班晋修者2人，另受他校之聘者2人，另就他业者3人

资料来源：昆明市档案馆藏昆华中学档案。

教员流动本属正常，1937年春季昆华中学31名教员离职他就，占教员总数之50%。1938年春秋两季去职教员分别为23人、28人，各占教员总数之42.59%、62.22%，去职者主要包括受他校之聘和另就他业两类人，受他校之聘者终归仍在学校间流动，但至少半数去职者离开学校另就他业，无疑造成在职教员不敷使用的状况，教员不稳定也进一步影响到教学质量。

学生增多，教职员减少的局面严重困扰着云南中等教育。

如表6-3所示，1938年、1940年两年普通中学的学生数增加最迅，师范学校、职业学校则有所减少；教职员方面，同学生数一样，师范学校、职业学校的教职员亦有缩减，尽管普通中学的教职员有所增加，但相比学生数的增长势头来说，增加十分有限。比较三种类型学校的师生比，普通中学下落最大，次为职业学校，普通中学从1938年的9.5∶100降至1940年的6.6∶100，职业学校从13.8∶100降至11.1∶100。换言之，同样教授100名学生，相隔一年，普通中学、职业学校的教职员约减少3人，师范学校减少1人。

表6-3　1938年、1940年云南省普通中学、师范学校、职业学校师生比

年度	学校类型	教职员数（人）	学生数（人）	师生比
1938	普通中学	1382	14593	9.5∶100
	师范学校	500	5336	9.4∶100
	职业学校	257	1869	13.8∶100
1940	普通中学	1481	22424	6.6∶100
	师范学校	399	4756	8.4∶100
	职业学校	200	1803	11.1∶100

资料来源：《二十七年度云南教育施政概况，龚厅长昨在省参会报告》，《云南日报》1939年7月15日；《云南省教育厅民国三十一年度工作总检讨》，1942年，云南省档案馆藏，资料号：1012—001—00098—002。

（三）教员素质不佳

根据《修正中学规程》《修正师范学校规程》《修正职业学校规程》之规定，中等学校各学科教员原则上应聘请专任教员，聘请兼任教员，普通中学、职业学校"限于音乐、图画、劳作等科"，"专任教员不得在校外兼任任何职务"，特别强调职业学校人数"不得超过专任教员四分之一"[①]。民国成立后，云南省教育厅对于各学校的师资人事问题，

[①] 中国第二历史档案馆编：《中华民国档案史料汇编》第五辑第一编教育（一），第435、469页。

第六章 战时云南中等学校之管理

"一贯的企求目标,始终不外'专业化'三个大字"①。事实上,云南省中等学校师资(包括校长在内)因任务资历之不同而有专任、兼任、代用等三种之别。校长一般为专任,教员则有专任、兼任(照规定没有兼任教师)、代用等三种。专任者不兼外职,员额较多,占全数十分之七八,兼任者兼有外职,员额较少,占十分之一二,其资历较差者列为代用教员,员额最少,占十分之二②。各校校长以不任课为原则,专任教员每周任课18小时至24小时,在校兼有行政职务者任课时数较少,兼任教员之授课时数最少,每周都在10小时以下。

为切实配合时代变迁需要,抗战爆发后,云南省教育厅另订中等学校各项规章,在教职员方面,颁发《省立中等学校校长任免服务待遇通则》《省立中等学校教员任免服务待遇通则》等,力图进一步提升教员的专业化水准和服务的专业化精神。

教师专任即教师的专业化,最起码的是教师资格要符合相应的规定。那么,中等学校教员应有何种资格呢?对此,1938年8月云南省教育厅再次重申,"省立高初两级中学专任教员,其资格须合于修正中学规程第一百一十条及第一百一十一条之规定,省立师范暨简易师范学校专任教员资格,须合于修正师范学校规程第一百一十二条及第一百三十九条两条之规定,高初两级职业学校专任教员资格,须合于修正职业学校规程第九十二条及第九十三条两条之规定"③。翻检相关条款,中等学校教员符合所任学科资格,要么经过考试或检定合格,要么具备相应学历和工作经验,要么具有一定学术水平的著述公开发表或具备专业技能,职业学校专任教员虽无考试、检定规定,但要求具备更强的职业技能。从应具备的学历来看,中学、师范学校专任教员应为"国内外大学本科、高等师范本科或专修科毕业者",简易师范学校专任教员应为"国内外师范大学或大学教育学院教育科系毕业者"或"国内外大学本

---

① 《云南中学教育现状和今后实施方针,龚厅长昨在中学职教员晋修班讲(续)》,《云南日报》1939年12月15日。
② 《高等教育》,1942年,云南省档案馆藏,资料号:1012-001-00070-002。
③ 《各校延用专任教员应照规程办理,否则扣发月俸,教厅转饬遵办》,《云南日报》1938年8月11日。

· 159 ·

科、高等师范本科、专修科、专科学校或专门学校本科毕业"，职业学校专任教员应为"国内外大学专科学校、专门学校或高等师范专修科毕业"①。从这些条款来看，中等学校教员应毕业于专科以上学校，以出自大学本科或高等师范大学本科为主。事实上，全国中等学校的专任教员学历程度并不尽如人意，云南亦不例外。

1937年7月教育部统计各省市中等教员之资格，根据统计，全国中学师资31204人，四川、广东以4000余人居首，上海、江苏2000余人紧随其后，湖南、浙江、湖北、福建、河南、河北、安徽均在1000人之上，湖南接近2000人，贵州、云南有五六百人。全国各省市中等学校教员以大学毕业者为最多，占36.03%。而云南省毕业于大学的中等学校教员为18.18%，仅为全国平均水平之一半。全国中等师范学校教员7798人，以大学毕业者之23.85%为最多，云南省中等师范学校毕业于大学的教员有9.42%，远远低于全国的平均水平。全国中等职业学校教员4400余人，仍以大学毕业之29%强为最多，云南中等职业学校37.78%的教员毕业于大学，略高于全国的平均水平。就此而论，云南的中学、中等师范学校教员资格不高（见表6-4）。

表6-4　　　　　　　　1937年云南省中等学校教员资格分析②

类别 资格	中学	师范学校	职业学校
留学	4.55	2.58	24.44
师大	4.55	2.92	
大学	18.18	9.42	37.78
高师	12.46	11.69	4.44
专门	18.86	25.65	15.58
其他	41.41	47.73	17.78

资料来源：根据教育部《各省市中等学校教员资格的分析》整理，见《教育杂志》1937年第7号。

---

① 中国第二历史档案馆编：《民国档案史料汇编》第五辑第一编教育（一），第437—438、455、458、472页。

② 表列数字为百分比。

第六章 战时云南中等学校之管理

从表 6-4 可以看出，云南省高达 41.41% 的中学教员、47.73% 的中等师范学校教员毕业于中等及以下学校，而全国中学教员、中等师范学校教员毕业于中等及以下学校的总平均比例为 20.68%、32.47%，由此可见云南中等学校教师素质之粗略。

1938 年云南全省中等学校 2139 名教职员，受过师范专业训练的专任教职员只有 315 人，约占全数 1/7，中等学校毕业者 1128 人，超过半数以上①。受过专业训练的教师不足，西南联大师范学院教授陈雪屏陈述了他的一项考察，"有一所规模较大的中学原来聘请专任教师十六人，因为旧者别有高就，而新者又不易罗致，现在只剩下了六人；在另一个中学里面合格的教师仅有二人；更有若干个偏僻县份中的中学，教师勉强凑够数，而最能叫座的教员却是一位未毕业的大学二年级生；……据说曾有一位校长坐守在某职业介绍机关中，经过三天之久，才算抢到了一个底细不明的教员"，另外"专攻教育的人改授生物学，算学系的高才生改授公民学"②，这种现象也很普遍。此后几年，受过专业训练的专任教员仍然较少，大部分教员出自中等学校的现状并未改变（见表 6-5）。

表 6-5　　1939—1941 年云南省中等学校师资学历审查统计③

人数　　　　年度 学历	1939	1940	1941
师范大学或教育学院毕业者	152	145	76
大学毕业者	450	604	390
师范专科毕业者	66	154	63
专科学校毕业者	232	280	175
专科以上学校修业者	150	107	117
中等学校毕业者	703	680	433
其他	266	271	131
合计	2019	2034	1385

---

① 《云南教育现状及其实施方案，龚厅长在省参会报告》，《云南日报》1940 年 1 月 7 日。
② 陈雪屏：《中等教育的危机》，《今日评论》1941 年第 13 期。
③ 云南省教育厅编审股编印：《三十年云南教育简报》，1941 年。

由表 6-5 可知，受过师范专业训练者包括师范大学或教育学院毕业生和师范专科毕业者，1939—1941 年三年分别为 218 人、299 人、139 人，均不超过当年教员总数之 15%，而中等以下学校毕业者依然在半数左右。从 1942 年省教育厅与西南联大合办之暑讲会指调入会的教员学历来看，合格者只占总数之 21%，不合格者却占 79%，其中竟有两人系初中毕业生①。合格师资不多，且因待遇菲薄等由，流动他处，不安于教。挽救"师荒"，提高教师素质，已成为云南中等教育亟须解决的问题。

解决的第一步，即实行教员检定。1939 年年底云南省照部颁中学及师范学校教员检定委员会组织规程及本省教员检定之计划纲要，制定云南省中等学校教员检定细则，举行第一届中等学校教员检定。中等学校教员之检定，分"无试验检定"与"试验检定"两种。按照要求，参加检定之教员需提交有关证明文件，截至 1 月 31 日，各公私立中等学校遵照呈报者计中学 11 校，师范 4 校，职业 3 校。申请受无试验检定之教员计 90 人。经检定委员会先后开会逐一照章审查。合格者 46 人，不合格者 44 人②，师资状况堪忧。

为继续提高教师素质，教育厅厉行中等学校教员检定，要求省立、市县立、私立中等学校分别自 1940 年、1941 年起不新聘或续聘未经检定合格之教员③。

二 培养改善师资

中等学校教职员"未来者"储备不足，现实中"在职者"的数量有限，资历程度仍然不乐观，尤其省教育经费失去独立地位，造成严重的经费恐慌、师资恐慌，龚自知在历次省参议会上视之为"云南教育上

---

① 蔡劼：《云南中等教育急待解决的问题》，《云南日报》1942 年 11 月 4 日。
② 《为检发本府民国二十九年度工作报告令省教育厅收阅具报》，1940 年，云南省档案馆藏，资料号：1012-001-00060-001。
③ 《就拟具民国二十九年度行政计划实施情形报告呈云南省政府鉴核由》，1940 年，云南省档案馆藏，资料号：1012-001-00057-003。

两个重大问题"①。云南省为改善师资低落的问题,主要从治标与治本两个方面进行。治本即培养合格师资,治标即培训师资。

(一)师资培植

治本而言,即培养合格的中等学校师资,云南省教育厅与西南联大合作,依赖西南联大师范学院为云南省直接培养师资。省教育厅与西南联大磋商,就师范学院添设初级部,后改为专修科,招收滇籍学生,以图缓解师资培养之困境。1942年西南联大师范学院有滇籍本科及初级部学生114名,1943年有142名②,其中以三年制之初级部学生占多数。1944年保送西南联大师范学院专修科学生50名,直接取录40名③,共计90名。此种举措因"经费、师资及学生之来路去路种种限制,事实上殊难大量培养,至现在大多教师来源,仍然仰给于一般之大学生,甚至一部分高中生"④。虽然师资来源有限的困境依然未能得到实质改善,但在一定程度上已有不小的改进。

(二)改善师资

治标而言,即对在职教员进行培训和呈请教育部指派稀缺学科教员来滇服务。培训方面,云南省通过举办或派员参与部办各种讲习会、晋修班。在省内主要与西南联大合作,举办在职教员暑讲会、理化教员讲习班、晋修班等。

1. 教员进修

云南省教育厅与西南联大合作举办暑讲会、晋修班等改良师资措施,下文将详细阐述。仅表列各年暑讲会、晋修班受训学员人数及其组别(见表6-6)。

---

① 《目前云南教育上两个重大问题,本月五日报告于省参议会》,《云南日报》1941年1月6日。
② 龚自知:《一年来的云南教育——在省参议会第二届大会报告》,《云南日报》1943年10月6日。
③ 《半年来的教育工作——龚厅长昨在省参会报告》,《云南日报》1944年12月17日。
④ 龚自知:《一年来的云南教育——在省参议会第二届大会报告》,《云南日报》1943年10月6日。

表6-6 省教育厅与西南联大开办之师训班

内容	年度	参加人数（人）	组别
暑讲会	1938	155	语文、社会科学、自然科学、教育四组
	1939	154	国民公文、史地、数理化、英文四组
	1942	154	教育、文史地、数理化三组
晋修班	1939	61	国文、史地、算学、理化
	1944	91	文史地、数理化

资料来源：各年情况分别根据《暑讲会给予我们的印象》，《云南时报》1938年9月5日；《教厅举办二十八年中学教师暑讲讨论会，科目分国文史地理化英文四组，聘专家讲学，内设教务事务二部》，《云南日报》1939年6月21日；《中等教师暑讲会昨午举行开会仪式，龙主席训勉会员严格接受训练，龚厅长陈委员均希望努力迈进》，《云南日报》1939年7月30日；《中学教员暑讲会本月廿二日起开始》，《云南日报》1942年7月5日，北京大学、清华大学、南开大学、云南师范大学编：《国立西南联合大学史料》总览卷，第150页；《函送中等教员进修班学员名单请查照准予注册由》，1944年，云南省档案馆藏，资料号：1032—001—00219—012。

关于农工职业教员进修，1936年教育部曾举办过一次农工职业师资暑期讲习会。1937年，教育部为提高农工学校教员教学实习知识技能，提升教学效能，辅助各省推进农工职业教育，特举办全国农业、工业职业学校教员暑期讲习会，并决定逐年举办。1937年第二期农业暑期讲习会由中央大学、金陵大学、中央农业试验所会同办理，计分农艺、园艺、蚕桑三组，70余人参加；工业暑讲会与农业暑讲会同期举行，由同济大学负责办理，分机械、土木两组，入会学员40余人[①]。云南省教育厅选送省立昆华高级农校专任教员秦秉中参加园艺组讲习，省立开远初级农校校长褚守庄参加农艺组讲习，并选送省立昆华高级工校教员甘以功参加机械组，袁续亮参加土木组讲习[②]。1938年教育部召集川、黔、滇三省农业职业学校教员暑讲会，仍由中央大学等三机关举

---

① 钟道赞：《抗战二年来之职业教育》，《教育通讯（周刊）》1939年第27期。
② 《教厅派员参加全国农工体暑讲会》，《云南日报》1937年9月10日。

办，教育厅选派陶汝泽、俞嘉年、萧显铭三人到会参加农作组讲习①。1939年教育部又通令川、滇、黔、陕、甘等省农业、土木、机械、应化、染织等科教员赴渝暑讲。

1937年，教育部举办全国师范学校体育教员暑期讲习会，云南省教育厅选派昆华师范、昆华体育师范、昆华艺术师范、大理师范体育教员潘吾刚、魏丕栋、袁琪②等人入班受训。1941年暑期，昆明市体育研究会开办中学体育教员暑训班，由教育厅厅长龚自知、时任昆明市市长裴存藩任正副班长，西南联大体育部主任马约翰任教务长③，教授体育原理、体育行政、指导裁判、测验体育设备等理论知识，并进行各种球类、田径、器械、体操、游泳、柔软操、国术④等技术指导。

2. 部派师资

云南僻处边地，教育极为落后，"为谋普及文化，推广教育起见"⑤，1938年教育部选派100名⑥中等学校教员分四批由渝到滇服务，第一批11人于11月2日抵达后，由教育厅分派各校服务，名单如下：徐光武担任省立昆华中学物理教员，魏汉馨担任省立昆华女中生物教员，白永学担任省立昆华师范化学教员，王瑞福担任省立昆华师范体育教员，陈祝三担任省立昆华高级工校化学教员，王绍尊担任省立昆华高级农校生物教员，杨荣宝担任省立楚雄中学算学教员，董国樑担任省立大理中学生物教员，徐植贤担任省立大理中学体育教员，林祥鑫担任昆明市立女中理化教员，孙兰生担任路南县立初中理化教员⑦。从这份名单来看，所分派教员多系物理、化学、生物、体育等学科教员。

---

① 《教厅派员参加农业教员暑讲会》，《云南日报》1938年6月26日。
② 《教厅派员参加全国农工体暑讲会》，《云南日报》1937年9月10日。
③ 《学校动态：体育讲习班》，《云南日报》1941年7月7日。
④ 《体育研究会开办中学教员暑训班，教授理论技术各方面学识，将请教厅及市府补助经费》，《云南日报》1941年6月8日。
⑤ 《教部派教师八十名赴滇服务》，《教育通讯（周刊）》1938年第28期。
⑥ 《教部考送教员第一批昨日抵省》，《云南日报》1938年11月3日。
⑦ 《教部选派来滇教员，教厅分发各校服务》，《云南日报》1939年1月20日。

三 改善教师待遇

云南省立中学教职员待遇，自1930年试行专任后，已较前提高，教育厅曾公布校长任免服务待遇暂行规程，及教职员服务待遇暂行规程，推行数年，尚能符合实际。抗战军兴以后，云南顿成后方，各种人员会聚转移而来，因战局变异、物价变动、税源变更等因素，昔日所订校长、教职员待遇规则已不能适应抗战需要，教育厅适时修正各项待遇规程，中等学校教职员待遇也一变再变，不断提高，意在解决其"后顾之忧"，专心服务。

1937年10月云南省教育厅颁行修正《云南省立中等学校校长任免服务待遇规程》《云南省立中等学校教员任免服务待遇规程》，分别就校长、教职员待遇做了相应调整。

抗战前，省立中等学校校长之待遇由教育厅根据学校性质、高初等级、班级多寡、个人资历、在职年限，以及学校所在地生活状况等分别厘定。高中一级至三级分别为新滇币①180元、170元、160元，初中一级至三级，分别为140元、130元、120元。县市立、私立中等学校校长待遇优劣不一，主要以各校经费盈拙为标准，中学、简师每月为新滇币30—50元不等，县立师范学校之经费，由县教育经费项下支付，每月为数无几，以致教师待遇微薄。②

省立中学、师范教员之待遇，依专任、兼任之别而有所不同。兼任教员，按授课时数支俸，高中、师范教员每授课一小时，致俸滇币1.1元，初中0.7元。专任教员，则依照授课时数多少、执掌职务繁简、所任年级高低、任职年限长短、平日服务成绩及学校所在生活状况而定，高中、正师一级至五级为150元至110元不等，级差10元；初中、简师一级至五级110元至70元不等，级差同为10元。1930年年初，云南省设置的职业学校主要有省立昆华农校、昆华工校、临安初级商校三校，其教师待遇大不相同。以1934年为例，省立昆华农校教师待遇最

---

① 新滇币每元约合国币五角。
② 《云南省教育厅各级各项教育报告》，《云南教育公报》1936年第5期。

第六章 战时云南中等学校之管理

高为90元、最低30元；省立昆华工校最高75元、最低40元；商校最高50元、最低25元。①

此外，专任校长及教员，还有年功加俸优待，即自确定专任职务及待遇起，继续在校服务，每满一年，可自下学年起，照现职底薪，加支月薪新滇币5元。

根据修正《云南省立中等学校校长任免服务待遇》规定，省立各中师职各校校长待遇如下：初中、简师、初职共分七级，月支薪俸新币分别为150—210元七级，每级递增10元；高中、正师、高职亦分七级，月支薪俸新币自210—270元不等，每级递增10元②。但其中仍有一些例外，部分学校校长享受与大学教授同等待遇，如省立昆华中学校长徐继祖、昆华女子中学校长杨家凤给予大学教授相当俸额月支新币400元，昆华高级工校校长毕近斗、昆华师范学校校长王政，照大学教授待遇月支新币380元③。

初中、简师、初职专任教员月俸分为新币100—160元七级，每级递增10元；高中、正则、高职专任教员月俸分为自160—220元七级，每级递增10元④。此外，对于成绩优良、继续服务之教员，每年递加年功加俸60元⑤。

对比战前，战时云南中等学校教职员待遇有所改善，但因"物价增高，约为抗战前之五倍"⑥，中小学教师，大多不安于位，见异思迁，为使各校教职员安心服务，不致为生活问题困扰，1939年9月云南省教育厅参酌军政人员加薪标准，对省立中等教育人员薪资加以调整，加薪新币50元，经调整后的各中师职校长待遇为：初中、简师、初职校

---

① 《云南省教育厅各级各项教育报告》，《云南教育公报》1936年第5期。
② 教育厅编印：《云南省教育概览》（贰拾柒年度），出版年份不详。
③ 《全省中等学校待遇制定，中等各校校长月俸表公布施行，专任教员及事务员工薪资亦经改定》，《云南日报》1939年3月12日。
④ 教育厅编印：《云南省教育概览》（贰拾柒年度），出版年份不详。
⑤ 张嘉栋：《最近云南省教育厅改订中等学校各项要则的意义与云南中等教育同人今后应有的努力》，《云南教育通讯》1939年第20、21期合刊。
⑥ 《云南教育现状及其实施方案，龚厅长在省参会报告》，《云南日报》1940年1月7日。

长第七级260元，第六级250元，第五级240元，第四级230元，第三级220元，第二级210元，第一级200元；高中、正师、高职校长第七级300元，第六级290元，第五级280元，第四级270元，第三级260元，第二级250元，第一级240元。各中师职学校专任教员待遇为：初中、简师、初职第七级190元，第六级180元，第五级170元，第四级160元，第三级150元，第二级140元，第一级130元；高中、正师、高职第七级240元，第六级230元，第五级220元，第四级210元，第三级200元，第二级190元，第一级180元。另外，给予高中及其同等学校教员每员每月津贴40元，初中及其同等学校教员每员每月30元。[①]

虽然增加薪资，但仍不能适应物价上涨之速，无奈于1940年10月第二次加薪。此次加薪较1939年幅度较大（见表6-7）。

表6-7　1939年、1940年云南省立中等学校校长、教员月薪对照

类别	月薪（元）级别	第七级	第六级	第五级	第四级	第三级	第二级	第一级	备注
校长	初中简师初职	260	250	240	230	220	210	200	各类别上列为1939年10月，下列为1940年10月
		400	380	360	340	320	300	280	
	高中正师高职	300	290	280	270	260	250	240	
		440	420	400	380	360	340	320	
教员	初中简师初职	190	180	170	160	150	140	130	
		280	260	240	220	200	180	160	
	高中正师高职	240	230	220	210	200	190	180	
		320	300	280	260	240	220	200	

资料来源：1939年数据见《教厅改善中小教职员待遇，参酌省府加薪新案制定新预算，办公费及事务员工月薪亦增加》，《云南日报》1939年10月28日；1940年数据来源于《本省教育界新订待遇标准及办法》，《云南日报》1940年10月10日。

[①] 《教厅改善中小教职员待遇，参酌省府加薪新案制定新预算，办公费及事务员工月薪亦增加》，《云南日报》1939年10月28日。

第六章 战时云南中等学校之管理

如表6-7所示，1940年较1939年云南省立中等学校校长、教员月薪增幅较大，其中校长第七级增加140元，第一级增加80元，各级级差为20元；初中、简师、初职学校教员第七级增加90元，第一级增加30元，级差20元，高中、正师、高职学校教员第一级增加80元，第七级增加20元，级差20元。表面上看，云南省立中等学校校长、教员一再加薪，但所增无几。

1941年年初，省教育厅的报告称，"以本省物价，近来日趋上涨，各省立中学校长教员待遇，虽于去年十月间，一度调整改善，但因所增无几，大都借机离校他往，物色师资，极感困难，长此以往，必致学科程度，日趋低降"①。1941年因待遇菲薄不敷生活，全省中等学校各校教员由2034人锐减至1385人②。为稳定教职员，使其安于教，教育厅于万难中拟定提高待遇原则，通过提高年功加俸及兼职津贴以留住人才，即校长年俸增加3倍，由120元增至480元，教员由120元增至360元；对于在校内兼任职务者，"高中、全师、高职专任教员津贴新币七十元，初简、初职专任教员津贴六十元，统较原数加支新币二十元"③，该年增加津贴及年功加俸共计336000元。

太平洋战争爆发后，缅甸继而沦陷，援华物资运输陷入困境，物价飞涨不已，而省教育经费赖于维系之重要税源卷烟特捐又收归国有。教育经费急剧锐减以致云南中等学校教职员生活日趋艰困，省教育厅想方设法以图改善。1942年，省立中等学校教职员薪俸平均较上一年度约增50元，并发给生活补助费及米代金，每人每月共306元，校工则每人每月发给102元，总计省立各校教职员全年薪俸支出4667832元，校工全年共支出335376元，两共支出5003208元④。此后，逐年增加教职

---

① 《省立中等学校师长提高年俸津贴原则，校长年俸增加三倍教员增两倍，教员津贴较原支数加新币二十，经费来源由调整结余项下开支》，《云南日报》1941年1月21日。
② 《半年来的云南教育，龚厅长昨在省参会报告》，《云南日报》1942年3月7日。
③ 《省立中等学校师长提高年俸津贴原则，校长年俸增加三倍教员增两倍，教员津贴较原支数加新币二十，经费来源由调整结余项下开支》，《云南日报》1941年1月21日。
④ 《云南省教育厅民国三十一年度工作总检讨》，1942年，云南省档案馆藏，资料号：1012-001-00098-002。

员工薪俸待遇，使其生活安定，不致见异思迁便成为省教育厅的一项重要工作。

第二节　学生管理

除加强教师管理外，省教育厅还在指导毕业生就业，给予在校生就读保障等方面提供便利，又应战时特殊训练之需，加强学生训练，组织学生服务后方。

一　指导毕业生就业

云南省中学毕业生，无论高中初中，除一部分升学外，大多选择就业。为避免中学生毕业后彷徨无归，教育厅饬令各校加强对学生升学、就业指导。以昆华中学为例，其前身省立第一中学的毕业生的出路有四种：第一种是到国内北京和各地的国立大学、专门学校或高等师范学校肄业；第二种是到香港大学或日本留学；第三种是弃文就武，进云南陆军讲武学校；第四种是回到故乡任小学教师或其他职务，也有少数是回家赋闲的①。

20世纪30年代初，云南的普通中学、师范学校学生升学、服务、有其他去向的比例各不相同，具体情况见表6-8。

表6-8　20世纪30年代初云南的普通中学、师范学校毕业生升学服务等统计②

	类别	升学	服务	其他
中学	省立中学	40%	35%	25%
	县市立中学	20%	65%	15%
	私立中学	45%	20%	35%

---

①　尹明德：《民国初年云南省立第一中学片段回忆》，载中国人民政治协商会议云南省委员会文史资料委员会编《云南文史资料选辑》第7辑，云南人民出版社1986年版，第74页。
②　《云南省省市县及私立中学概况》《云南省县立师范学校概况》，《云南教育公报》1936年第5期。

续表

类别		升学	服务	其他
师范学校	省立师范学校	20%	70%	10%
	县区联立师范学校	15%	80%	5%

据表6-8可知，20世纪30年代初，云南省立中学、私立中学40%以上的学生选择继续升学，而县立中学65%的毕业生选择直接服务社会。师范学校百分之七八十的学生按照规定从事教育工作。这种状况也是各种类型学校因其性质、培养目标的直接表现。

职业学校毕业生，尤其高职毕业生多从事于社会建设事业各项工作，以昆华工校为例，根据其校长毕近斗的回忆，1936年该校"高中毕业生到工业部门就业者约占总数的40%，升学大学者占总数的40%（其中升到省外大学者又占总数的10%），其余20%中多数都投入了工业以外的行业中服务；至于初中学生，毕业后继续升入高中的约占60%以上，其中升入工农专科高中的占升学总人数的70%，余下的则升学普通高中，此外的20%—30%初中毕业生……不能不投入适当的生产行业中"①。

抗战爆发后，云南省教育厅对各中等学校学生的升学、就业相当重视。1938年省教育厅颁行《云南省政府教育厅中小学升学及职业指导实施细则》，要求各校对高初中毕业生进行升学就业指导，使其"不至茫然无适从"。为此，云南省教育厅组织中小学学生升学及职业指导委员会，聘请富有职业指导经验者3人，中小学校长3人，职业界领袖3人，教育厅主管职业教育人员2人，共11人组成，由教育厅指定2人及委员互推2人，共4人为常务委员，委员会每三个月开会一次，常务委员会每月开会一次。委员会主要负责：推动各县教育局实施升学及职业指导；协助中小学校实施升学及职业指导；调查学校概况并编制统计，颁发各学校参考；举行各项测验；举办关于升

---

① 毕近斗：《回忆一九四〇年以前的昆华高级工业职业学校》，载中国人民政治协商会议云南省委员会文史资料委员会编《云南文史资料选辑》第7辑，第99页。

学及职业指导讲习会；设立毕业生职业介绍机关；设立毕业生补习班等①项工作。该委员会成立后，协助教育厅开展了不少升学就业指导。如1938年饬令昆华中学、昆华女子中学于暑期开办升学指导班②。同时，要求各地成立职业介绍机关，指导学生就业。1940年又颁布《云南省教育厅升学及职业指导委员会组织工作大纲》，明确该委员会下设编辑研究、调查统计、总务和指导介绍4股，负责中小学的升学及就业指导③。1941年6月省教育厅组建"云南省教育厅升学及职业指导委员会"，重订《组织及工作大纲》《中学施行升学及职业指导办法大纲》等④。1941年3月建教合作委员会成立，建教合作委员会由建设厅、教育厅、民政厅、财政厅、省经济委员会、昆明市政府、云南大学各推一人组成，教育厅长为主任委员，下设总务、调查、训练、介绍四股和专门技术工作咨询处，主要负责调查登记各方面所需中初专门技术人员数量，联络国防及生产建设机关，负责毕业生服务分配，专门技术工作咨询⑤等事宜。同年6月建教委员会拟定《云南省建教合作委员会专门技术人员登记办法》和《云南省建教合作委员会专门技术人员工作介绍办法》⑥，重点帮助和指导职业学校毕业生就业。10月教育部为奖励农工商团体办理职业学校、职业训练班、职业补习学校，制定奖励办法，以资鼓励，云南省建教合作委员会亦积极筹设各种职业学校。1942年教育厅对中等学校毕业状况进行了统计，详情见表6-9。

---

① 《令为据呈拟定云南省政府教育厅中小学学生升学及职业指导实施细则一案仰即知照》，《云南省政府公报》1939年第53期。

② 《指导高初中学生开学，开办升学指导班，教厅令昆华男女中学办理》，《云南日报》1938年7月21日。

③ 云南省教育志编纂委员会办公室编：《云南教育大事记（公元前121年—公元1988年）》，第73页。

④ 云南省教育志编纂委员会办公室编：《云南教育大事记（公元前121年—公元1988年）》，第75页。

⑤ 《实施建教合委会，由建教民财四厅及云大等会同组织，拟定规程附设专门技术工作咨询处，定三月一日成立，龚厅长为主任委员》，《云南日报》1941年2月18日。

⑥ 云南省地方志编纂委员会编：《云南省志·教育志》，第458页。

表6-9　　　　　1942年云南省中等学校毕业状况统计①　　　（单位：人）

类别		毕业人数	毕业去向				
			升学	服务	闲居	死亡	其他
普通中学	高级中学	262	163	51	17	3	28
	初级中学	2423	1530	471	221	20	181
师范学校	正则师范	394	44	308	16	2	24
	简易师范	332	70	226	15	2	19
职业学校	高级职业	386	70	276	15	3	22
	初级职业	124	15	97	7		5

就表6-9统计而言，62%的高中毕业生升入专科以上学校继续深造，19%的高中学生毕业后进入社会谋生，其余19%的高中毕业生闲居、死亡或状况不明。初中毕业生中63%升入高中，19%选择服务社会，与高中毕业生的出路大致相同。师范学校因强制服务规定，78%的正则师范毕业生、68%的简易师范毕业生从教，11%的正则师范毕业生、21%的简易师范生符合相关升学规定，升入师范学院就读。绝大多数职业学校毕业生直接服务社会，高职为71%，初职为78%，18%的高职毕业生、12%的初职毕业生选择升学，可见职校毕业生就业状况良好。

中学毕业生选择继续升学还与教育厅的政策导向不无关联。1941年8月，为方便大多数初中毕业生升学，以满足大学及社会各方需求起见，云南省教育厅令办有高中之中学酌量增加班次②，增加高中班次是以压缩初中为代价，一些初中采取并班或缓招等方式缩小体量。为杜绝滥收学生，提高教育质量，省教育厅命令部分省立中学新招高中班级，计省立昆华中学、昆华女子中学新招高中一班至二班，省立昭通中学、曲靖中学、临安中学、楚雄中学、大理中学、丽江中学、腾越中学、顺宁中学、普洱中学、开广中学每校各新招高中一班，省立玉溪中学、会

---

① 云南省教育志编纂委员会办公室编：《云南教育大事记（公元前121年—公元1988年）》，第79页。
② 《教厅宏造高中学生，拟定增加高中班次办法，将通令各高中学校遵办》，《云南日报》1941年8月6日。

泽初中，裁并现有初中班级改招高中一班①。

师范毕业生大多数从事教育服务，部分继续升学。师范毕业生大部分从教与师范毕业生强制服务的规定相关。1939年年底云南省教育厅制定《公立师范学校毕业生与公立小学教员人事调整暂行办法》，将公立师范学校毕业生统筹指派到公立小学担任教员。省教育厅就义务教育视导区内指定省立师范学校（或中学），成立人事调整委员会，共设十区，由各区主任委员函报应届毕业生名册，义教视导员函报各省立小学应更换教员名册，各县教育局（科）长函报本县需新聘小学教员数，指派师范毕业生到校服务②。

根据规定，师范毕业生均有一定服务年限，但仍有部分毕业生自由择业或升学，有失培养之旨。抗战前，云南省曾厘定师范毕业生服务办法，规定师范毕业生服务年限根据修业年限翻倍，在限期内不得自由择业。省立师范学校毕业生由省教育厅统一分配，县立师范学校毕业生由各县教育局安排办理，实行指定派往服务。此后逐步加强师范毕业生管理。1939年根据部颁《师范学校毕业生服务规程》，云南省制定《云南省师范毕业生服务实施细则》③，实施过程时，部分人员借口患病或升学，逃避服务。为此，教育厅再次重申师范毕业生强制服务之必要性，并规定凡请求暂缓服务之师校毕业生，"必须有疾病或故障不能服务之证明"④，由教育行政机关酌情批准，期满后即继续履行服务义务。对于服务一年、成绩优良，志愿升学之师范毕业生，须取得服务小学及教育行政机关之证明书，"方准投考升学各师范学院，并限令不得投考其他专科以上各院校"。在此基础上，1944年省教育厅颁行的《云南省各级师范学校毕业生指派服务办法》规定，"各类师范学校、各中学附办师范班级及各短期师

---

① 《教厅通令各校添招新编高中学生，本提高程度之基本要求限制滥收，令各校于文到五日内将计划呈核》，《云南日报》1941年8月8日。
② 《调整全省小学师资各义教视导区设调整委员会使培养与任用取得密切联系》，《云南教育通讯》1939年第8、9期合刊。
③ 《师范生服务细则，教厅拟定呈候核行》，《云南日报》1939年12月17日。
④ 《师范毕业学生不得借故规避服务，并限制投考专科以上学校》，《云南日报》1941年8月24日。

训班之毕业生，概依其学校立别，分别由省、县教育行政机关统筹指派服务，其完全师范毕业者，以指派于乡镇中心国民学校服务为原则，简师或师训班毕业者，以指派于保国民学校服务为原则"①。师范生如拒绝服务，应追缴其在学习期间免交的费用，并指出师范生服务年限为3年。

二 保障在校生就读

（一）增加公费免费学额

1930年云南省教育厅为体恤家境清寒而成绩优良学生起见，决定自1939年起，高初级中学免费学额，每校以达到全校学生数15%为标准，公费学额以达到全校学生数5%为标准。高初级职业学校免费学额每校以达到全校学生数20%为标准，公费学额以达到全校学生数10%为标准。

根据1938年《云南省立中等学校学生公费待遇及自费负担一览表》（见表6-10），我们可以看出，按照相应的公费名额标准，高中、高职学生可获得公费金额每人260元，初中、初职200元；自费部分，高中20元、初中16元，高职、初职均为14元，自费负担不重，还可获得一定的奖学金，大大减轻了学生就学的经济压力。

1944年国民政府行政院令师范学生及职业学生应予全公费待遇，经云南省政府核实，全省公费生定为4770名，每名发给副食费国币140元以资供给全膳，共需国币2849000元，原计划由财政厅从补助县市国税项下拨支，但"此项税款不唯早已分配无余且原即不敷支发"，无法兑现。因需款庞大，经费无着，给予师范生、职校学生公费待遇难以实现。根据1945年测算，"省师学生2440名，年须82066000元，公粮尚不在内"②，此款数字庞大，教育厅只好呈省府核转中央请予专案连同职业学生公费一并核发。至1945年，县立师范尚未达到公费标准。③ 由此可见，师范生和职校学生享受公费待遇进展不顺（见表6-10）。

---

① 《本省师范生指派服务办法，教育厅通令施行》，《云南日报》1944年6月13日。
② 《云南省教育厅民国三十三年工作报告》，1944年，云南省档案馆藏，资料号：1012-001-00070-011。
③ 《令发云南省政府民国三十四年度工作计划（中教）》，1945年，云南省档案馆藏，资料号：1012-001-00073-003。

表 6-10　　云南省立中等学校学生公费待遇及自费负担一览①

		公费学额及公费金额②	免费学额	奖学金③	膳食津贴④	学费	住宿费	自费负担			
								讲义费	体育费	卫生费	赔偿损失费⑤
中学	高中	全校5% 260元	全校15%	80元/人	无	一概不收	一概不收	6元	4元	4元	6元
	初中	全校5% 200元	全校15%	50元/人	无			4元	4元	4元	4元
师范	正师	无	无	150元/班	80元/人			不收	不收	不收	不收
	简师	无	无	100元/班	40元/人						
职业	高级	全校10% 260元	全校20%	80元/人	无			6元	4元	4元	
	初级	全校10% 200元	全校20%	50元/人	无			4元	4元	4元	

（二）奖励学习成绩优良学生

对于中等学校优秀学生，教育厅按照惯例给予奖学金奖励，行之有年，不无收效。战前曾有《云南省立中学生奖学金给予规则》《云南省立师范学生奖学金给予规则》《云南省立职业学生生产劳作实习给奖暂行规则》之颁行，按规定："省立中学生奖学金之给予，以家计贫寒，

---

① 《云南省立中等学校学生公费待遇及自费担负一览表》，教育厅编印：《云南省教育概览》（贰拾柒年度），出版年份不详。
② 百分数系指名额，下记数字系每人所得金额。
③ 师范生奖学金以班计奖，其他学校以个人计奖，每班规定6人。
④ 只限于师范生、按10月计。
⑤ 未用时退还。

第六章　战时云南中等学校之管理

学行优良者为标准"，高中每班 5 人，每人每学期给予新滇币 30 元，初中每班 5 人，每人每学期给予新滇币 20 元；正则师范生每学期每班给奖新滇币 100 元，简易师范生每学期每班给奖新滇币 70 元；职业学校学生奖励"以其生产劳作实习之成绩为标准"，奖金为"学校出品获有盈余时，并由盈余项下提成"，给奖名额为高职每班 5 人，每人每学期新滇币 30 元，初职每班 5 人，每人每学期新滇币 20 元①。

为督促学生加强学业，1939 年省教育厅根据部颁《修正中学规程》《修正职业学校规程》《修正师范学校规程》修订了云南省中等学校学生奖学金奖励规则，分别颁行了《修正省立中学学生奖学金给予规则》《修正省立职业学校奖学金给予规则》《修正云南省立师范学生奖学金给予规则》。新修订的规则规定，省立中学"学行优良其学业成绩平均在七十五分以上暨操行体育成绩均列甲等者"，高中每班 6 名，每名每学期给予新滇币 40 元，初中每班 6 名，每名每学期给予新滇币 25 元。省立职业学校学生"除由师生共同生产劳作售出成品时得提取纯利之半分给学生充作红奖外，其学业操行、体育、成绩较为优良者并得受领奖学金"，高职每班 6 名，每名每学期给予新滇币 40 元，初职每班 6 名，每名每学期给予新滇币 25 元②。至于师范学生，正则师范每学期每班学行优良之 5 名至 10 名学生，奖励每人新滇币 150 元，简易师范每学期每班学行优良之 5 名至 10 名学生，奖励每人新滇币 100 元③。此后，教育厅不断增加奖励名额，提高奖励额度。1941 年奖励中学每班 2 名，职校每班 4 名，每名每月国币 20 元，以 12 月计④。1942 年中学名额由每班 2 名增为 4 名，职校名额由每班 4 名增为 8 名，每月国币 30 元，仍以 12 月计⑤。

---

① 《云南省立职业学生生产劳作实习给奖暂行规则》，《云南教育》1933 年第 11 期。
② 《奖励中等学校学生进修，奖学金给予规则教厅分别修正通令各校遵办》，《云南日报》1939 年 4 月 9 日。
③ 《省立师范学生奖学金及待遇通则，教厅分别修正令发各校遵照》，《云南日报》1939 年 4 月 16 日。
④ 《云南中等教育概况》，1942 年，云南省档案馆藏，资料号：1012 - 001 - 00070 - 003。
⑤ 《云南教育概况》，1942 年，云南省档案馆藏，资料号：1012 - 001 - 00001 - 014。

（三）改善师范生待遇

省立师范学生按照规定免收学费，并由教育厅按月给予膳食津贴。抗战前，云南省曾颁行《云南省立师范学生待遇通则》，师范学生除免收学费外，全部学生在校膳宿之校，"学生之膳食应由学校负责办理，并得指导学生参加办理"①，教育厅按月发放膳费津贴充抵膳费一部分。抗战军兴，因生活需费高涨，膳食津贴已不敷生活，以致影响了师范生之来源品质，渐失师范教育制度之意义。1939年教育厅修订颁行了《修正云南省立师范学生待遇通则》。修订的通则规定，省立师范学校，特别师范科、幼稚师范科、简易师范学校、简易师范科，均一律免收学生学费、住宿费、体育费及图书费。凡全部学生在校膳宿之校，由学校负责办理学生膳食，教育厅按月给予学生膳食津贴，不敷之数由学校向学生征取。其膳食津贴标准为：除每年三月、八月两个月外，师范学校及其附设之特别师范科、幼稚师范科、中学附设之特别师范科学生，按其在校实有人数，每月每名发给膳食津贴新滇币8元；简易师范学校、中学附设之简易师范科学生，每月每名发给膳食津贴4元②。

因物价变动，给予师范生的津贴、食米或食米代金等标准一再提高，"俾师范生之经济负担较重学生与职教学生减轻"③，以维护师范教育。1942年改善师范生待遇，全师及简师，每班以40名计，每名每月发给津贴30元，此外尚有食米或米代金④。1943年计划给师范生全膳及制服标准⑤，1944年每名师范生每月二公斗食粮代金⑥，并计划供给全膳、制服及学习用品。1945年省立师范学校学生每名每月可领公粮

---

① 《云南省立师范学生待遇通则》，《云南教育》1933年第11期。
② 《省立师范学生奖学金及待遇通则，教厅分别修正令发各校遵照》，《云南日报》1939年4月16日。
③ 《就拟具民国二十九年度行政计划实施情形报告呈云南省政府鉴核由》，1940年，云南省档案馆藏，资料号：1012-001-00057-003。
④ 《云南教育概况》，1942年，云南省档案馆藏，资料号：1012-001-00001-014。
⑤ 《为检发本府民国三十二年度行政计划及政绩比较表令省教育厅收阅由》，1943年，云南省档案馆藏，资料号：1012-001-00060-005。
⑥ 《民国三十三年度云南省中等教育计划》，1944年，云南省档案馆藏，资料号：1012-001-00072-006。

二公斗三升，副食费2100元①，此前计划供给之书籍制服等，限于经费未能供给。

第三节 适应形势的特种教育

抗战以降，社会情势变化，经济生活激增，由此而致教育环境不安，训导管理组织徒具空名，程度差强人意，以致学生学业水准低落。为扭转颓风，云南省不断加强学生管训。又应时代之需，积极开展战时各项后方服务工作及加强军训童训。

一 加强学生训导

（一）实施导师制

教育部历来重视学生之训育，而训育主任、公民教员等训育人员在学生训育中扮演着重要角色，训育人员的资格条件格外受到关注。1936年2月第五届中常委第六次会议通过的《中等学校训育主任公民教员资格审查条例》规定，中等学校训育主任、公民教员的资格审查，基本条件是国民党员（包括预备党员）或尚未入党而对于三民主义曾有研究之人员，在符合基本条件的前提下，"具有教育行政机关所规定中等学校教员资格并曾任中等学校训育职务者"，可接受中等学校训育主任资格审查。而公民教员资格审查，除具备基本条件外，还须满足三个条件之一者：一是在专门以上学校研究社会科学毕业具有教学经验或经试验检定合格者；二是具有教育行政机关所规定之中等学校教员资格曾教授社会科学者；三是具有教育行政机关所规定之中等学校教员资格对于社会科学确有研究而有著作者②。抗战爆发后，教育部要求中等学校公民教育，于传授公民知识之外，要注重公民行为之养成。因而，公民教员任务，由课本教学扩大为"兼事学生生活之训导，庶书本知识能与实践

---

① 《令发云南省政府民国三十四年度工作计划（中教）》，1945年，云南省档案馆藏，资料号：1012-001-00073-003。

② 《中等学校训育主任公民教员资格审查条例》，《云南教育公报》1936年第3—4期。

行为连为一体"。① 1937年10月《云南省立中等学校组织规程草案》对训育主任、级任导师提出了具体的工作要求，训育主任掌理公民训练、课外作业、生活、指导、舍务管理及其他有关训育事宜；级任导师负责各该学级学生学业指导、实习指导、生活指导及其他有关训管事宜②。

1938年5月，教育部颁发《中等以上学校导师制纲要》，将各校每一级学生按照5—15人不等，分为若干组，每组设导师一人，由校长指定专任教师担任，并由校长指定主任导师或训育主任一人，综理全校训育事务。导师针对学生的思想、行为、学业及身心状况等，利用业余及休假时间，通过谈话会、讨论会、远足会等形式，给学生施以团体生活之严密训导③。云南省遵照部令，依据实际情形，制定《云南省中等学校导师制实施细则》通饬推行，并从人员及待遇等方面予以保障。因专任教员不敷分配，各校分组训导皆改为以级为单位，设级任导师。兼级任导师之教员除有专任教员俸给外，教育厅另发导师津贴，并规定每周兼级任导师之专任教员得减少教学时数四小时。又根据相关组织原则，有九个以上学级之学校分设教务、训导、事务三处，所有全校之训导事宜，统由训导主任综其成；九个以下学级之校则设教导处，由教导主任综其成④。

（二）限制学生流动

学生流动，即学生的转入或转出。抗战期间因社会风气、物价上涨等因素导致教师不安于教、学生不安于学的现象愈来愈严重，尤其学生流转无定已成为一种"病态"，龚自知总结此种现象时说："此地开除，彼处收容。忽而上学，忽而辍业。甲校降级，乙校升班。小学未毕业，

---

① 《教部令饬扩大公民教员任务，教厅转令各中等学校遵办》，《云南日报》1938年11月28日。
② 《云南省立中等学校组织规程草案》（二十六年十月一日实行），《云南日报》1937年10月2日。
③ 《教部颁发中学导师制纲要，矫正现行教育免除师生疏远，本省俟施行细则公布即实行》，《云南日报》1938年5月8日。
④ 《云南省政府教育厅推进训导工作报告》，1943年，云南省档案馆藏，资料号：1012-001-00070-007。

中学已考取。"① 根据当时的一个调查，某所 300 余人的学校，流动学生达 130 余人，其中战区转来 5 人、家庭条件变更 8 人、因在原校降级 45 人、原校环境不适合 14 人、因原校简陋 13 人、转来后有同乡熟友 17 人、转学后可以跳级 32 人②。1944 年 10 月省会公私立中等学校观察团的报告显示，省会中等学校流动情形惊人，"每学期几达学生总数三分之二"③。战局变化导致学生流动，本无可厚非，但引起学生流动背后的因素值得注意，有的学校因招生不易，降格以求；有的在原校留级而转入他校继续就读原有程度学级；有的因学校经费多寡、设备优劣而有所限制。学生流动一方面难免造成中等学校学科程度降低，另一方面也会加剧学校、学生的不平均布局或分配。为避免产生不良影响，云南省中等教育界做出了不少努力。1938 年昆明市政府鉴于市男女中学经费不足，校舍狭窄，以往招生漫无边际，致使校内局促，教管不便，特制定相应办法，限制学生人数，如减少现有每班学生人数，规定初中一年级每班不能超过 70 名，二年级每班不能超过 50 名，三年级每班应在 40 名以内④。1944 年昆明公私立中等学校采取了一系列限制胡乱收生的办法，比如，对成绩太差且不能呈缴合格转学证书及成绩单者，一律取消学籍，对成绩差但有合格转学证书者，应专案呈报教厅审核⑤。

二　开展后方服务

1937 年 7 月 30 日云南省各界抗敌后援会在昆明成立，由滇黔绥靖公署、云南省政府、昆明市政府、富滇新银行、宪兵司令部、省会警察局各指派 1 人以及云南省党部、省教育会、昆明市商会、省妇女协会、日报公会各选派 1 人共 11 人组成常务委员会，其宗旨是"誓本抗敌御

---

① 《云南教育与教育经费——龚厅长在省参议会之报告》，《云南日报》1944 年 5 月 17 日。
② 张文洗：《论中等学校学生的流动——目前中等教育的一个严重问题》，《云南日报》1944 年 5 月 28 日。
③ 《孙主任起孟谈中等学校视察观感》，《云南日报》1944 年 10 月 8 日。
④ 《市府整饬市立中学，严格考试，限制学生人数，分令自下学期切实实行》，《云南日报》1938 年 1 月 2 日。
⑤ 《半年来的教育工作——龚厅长昨在省参会报告》，《云南日报》1944 年 12 月 17 日。

侮精神，为中央及前敌将士后援"①。抗敌后援会的主要工作为揭露声讨日本侵华罪行，向全省民众进行抗日爱国宣传，募集物资支援前线，慰问抗敌将士等，下设总务、宣传、募集、纠察、财务等股及审讯委员会等。各中等学校纷纷响应，相继成立分会，积极组织抗敌宣传、募集战债等工作。

（一）抗敌宣传

抗敌宣传的目的在于"精神国防的建立，动员计划的推动，国际同情的博得，敌人厌战心理的促成"②。云南中等学校主要组织宣传队进行爱国宣传，如县立开远中学、省立石屏中学、县立宜良中学组织宣传队在属地进行宣传③，激发民众抗敌热情。昆华农校分会组织农村宣传队，赴开远、蒙自等县，向农民进行爱国宣传④，增加抗敌力量。1938年寒假，云南省教育厅为扩大抗敌宣传，特制定《寒假学生抗敌宣传工作纲要》，转令各省立中等学校遵办。该纲要要求"省立高级中学暨其同等学校男生在本年度寒假，均应趁休假暨回乡之便，遵照学校之指导及分配，确实担任抗敌宣传工作"，省会省立高级中学、师范学校、高级工业、高级农业等校，"就寒假留省不回籍之学生中，组织寒假宣传队"，每校以一队为限，每队队员10人至20人⑤。各地奉令后，纷纷成立宣传组织，以各种形式开展宣传工作。据报载，呈贡旅省学生，就寒假返乡之便，组织抗敌宣传会，分总务、戏剧、宣传三部及一歌咏团；峨山旅省学会乘寒假之期，组织战时青年服务团，分赴各区从事宣传，其宣传事宜，分口头、文字、歌咏、戏剧等⑥。1938年1月16日昆华中学寒假宣传队37人，沿关上、小板桥向呈贡进发宣传，中午分八组，以抗战漫画在呈贡县城及附近村庄宣传，晚上假该县戏台表演歌咏、戏

---

① 云南日报理论部编：《云南百年》，云南教育出版社2004年版，第269页。
② 独立出版社编：《抗战与宣传》，独立出版社1938年版，第80—81页。
③ 《各县学生成立抗敌后援分会，组织宣传队向各地宣传，募集捐款汇寄前方将士》，《云南日报》1937年9月21日。
④ 《农校筹组农村宣传队》，《云南日报》1937年10月4日。
⑤ 《本届寒假中等学校学生扩大抗敌宣传，教厅制定纲要令发各校遵办，并饬就近参加宣传委会工作》，《云南日报》1938年1月5日。
⑥ 《寒假期间学生努力宣传》，《云南日报》1938年1月28日。

剧、口琴等节目，1400余民众出席①。2月9日省立昆华体育师范学校20余男女学生组织寒假抗日旅行宣传队，先至呈贡，往澄江转晋宁到昆阳，沿途宣传，半月后始返②。

为进一步充分利用假期，1938年5月云南省教育厅又拟定《云南廿七年度暑假学生宣传慰问工作纲要》，鼓励本省中等学校及省立边地小学学生，利用暑期回乡之便，自愿担任抗敌宣传及慰问出征军人家属工作，要求假期回乡学生不另组宣传队，自动参加所在地战时宣传委员会或所在地各学校组织的宣传慰问活动；留校不回乡学生，由学校组织暑假抗敌宣传队，赴临近各县城各村镇宣传，每校成立一、二队，每队20人左右。宣传讲稿或排演剧目及张贴的宣传漫画、传单标语，由学校校长征询学生意见后审定编发，歌咏宣传所用歌曲，以《抗敌救国歌曲初编》为主③。另外，对于省立高级中学、师范学校、高级工校、高级农校所组假期宣传队，由各校校长核实人数，由教厅按"每校至多以三十名为限，每名每日补助新币六角"标准予以补助。不久，为统一宣传，教育厅又厘定《云南二十七年度暑假学生宣传要点》，令各省立中等学校遵办，并明确六项宣传原则：一是"说明国家民族之利益高于一切，以提高人民效忠国家民族之热忱"；二是"说明中华民族之伟大，决无被敌灭亡则屈服之理，以加强人民抗敌之意志"；三是"说明今日唯一之敌人为日本，以博取其他国家对我之同情"；四是"说明国耻重于一切宿隙与私恨，以激发人民团结之精神"；五是"说明军事上之进退攻守，系决于长期抗战之基本战略，最后胜利之权衡，并不在一城一市之得失，以坚定人民最后胜利之信念"；六是"说明今日只有一种主义（三民主义），一个政府（国民政府），一个领袖（蒋委员长）以统一人民之思想。"④针对一般民众，尤其农村民众普遍不能及时了解

---

① 《昆华中学宣传队抵呈贡工作，战时宣传队继续宣传》，《云南日报》1938年1月31日。
② 《体师宣传队昨出发宣传》，《云南日报》1938年2月10日。
③ 《廿七年度暑假学生宣慰工作纲要，利用假期深入农村努力宣传工作，教厅令各省立中小学校遵照办理》，《云南日报》1938年5月26日。
④ 《教厅厘定暑期宣传要点，令发各中等学校遵照办理》，《云南日报》1938年6月29日。

国家抗建方针、战局变化以及应承担的责任，并开列六项"事实"，要求学生"广而告之"，具体有：①台儿庄之役，仅为抗战过程中初步胜利，徐州、开封之沦陷，亦为军事战略上之必备退让，自应闻胜勿骄，闻败勿馁；②国民党临时全国代表大会宣言及抗战建国纲领，意义重大，须力为阐扬，期于家喻户晓；③说明服务兵役，为国民最高神圣之任务，且为救国最直接最有效之工作，国民应勇于应征，耻于规避；④说明购买公债，献金政府，为国民最光荣的行为；⑤说明维持后方秩序，防止敌人间谍，即能增厚抗敌力量；⑥协助政府生产建设，推进节约运动，即能奠定长期抗战基础，以争取最后胜利。① 此外，国民党云南省党部根据国民党中央《抗敌救国宣传大纲》制订了本省的宣传大纲并转发各校。宣慰办法、要点、大纲下达各校后，各校制订了各自的宣传计划，并呈教厅审核。教育厅发现，各校计划中所列宣传区域，类多雷同，为避免不同学校在同一区域重复宣传，教育厅专门划定省会高中以上学校暑假宣传区域，按校分区域宣传，分配如下：

昆华中学：易门、禄丰、广通、双柏、楚雄、牟定；

昆华女中：昆明、安宁、昆阳、晋宁、呈贡；

昆华师范：宜良、路南、路西、师宗、罗平、陆良；

昆华体师：澄江、江川、通海、华宁、曲溪、弥勒；

昆华艺师：玉溪、河西、石屏、峨山、龙武、新平；

昆华女师：呈贡、晋宁、昆阳、安宁、昆明；

昆华工校：富民、罗次、武定、禄劝、元谋；

昆华农校：嵩明、寻甸、马龙、曲靖、沾益、平彝。②

各校按照有关安排和要求，纷纷组织暑期宣传队、服务团，开赴各自宣传区域从事各种形式的宣传工作，推行抗日宣传，慰问出征将士家属。昆华农校最先响应，成立暑期宣传队，并命名为"云南省高级农业

---

① 《暑期宣传要点》，《战时知识》1938 年第 3 期。
② 《高中以上学校暑假宣传区域，教厅分配饬遵以免重复》，《云南日报》1938 年 7 月 4 日。

学校暑期抗日宣传队"①。昆华工校宣传队前往富民、罗次、禄劝、武定、元谋一带从事抗倭宣传，1938年7月12日在富民适逢街期，遂作街市宣传，并开一小规模之漫画展览会，夜间表演话剧。7月19日晚昆华农校在寻甸民众教育馆表演《暴风雨的前夕》《侠勇的婢女》《张老三当兵》等新剧，并分组出发各乡村，实施农村宣传及慰问出征将士家属工作。昆华艺师先在昆阳，后又转玉溪，7月21日晚在玉溪教育局内演出救亡剧本《军民事作》《不愿做亡国奴》及《毒药水》等剧②。

在省会之外的中等学校也纷纷响应，开展相关的抗敌宣传。1938年年底，省立景东中学组织长途宣传队，在景谷街市张贴宣传漫画，表演街头戏剧。澜沧县立简易乡师组织救亡宣传队，在县属各区用方言及各种方式宣传。两姚共立初级中学组织学生抗敌宣传队，往各街市及乡村扩大宣传，计分14队，每队三四十人，主要宣传防空防毒办法、全民抗战意义、组织民众、训练壮丁、努力生产、献金救国、编练保甲、清查汉奸等内容③。省立昭通中学发起成立"昭通全县学生抗敌后援会"，组织各校"晨呼队"，黎明沿街高呼抗敌口号，选拔各校男女同学，组成十二个宣传队，在市区和农村集市向市民、农民宣讲团结抗日道理。同时演出街头剧，唱抗敌救亡歌曲，激发人们的憎敌爱国之心④。这些活动提高了民众的爱国觉悟，唤起了各界民众的抗敌热情。

为运用教育力量，长期或短期内协助解决兵源，教育部、军政部于1939年7月颁行了《修正兵役教育实施办法大纲》，并根据宣传实际需要，于当年10月制定《中等以上学校学生假期兵役宣传实施纲要》，要求学生于寒假暑假等休假期间下乡进行宣传兵役法，各校以校为单位组织宣传队。各校宣传队出发前，由各校军训教官、当地宣传机关进行业

---

① 《宣传抗建纲领，各地大学生组织暑期农村服务团，农校组织暑期抗日宣传队》，《云南日报》1938年7月2日。
② 《各校暑期宣传队动态》，《云南日报》1938年7月25日。
③ 《各县学生战时工作》，《云南日报》1939年1月11日。
④ 夏运春：《抗日战争时期昭通学生的部分活动情况》，载中国人民政治协商会议昭通市委员会文史资料编辑室编《昭通文史资料选辑》第1辑，1985年，第161页。

务培训，培训内容包括兵役法、国民服兵役施行规则、陆军兵役惩罚条例、优待出征抗敌军人家属办法、慰问出征军人家属办法等规章规则①的讲解。实施纲要还要求各地教育行政主管机关划分宣传区域，指导学生以文字宣传、口头宣传、艺术宣传等形式开展宣传。1940年年初，云南省国民军训处根据军政部电示，召开各中等学校、专科以上学校联席会，讨论通过了《寒假期间各中等以上学校学生实施兵役宣传办法》，要求各中等以上学校利用寒假，按学生多寡编列若干宣传队，赴学校所在县份附近乡镇宣传。宣传队以学校为单位，军训教官为指导，各乡镇长及乡镇小学校长教员为协助人。在宣传方式上，要求学生利用茶店饭铺，及其他民众聚集场所公开演讲；通过粘贴标语，编制通俗壁报、抗战漫画进行文字宣传；利用街期表演街头话剧、抗战歌曲，并于2月9日至15日举行出征军人家属恳亲周，活动的主要内容有：一是会同乡镇长调查出征军人家属，加以慰问；二是劝募金钱、米物，赠送出征军人家属；三是代写书信，粘邮寄发；四是假祠堂庙宇表演抗战话剧，招待出征军人家属及民众等。②

  1943年的暑期仍以兵役宣传为中心，教育部根据军委会关于办理假期学生战时服务事项的有关指令，制定《中等以上学校学生假期兵役宣传纲要》，指导学生兵役宣传，其要点包括：解释兵役办法及逃避兵役之惩罚；宣传周知士兵生活已大为改善；讲明优待征属之意义，并发动社会力量，扶助救济③。同时，要求学生宣传兵役时，随时随地注意各地役政实际情形，如发现弊端，或不公平之问题，应提供役政主管当局参考，但不宜与役政人员交涉。当年11月，教育厅奉教育部令，再次强调宣传兵役的重要性，要求各校根据《中等以上学校学生假期兵役宣传纲要》切实开展兵役宣传。

---

  ① 教育部编：《教育法令汇编》第四辑，正中书局1939年版，第38页。
  ② 《寒假期间策动学生宣传兵役，军训处昨召开联席会议通过实施办法，学生努力工作，成绩优异者将发给奖章》，《云南日报》1940年1月20日。
  ③ 《学生暑期服务以宣传兵役为中心，发现弊端时可提供参考》，《云南日报》1943年7月9日。

第六章 战时云南中等学校之管理

（二）劝募战债

全面抗战爆发后，人们激于爱国热忱，纷纷捐输金钱财物，极为踊跃，国民政府为鼓励爱国民众毁家纾难之热忱，发行公债，动员民众支持抗战。

1. 劝募救国公债

最先发行救国公债，"凡人民或团体，此现金或有价之物品捐充救国之用者，一律照额给予救国公债票，俟战事结束以后，分年还本"①，中央设立救国公债劝募委员会总会，各省设立分会，各县设立支会。1937年9月1日，中国救国公债劝募委员会云南分会在昆明富滇新银行举行成立会议，龙云亲任主任委员。云南省分会下设总募组，其下又设队或总队。

按照有关组织原则，云南教育界成立教育厅劝募救国公债总队，1937年9月20日教育厅劝募救国公债总队在教育厅召开了第一次队长会议，省会部分省立中等学校校长参加。此次会议讨论决定教育界的爱国公债工作分认购和劝募两种。认购方面，教育界人员参照公务员标准，即公务员分简荐委三级，简任职认购全月俸，荐任职认购月俸6/10，委任职认购月俸3/10，按"月俸在旧币550元以上者，照简任例。月俸在旧币250以上者，照荐任例，月俸在150以上者，照委任例"分别认购。至于劝募，各校以校为单位向校内教职员、学生劝募，"劝购数额以国币五元为认购债票之最小单位，若学生方面有数人合购一单位者，须将各个姓名登记于劝募册，若所购不足一单位，亦非合购一单位者，则视为捐款"②。同时，会议决议，省立中等学校、县立中等学校按同一标准劝募，各校相应成立劝募队，县立学校直属于教育厅总队，不隶属县教育局。劝募不久，1937年12月3日，财政部发表通电，鉴于救国公债已认募足额，所有各地分支会劝募活动于年底结束。

---

① 《救国公债劝募委会本省分会昨日成立，议决内部组织推定各组组长，决先于腾冲等六属成立支会》，《云南日报》1937年9月2日。
② 《教厅劝募公债总队议决教育界认购标准，省外学校仿照省会学校办理，各队即日开始工作积极劝募》，《云南日报》1937年9月24日。

2. 劝募战时公债

1940年9月战时公债劝募委员会成立,隶属行政院,设主任委员1人,由行政院院长兼任,副主任委员1人,由财政部部长兼任,常务委员16—24人,委员若干人。各省设劝募总队,由各省政府主席兼任,省以下各县设分队。1940年劝募公债为当年发行之军需公债及建设金公债。军需公债定额12亿元,年息六厘,半年付息一次,自1941年开始还本,25年还清;建设金公债分为英金公债1000万镑,美金公债5000万美元,年息均为五厘,半年付息一次,1941年开始还本,25年还清。此次劝募分期进行,第一期即募得1.2亿元,云南、广东、广西、湖南、广西、甘肃、陕西、江西及香港等地应募者踊跃,云南共募得3600万元①,在重庆、四川两地之后,位列第三,成绩不错。1941年9月省战时公债劝募总队划教育厅为第五劝募分队,教育厅根据相关组织章则,将全省公私立中等学校,分编为100个支队,印发"支队守则",令发各校。"守则"要求各支队一律遵照《团体购买战时公债办法》对内对外进行劝募。劝募所得,事先应向出资人声明一律作为各该学校战时基金之捐款。各支队所募战债总额,以各学校现有学生全部人数之三倍为最低限度,即每人须募得国币3元以上②。

(三) 兼办社会教育

中等学校毕业生是社会各项建设事业的中坚力量,中等学校兼办社会教育,可以使学生获得了解社会的机会,增强服务社会的能力。1938年3月教育部颁布的《社会教育工作团工作大纲》明确社会教育的目标为:唤起民众民族意识;灌输民众抗敌知识;坚强民众抗敌意志;训练民众抗战技能;充实民众基础知识;增进民众生产能力。1938年年底,教育部颁布《各级学校兼办社会教育办法》,规定各类中等学校兼办社会教育有关事项,如中学应兼办民众识字,还应酌量兼办通俗演讲、民

---

① 中国第二历史档案馆编:《中华民国史档案资料汇编》第五辑第二编财政经济(二),江苏古籍出版社1997年版,第494页。
② 《教厅积极劝募战债,将各中学编为一百个劝募支队,募获战债全部作为各校基金,昨特颁发"支队守则"进行劝募》,《云南日报》1941年9月23日。

第六章 战时云南中等学校之管理

众歌咏团、壁报、卫生指导、救护训练、成绩展览会等切合社会需要之教育。中等农业学校一律创办农事指导及农业补习班，中等工商业职业学校一律兼办工商业职业补习班。

1939年省立昆华师范学校成立的战时工作团在学校所在地晋宁金沙乡开办了一个民众学校，有一班学生50余人，并创办半周刊壁报《大家看》，内容包括时事分析、通俗文艺、生活常识。昆华工校也在晋宁县城开办了一个民众学校，教80余民众识字，创办两种壁报：每天一期的《新闻简报》和每周一期的通俗文艺壁报《民众》[①]。昆华工校还联合晋宁官绅，成立清洁卫生促进会，举行清洁卫生运动。

1941年，全省省县（市）立中等学校中，共有30校兼办社会教育，其中省立中学9校、省立师范6校、县立中学12校、县立师范3校[②]。1942年，全省省县（市）立中等学校中，共有49校兼办社会教育，其中省立中学12校、省立师范8校、县立中学及县立师范29校[③]。详情见表6-11。

表6-11　1941年、1942年云南省县（市）立中等学校兼办社会教育事项统计

规定兼办之事项	遵照兼办之校数	
	1941年	1942年
民众教育	11	11
通俗演讲	11	122
壁报及漫画	22	150
民众歌咏（舞）队	11	74
民众话剧	7	4
关于社教各种宣传	19	
关于社会各种展览会	4	30

---

① 老粗：《救亡工作在晋宁》，《云南日报》1939年1月8日。
② 云南省教育厅编审股编印：《三十年云南教育简报》，1941年。
③ 《三十一年云南教育简报》，1942年，云南省档案馆藏，资料号：1012-004-02063-039。

续表

规定兼办之事项	遵照兼办之校数	
	1941 年	1942 年
举行纪念周及月朝会	1	
提倡及指导民众体育运动	4	
开放图书阅览部	5	
宣传及指导民众卫生	10	49
提倡拒毒运动	3	
倡导改良地方风俗	6	
倡导新生活励进运动	2	4
倡导民众农林改进	8	5
提倡民众识字教育及代笔与问字处	5	27
协助办理保甲及自治	4	5
协助地方办理各种合作事业	4	4
组织各种家庭访问		8
读报会	2	6
其他有关一切社会教育事项	6	26
已组织社教	12	

资料来源：1941 年数据来自云南省教育厅编审股编印：《三十年云南教育简报》；1942 年数据来自教育厅秘书室编印：《三十一年云南教育简报》。

（四）师范学校辅导地方

师范学校辅导地方教育，主旨在于加强与国民教育的联系。1930 年第二次全国教育会议修正通过《改进全国教育方案》，第四章"改进初等教育计划"第十一项即为"辅导制度"，各省的辅导工作自此而始。1934 年 4 月教育部公布《各省教育厅分区辅导县市民众教育办法大纲》，训令江苏、浙江、山东三省先行试点，广东、安徽等省相继试行，但并未在全国广泛推广。1936 年 12 月 18 日教育部第 18227 号训令指出"各师范区在省立师范学校或省立小学内，酌设地方教育指导员随时往区内各小学实地指导，并得由各县教育科局聘请师范学校及其附属小学或省立小学有优良教学成绩之教员为临时专科视导员，各市教育局或社会局亦应比照上项办法办理之",但并无具体办法。实施各省仅就师范学校附属小学设地方教育指导员,负责指导各师范区内研究。为改进师范学校辅导地方教育,1939 年 7 月教育部颁订《各省市师范学校辅导地方教育办法》,辅导初等教育制度逐步完善。

根据规定,师范学校除负有培养国教师资之责外,还承担辅导区内国民教育之责。云南省历次划置师范学校区,其主旨已包含师范学校辅导地方国民教育之意。1939 年 9 月《云南省立师范学校区划置纲要》提出"各省立师范学校区内之省县公立各级各种师范学校,统须参加各该区之师范教育研究会及辅导会议,并受该两会之辅导"①。如 1943 年昆华师范在晋宁县兼办初中一校,为适应农村需要,特增设农村教育及生产技术科目②。昆华师范作为全省师资训练之模范,承担辅导昆明等 25 市县教育之责③。

三 组织学生集训

学生是民众的先锋,要武装民众,需要先把学生武装起来。九一八事变以后,国民政府鉴于国家形势危急,开始实施学生集训。1936 年 5 月云南省举行第一届高中以上学生集中军事训练,并成立集训总队,要求中等学校一年级新生和二年级上学期学生一律参加集训,否则勒令退学,集训地点安排在昆明市北郊北教场"老营盘"④。1937 年秋又举办第二届集训。第二届集训队下分两个大队和一个直属中队。一大队和直属中队集中住在原圆通街孤儿院内,二大队则分住在市立男中和昆华工校内。根据要求,参加集训的学生早上要出一次早操,学一些拳术,学刺枪术,立正、稍息、正步、队形变换等⑤。

---

① 《平均发展师范教育,教厅另划师范学区,全省划为九区,每区设省师一所或数所,规定各区俱组织研究会并开辅导会议,公布办法通令遵行》,《云南日报》1939 年 9 月 15 日。
② 《昆华师范附办晋宁初中》,《云南日报》1943 年 3 月 20 日。
③ 《省立昆华师范(续)》,《云南日报》1944 年 12 月 17 日。
④ 陈起鸿:《云南省第一届高中以上学生集训队情况》,载中国人民政治协商会议云南省昆明市委员会文史资料委员会编《昆明文史资料选辑》第 7 辑,第 52 页。
⑤ 李懋修:《我所知道的云南学生集训队》,载中国人民政治协商会议云南省昆明市委员会文史资料委员会编《昆明文史资料选辑》第 7 辑,第 79 页。

1938年5月云南省国民军事训练委员会改为国民军训处，内分四科，分别主管学校军事训练、社会军事训练、补充兵役训练、国民体育及国民动员等事宜。这年学生集训，按照教育部《二十七年高中以上学生集训改进办法》办理，即，①高中及同等学校与专科大学一年级实施一般教育三个月或两个月，以军事学术为主，授以军士或预备军官教育；②高中及同等学校二年级专科大学二三年级生，实施分组教育两个月，以服务之精神技能为主，养成战地服务及社会服务各种干部；③医科四年级药科三年级生，实施集训两个月，授以军医教育；④高中及同等学校一二年级专科一二三年级女生，实施集训两个月，授以救护教育①。

从抗敌救亡的立场看，武装学生是当时抗敌救亡工作中的重要一环。因而，此次学生集训引起了社会各界的普遍关注。《云南日报》曾就学生集训问题专门发表社论。社论指出，学生军训实施数年，效果明显，但流弊也不少。针对有学生反对集训而在校生事，社论分析了其中的原因：一是"七七事变以前，在外交上，我们还不能积极地采取抗战的国策。因此，军训的目的，虽然是训练学生，准备抗战的需要，在事实上，却不能明显的说出，因而学校与学生，有时不免误解军训的作用"；二是"有些学校当局，既不能了解军训的作用，复将其当成照例行事的公文，训练方面只注重形式，而不注重实际的应用"。由于上述原因，"学生抗战行动的发展无形中使军事训练与抗敌救亡的目的形成两种对立的东西。"② 西南联大教授陈铨也认为军训存在两个缺点："第一个缺点就是没有一种紧张的情绪，学校始终还是学校，学生也并没有变成军人，教者同学者都没有十分感觉国家生命的危机，更没有迫切感觉到他们肩上伟大的责任。第二个缺点就是军事训练，并没有最重要的军事技术训练。例如军用电话军用无线电的运用，机关枪大炮的放射……他们毫无闻知。他们所受的军事训练，最终不过是穿制服、升

---

① 《周主任谈本年学生集训总数在五千名以上，军训委员会将改组为军训处，以后军训工作务求深入普遍》，《云南日报》1938年5月18日。
② 《社论：学生集训问题》，《云南日报》1938年5月27日。

第六章 战时云南中等学校之管理

旗、立正、开步走,这一种最基础的军事训练,拿来训练壮丁,可以使他们动作敏捷整齐,拿来训练中学生,根本就没有多大的用处"①,尚未达到使学生"运用新式的武器,明了军事的组织"的军训目的。为改变军训流于形式,与抗敌需要不符的弊端,社论认为,学生军训要以抗敌救亡需要为前提;军事训练的同时,"更应注重政治认识,使军事训练与政治训练打成一片";军事训练科目"应多注重实际的活动,如野外演习、实弹射击、露营、瞄准等"②。

1938年的集训处于国难危重之时,为使广大青年学生明了抗战意义,增加抗战动力,特召集昆华区以外各学校应受训学生,规模为历届之最,从9月1日开始,10月28日结束,历时近两月,计有西南联大、云南大学、云大附中、昆华中学、昆华农校、昆华体育师范、昆华师范、昆华工校、昆华艺术师范、昆华护士助产学校、私立求实中学、市立商业学校、市立中学、昆明师范、昆华女中、昆华女师、楚雄中学、蒙自中学、路南县立简师、禄丰县立简师、临安中学、蒙自初中附设简师、弥勒虹溪简师、易门县立简师、峨山县立简师、省立曲靖简师、禄劝县立简师、安宁县立简师、晋宁县立简师、蒙自师范、普洱中学、宣威师范、昭通中学、镇南师范、丽江中学、顺宁中学、大理中学、保山师范、开化师范、永平县立简师、思茅师范等四十三校③,5000余学生参加,省政府主席龙云兼任总队长,集训各校编为五个大队,第一、二两大队合计2000余人,为初训生,第三、四两大队合计1900余人,为复训生;第五大队900余人,尽系女生。大学及复训生,注重干部教育,初训生注重军事基本教育,女生注重救护教育④。

这次集训的效果如何?对比以往集训,有无改进?军训结束后,有记者随机采访了一些受训学生。一个男生接受采访时说:"我是复

---

① 陈铨:《中学生的军事训练》,《云南日报》1938年6月10日。
② 《社论:学生集训问题》,《云南日报》1938年5月27日。
③ 《本届集训学生五千余人,共编五大队,分队长明日开会,军需处组织就绪,内分四科人选已定》,《云南日报》1938年7月26日。
④ 《五千未来的战士,本省集训学生昨日举行毕业典礼,龙主席勖勉图存励进,时局难危应投笔从戎捍卫国家》,《云南日报》1938年10月28日。

训的,因之我觉得本届的训练方法较诸以往是进步多了,比如,不用体罚便是其中之一例","感觉不满的是:军事术科的教官们过于强调立正姿势的重要性,可是我们以为:前方将士以头颅和血肉换来给我们的这点空间与时间,我们应该特别宝贵他,应该适应着目前客观形势的需要而训练我们,仅仅偏重在稍息立正上,我们觉得大把时间浪费"。一个女生也发表了一大堆感想:比如,"纪律维持得不够","教官们的修养太差,有少数荒唐的学生,有的穿高跟鞋上操,有的在课堂上偷看无聊的小说,每天川流不息的有男子来相见","我没有入伍以前的生活是紧张的,可是入伍后我的感觉是,太松懈了,简直不像是来受'军训'!"① 从学生的感想来看,这次集训并未完全改进历届集训偏重形式的缺点,未达到集训学生以满足抗敌需要的目的,效果不甚理想。

初中及同等学力学校学生实行童军训练。1940 年省教育厅印发《初级中学童子军管理办法》,要求各校切实加强童军训练。1943 年 12 月 25 日,云南省童子军理事会筹备会在拓东运动场举行省童子军第四次大检阅②,童军理事会长兼任主任龙云任总检阅,各机关长官参加检阅者 60 余人,计受检阅单位共 16 个,男女童子军 2461 人③,分械兵式及分列式检阅,其成绩为:男童军甲等南菁中学、昆华中学、联大附中,乙等云瑞初中、建国中学、明德中学、南英中学、求实中学、日新初中,丙等玉案初中、粤秀中学;女童军甲等市立女中,乙等昆女师附中、昆华女中④。

不管怎么说,民族危亡之际,学生集训的出发点在于适应抗战需要,抵御外侮,集训学生不一定能够在短时间内让他们掌握军事技能和战斗方法,但至少从强健体魄、战争动员、精神训练上对中等学校学生

---

① 《未来的战士集训的学生们,今天在金沙江南岸流汗,明天到鸭绿江之滨流血!》,《云南日报》1938 年 10 月 28 日。
② 《省市童子军明日大检阅,请各长官莅场检阅》,《云南日报》1943 年 12 月 24 日。
③ 《拓东运动场上童子军大检阅,龙主任亲临检阅并致训》,《云南日报》1943 年 12 月 26 日。
④ 《童军检阅成绩公布,今日颁给奖品》,《云南日报》1944 年 1 月 1 日。

无疑是非常有意义的,正如龙云在第二届学生集训训示的那样,"学生究竟有无集训价值,关于这一点,自己认为一个集训以后的学生,实在比较没有受训以前好得多。虽然在接受军训当中,学业上稍受损失,但因军训以后,很可以补偿一切损失而有余,因为精神为一切事业成功之母。假使体格不强健,精神萎靡,什么事都谈不上,这是集训要义之一。以往一般学生都高唱救国高调,但救国应如何准备,由何处着手,最低限应具备何种条件,大家都不晓得,像这样去爱国,不但不能救,反而要误国……青年们决不能再有孟浪行为,以国家为孤注一掷,应该及早觉悟,养成一个精干强壮的身体,一致团结起来,步伐整齐,同向一个目标去,以达成真正爱国目的,这是集训要义之二"①。

---

① 《第二届学生集训,昨举行隆重开学礼》,《云南日报》1937年6月23日。

第七章　西南联大与云南中等教育

　　战时内迁云南高校的到来，给闭塞、蛮荒的云南带来了新鲜的空气。随着一大拨知识分子在"山国"坚守，他们在云南的经济、社会、文化、教育发展上起到了居功至伟的作用，而西南联大作为一所由三所名校组成的战时大学，居滇八年，着墨更多，发挥的影响更大。正如《公送国立西南联大北归复校序》中所称述的"联合大学之于滇，自师范学院、附属中学之设立，本省各级学校之协助，学术公开之演讲以及公私经画之匡襄，庶政百业之赞导，既至繁巨，不可以悉举"[①]。

　　若论教育，西南联大对云南中等教育的发展影响最为明显，首先，创设师范学院，为云南培养健全合格的中等教育师资。其次，与云南省教育厅合作办理中等学校在职教员暑期讲习讨论会、晋修班、理化实验班等师资训练活动。还有一些联大师生直接创办私立学校或兼职于私立学校，推动了战时私立学校的迅猛发展。

第一节　培植合格师资

　　正如上文所言，云南中等教育的"师荒"问题，其症结归根结底在于云南没有培养中等师资的"母机"。西南联大设立师范学院，虽说是国民政府教育部的命令，但在很大程度上讲，是适应地方需要，解决云

---

① 《公送国立西南联合大学北归复校序》，载西南联合大学北京校友会编《国立西南联合大学校史：一九三七年至一九四六年的北大、清华、南开》，北京大学出版社2006年版，第82页。

南师资培养"短板"的治本之策。

一 创设师范学院

1922年新学制规定:"依旧制设立的高等师范学校,应于相当时期内提高程度。……称为师范大学。"① 当年10月25日,教育部在训令中指出:"近年以来,国中普通教育程度不无欠缺,自非设法提高,无以应时势之需要;故造师资宜有专设之师范大学。"② 自此掀起了"高师改大"运动,六大高师学校改称大学。1923年4月沈阳高等师范学校改为东北大学;1923年7月北京高等师范学校改名为北京师范大学;1923年秋南京高等师范学校并入东南大学;1924年武昌高等师范学校改为武昌大学(后改为武汉大学);同年广东高等师范学校与广东法科大学等合并为广东大学(后改为中山大学);1927年成都高等师范学校改为成都师范大学,并于1931年与成都大学合并为四川大学。"高师改大"运动原意在提高高师的地位,缩小与普通大学的差距。但在实际操作中,存在盲目升格、合并,而取消高师的独立地位,其直接结果即"使全国独立的高等师范教育机构骤然减少"③,而间接导致中等学校师资恐慌。因师资"仰给于普通大学",而又缺乏教育专业训练。到20世纪30年代初,未经专业训练的教师大量充斥中等学校。《第一次中国教育年鉴》有关1930年的中等学校师资资格统计显示,在中等学校中担任教职者,24.83%毕业于普通大学,6.63%为留学外国者,20.74%毕业于专门学校,4.39%毕业于师范大学,11.42%为高等师范毕业者,31.99%为其他出身④,中等学校师资状况堪虞。

全国如此,云南亦不例外。云南两级师范优选科停办后,十年左右云南没有专事培养中等师资的学校。20世纪30年代初,云南成立云南

---

① 宋恩荣、章咸选编:《中华民国教育法规选编》,江苏教育出版社2005年版,第35页。
② 顾明远主编:《教育大辞典》2,上海教育出版社1990年版,第115页。
③ 刘捷、谢维和:《栅栏内外:中国高等师范教育百年省思》,北京师范大学出版社2002年版,第96页。
④ 国民政府教育部编:《第一次中国教育年鉴》,第90页。

师范学院，专门培养本省中等学校师资，校址在富春街原八属联合中学，该校开办史地、数理化、教育专修科。1934年，为统一本省高等教育，省教育厅将私立东陆大学、云南师范学院、云南法政专门学校合并，改组为省立云南大学。云南师范学院成为云大的教育学院，后改称教育系。周锡夔、李永清、杨楷、徐继祖等人曾在私立东陆大学、省立云南大学教育系担任教职。

抗战爆发前，全国独立设置的师范大学只有北平师范大学，战事发生后，北平师范大学与北平大学、北洋工学院迁往西安，合设西安临时大学，后改称西北联合大学（简称"西北联大"）。1938年7月教育部有感于"中等学校师资，全国尚无专门训练之所，健全师资，极感缺乏"①。为培养健全合格中等教育师资，1938年7月23日，教育部特颁布《师范学院规程》，其中特别提出，师范学院可单独设立，亦可设置于大学。为此，在全国有关地区增设师范学院。西南联大师范学院便是其中之一。

1938年4月长沙临时大学迁滇办学，改称西南联大。当年9月西南联大遵照教育部令增设师范学院，成为当时全国增设的6所师范学院之一。除西南联大外，中央大学、中山大学、浙江大学、西北联大同时增设，并在湖南蓝田单独设立国立师范学院见表7-1。

表7-1　　　　国立师范学院及国立各大学师范学院之设置②

学校名称	地址	备注
国立师范学院	湖南蓝田	独立设置
国立中央大学师范学院	重庆沙坪坝	由国立中央大学教育学院改设
国立西北联大师范学院	陕西南郑	由西北联大教育学院改设
国立西南联大师范学院	云南昆明	由西南联大教育系与云南大学教育系合设

① 《国立西南联大师范学院创立的经过》，《云南档案史料》1989年第4期。
② 中国第二历史档案馆编：《中华民国史档案资料汇编》第五辑第二编教育（一），第739—740页。

第七章　西南联大与云南中等教育

续表

学校名称	地址	备注
国立浙江大学师范学院	广西宜山	由浙江大学教育系改设
国立中山大学师范学院	云南澄江	由中山大学教育系及教育研究所改设

西南联大按照专业相同或相近的学系合并的原则，将北大教育学系、哲学系与清华哲学心理学系及南开哲学教育系合并成哲学心理教育学系，隶属文学院。师范学院成立后，哲学心理教育学系的哲学心理学系划归文学院，而教育学则独立建系，划归师范学院。为充实教育学系力量，又将云南大学教育学系并入。至此，西南联大师范学院共设国文系、英语系、史地系、数学系、理化系、教育学系和公民训育系7个学系。

师范学院成立之初，即充分利用西南联大原有之人才，从文、理、法商各学院教师中，"选其富有教学经验者，于其本职之外"加聘为师院教师。除教育学系和公民训育系外，其他系系主任由文、理学院相关系主任兼任，国文、英语、史地、数学、理化等系教师多由联大其他院系教师兼任，文学院中国文学系朱自清、罗常培、罗庸、浦江清、杨振声，外国语文学系叶公超、柳无忌、陈福田，历史学系刘崇鋐、钱穆、雷海宗、蔡维藩；理学院地质地理气象学系张印堂、洪绂、钟道铭，算学系蒋泽涵、杨武之、赵访熊，化学系杨石先、郑华炽等曾在师院兼任教职。彭仲铎、沈从文、萧涤非、张清常、凌达扬等人为师院专任教授。

教育学系师资也并不逊色，曾在教育学系就职的黄钰生、邱椿、樊际昌、罗廷光、查良钊、陈友松、孟宪承、沈履、陈雪屏、胡毅、汪懋祖、徐继祖、曾作忠13名教授，均为负笈海外的饱学之士，黄钰生、查良钊先后执掌师院"帅印"，查良钊、陈友松、胡毅、曾作忠等人具有博士学位，他们既有传统文化的根底，也受过西方教育的洗礼。另外，这些人还是教育学一些领域的开拓者和权威。如邱椿是研究教育史的权威，其著作《西洋教育思想史》《中国教育行政制度之研究》是教育史领域的知名作品。

　　黄钰生原希望将师院办成"牛津大学式的书院或是古代书院式的书院"①，以区别于联大的其他学院，但师院学生多数课程和文、理两院学生合班上课，所不同的是，因师范学院培养的是未来师资，在课程的要求与其他学院有所差别，"例如同为国文，文学院国文系之主旨，在培植国学之研究者，国文之创作者"，而师范学院"则须注重工具之运用，与国文之教学"②。师院学制为五年，前四年主要为理论学习，最后一年为实习。师院规定，在校生必须修满170学分，考核合格方能毕业。

二　培养滇籍学生

　　1940年，《国立西南联合大学师范学院报告书》开宗明义指出"本院仰体政府之意旨，根据部颁之规程与历次之命令，秉承西南联大常务委员会之指示，斟酌国家与地方之需要"③。换言之，开设师范学院既是国家政策推行使然，也是国家、地方师范教育的实际需要。

　　按《师范学院规程》规定，师范学院以"养成中等学校之健全师资为目的"④，正如师范学院成立后，就本着"与所在省市之教育行政机关及各级学校，竭力联络。从感情之融洽，与事实之认识入手，以寻求实际合作之方式与服务之机会，以收学理与事实交相裨益之效"，其目标定位主要着眼于为云南地方教育服务。教育学系尤其如此，主要以培养云南地方教育行政管理人员为主要任务，兼及教育研究人才和合格中学师资。

　　师范学院刚成立时，学生来源比较复杂，有北大教育学系、南开哲

---

①　黄钰生：《回忆联大师范学院及其附校》，载西南联合大学北京校友会编《筚吹弦诵情弥切——国立西南联合大学五十周年纪念文集》，中国文史出版社1988年版，第318页。

②　北京大学、清华大学、南开大学、云南师范大学编：《国立西南联合大学史料》总览卷，云南教育出版社1998年版，第142页。

③　北京大学、清华大学、南开大学、云南师范大学编：《国立西南联合大学史料》总览卷，第139页。

④　教育部编：《教育法令汇编》第四辑，正中书局1939年版，第45页。

第七章 西南联大与云南中等教育

学心理教育系、云南大学教育系的老生，还有经考试录取的新生，各省免试入学肄业的学生。学生籍贯遍及全国，多数为外省学生。1939年，师院滇籍学生仅23人。1940年，联大师院面向全国招生，并接收云南省教育厅招考的保送生。师院统一招考录取的滇籍生较少，从《国立西南联合大学史料·学生卷》的有关记载看，师范学院录取的云南籍新生中，1940年5人，1941年1人，1943年3人，1944年2人。云南籍学生进入师院主要是通过教育厅保送或就读初级部（专修科），如1940年省教育厅保送17人，1942年初级部录取34人，1943年初级部录取46人，其中滇籍生34人；1944年专修科84人，滇籍生69人；1945年专修科一年级新生及插班生33人，其中18人为滇籍生①。

1941年师范学院主办三年制师范专修科，主要面向滇籍学生，分文史地、数理化两组，共招收5次，毕业3届62人，滇籍学生逐步增加，并且成为云南中等教育的生力军。根据1941年联大师院专修科的招生简章，专修科招收年龄在30岁以下之滇籍生，招收对象为三类考生：一是师范学校或高级中学师范科毕业生，且服务满三年者；二是师范学校或高级中学师范科毕业生，服务满一年，成绩优良，志愿升入师范学院，经主管教育行政机关核准者；三是高级中学及其同等学校毕业者（旧制四年中学毕业，曾任小学教员五年，或旧制五年师范毕业，曾任小学教员四年者）②。1941年计划招收100名，文史地、数理化各50名。教育厅和师院非常重视专修科的招考工作，专门成立考选委员会，龚自知担任主任委员，师院院长黄钰生为副主任委员，查良钊、陈雪屏、田伯苍、余冠英、杨善华、杨石先、李永清、张嘉栋等师范学院教授、教育厅职员为委员③。是年10月15日、16两日举行考试，共取录

---

① 根据《西南联大历年各类本专科新生名录》整理，载北京大学、清华大学、南开大学、云南师范大学编《国立西南联合大学史料》学生卷，云南教育出版社1998年版，第182—394、441—442页。

② 《考送师范专修科学生，教厅公布招生简章，修学二年待遇与师院学生相同，投考者必须曾经服务小学教育》，《云南日报》1941年9月10日。

③ 《学校动态（师范专修科）》，《云南日报》1941年10月12日。

正式生56人、试读生4人①（见表7－2）。

表7－2　　　　师范学院历年在校学生人数统计②　　　　（单位：人）

年度	系别								总计
	国文	英语	史地	数学	理化	教育	公民训育	师范专修科	
1938						20			20
1939	17	33	29	9	17	34	27		166
1940	16	26	30	4	8	159	22		265
1941	22	13	48	3	31	142	15		274
1942	21	13	30	9	13	104	15	68	273
1943	14	7	18	4	3	81	8	89	224
1944	10	3	9	1	4	41		124	192
1945						39		111	150
总计	100	95	164	30	76	620	87	392	1564

资料来源：根据《西南联大历年各类本专科新生名录》整理，见《国立西南联合大学史料》学生卷，第182—394、441—442页。

八年间，先后在联大师院就读过的学生有1500余人，后期滇籍学生逐渐增多。1941年之前，师院在校生为224人左右，滇籍学生约占1/10，1941年至1946年，师院在校生约354人，滇籍学生有157人，占44%③。师院滇籍学生除昆明市外，有来自63个县和设治局，地处边疆的澜沧、维西、缅宁等地均有学生入师院学习。至联大后期，师院7个系2个科均有滇籍学生。这些学生毕业后均投身云南教育界，成为云南教育事业的骨干，大大改善了云南教育的面貌。据统计，新中国成立后师院毕业生先后任省教育厅科长的有5人，任市县教育局长的有12

---

① 《师范专修科新生已揭榜》，《云南日报》1941年10月19日。
② 北京大学、清华大学、南开大学、云南师范大学编：《国立西南联合大学史料》学生卷，第4页。
③ 云南师范大学校史编写组：《云南师范大学校史稿（1938—1949）》，1988年，第110页。

人，任省立中学及师范学校校长的有 23 人，任县立中学校长的有 16 人，任私立中学校长、主任的有 17 人①。而在中学担任教职者，人数更多，难以统计。一言概之，师范学院滇籍学生是云南省教育文化事业的骨干力量，为云南省的教育文化事业发展做出了积极贡献。

第二节　训练在职教员

中等学校师资关乎中等学校程度，中等学校师资"悉出于大学及专科至多"，而这些毕业生缺乏相应的教学方法训练，故 1937 年教育部颁布《大学训练中等学校师资暂行办法》，通令各大学教育系或教育学院承担训练中等学校教员教学能力之责。1938 年 7 月《师范学院规程》颁布，规定"师范学院应协助所属区内教育行政机关研究辅导该区内之中等教育"②。西南联大师范学院设立后，就承担起了云南中等教员进修的重任。

一　协办暑讲会

中等学校各科教员暑期讲习讨论会（简称"暑讲会"）是教育部训练在职教员，提升其能力的一种重要措施。西南联大迁滇后，因为有阵容庞大的讲师团队，有师范学院强力的教务总务保障，计划有方，组织有力，实施有效，确实发挥了作用。

西南联大迁滇前，云南省曾举办过一次暑讲会。1937 年云南省的暑讲会由云南大学具体负责。据云南区 1937 年暑期中学及师范学校教员讲习班主任周锡夔的报告，该班于 7 月 7 日开学，15 日正式上课，聘定教授 12 人，分组讨论，指导员 8 人，职员 8 人。"讲习各学员，因本省所属县立初中、简师教员，以人才困难，多不能遵章延聘，经本厅核准变通资格，准以现任教员入班讲习。"共 58 人入班讲习，其中生物组 15 人，英语组 8 人，数学组 23 人，理化组 12 人。此次讲习为时月余，

---

① 云南师范大学校史编写组：《云南师范大学校史稿（1938—1949）》，第 111 页。
② 教育部编：《教育法令汇编》第四辑，第 45 页。

8月14日即举行休业式①（见表7-3）。

表7-3　　云南1937年暑期中学暨师范学校教员讲习班教授担任科目及资历

姓名	职别	资历	担任科目
王玮	教授	香港大学土木工程科毕业、云南大学土木工程系主任	数学教学教材的研究
李永清	教授	国立北平师范大学毕业、云南大学教授、教育厅秘书	最近教育思潮
李乾元	教授	日本东京帝国大学经济学士、云南大学教授	合作概论
李国清	教授	香港大学文学学士、云南大学教授	英语数学教材的研究
周锡夒	教授	日本东京帝国大学教育学科毕业、文学士，历任教育厅科长秘书、昆华中学校长、云南大学教授	精神能力检查的研究、新教学方法的研究
夏耀男	教授	北平师范大学毕业、省立昆华中学教务主任	生物教学的实验教程（附实习）
杨家凤	教授	武昌高等师范学堂毕业、美国密苏里州立大学毕业	中学普通教学法
赵演	教授	国立北平师范大学毕业、国立编译馆译员	学科心理
刘晖瑜	教授	天津南开大学毕业、云南大学教授	数学教学法的研究
刘宝煊	教授	日本东京高等师范毕业、省立昆华中学专任教员	理化教学法的研究
聂长庆	教授	上海沪江大学理科学士、云南大学科学馆主任兼教授	理化数学教材的研究及实验教程
顾品端	教授	北平师范大学毕业、云南省教育厅第三科科长	电化教育概论
丁明善	指导员	香港大学学生	英语组
包崇仁	指导员	上海中国公学大学部毕业、历任省立中学英文、数学教员，云南大学编辑、出版、庶务主任	英语组

---

① 《中教教员暑讲班昨日举行休业式》，《云南日报》1937年8月15日。

续表

姓名	职别	资历	担任科目
李嘉谟	指导员	日本东京工业大学毕业、省立高工教务主任	理化组
李兴华	指导员	武昌师大数学系毕业、昆中数学专任教员	数学组
李运枢	指导员	日本东京高等师范毕业、省立昆中高中主任	数学组
徐继贤	指导员	云南优级师范选科博物类毕业、昆中生物专任教员	生物组
张笏	指导员	云南优级师范选科博物类毕业，历任昆华男女师范、工业学校生物教员	生物组
刘桂盛	指导员	成都师范大学毕业、昆中数学教员	数学组

资料来源：《云南区二十六年暑期中学暨师范学校教员讲习班教授担任科目及资历表》，《云南教育公报》1937年第6—7期。

从表7-3可以看出，12名讲习教授中，云大教授8名，昆华中学2名，而8名指导员几乎都出自省会中学、师范学校。此次讲习的规模并不大，社会反响不见记述。而西南联大的到来，直接提升了暑讲会的规模和层次。战时，西南联大协办的暑讲会共3次，效果显著。

（一）1938年暑讲会

1938年教育部为提高学术研究，促进中学教师进修起见，责令广西、云南、贵州、四川、川东各县、陕西、甘肃各省开办中等学校各科教员讲习讨论会，各省奉令后，分别在桂林、昆明、贵阳、成都、重庆、南郑6地就中学师范及职业学校各科举办暑讲会。具体到云南省，暑讲会由省教育厅厅长龚自知亲任主任委员，西南联大三常委蒋梦麟、张伯苓、梅贻琦及云南大学校长熊庆来担任委员。云南省选定省立昆华高级农业职业学校①为会址，规定8月3日报到，7日行开会礼，8日开讲，31日讲习毕，9月1日、2日两日考试，3日整理，4日行闭会式

---

① 长沙临大迁滇改称西南联大后，校舍没有着落，云南省教育厅将省立昆华师范、昆华农校、昆华工校校舍一部分租借西南联大使用，其中昆华农校一部分主要作为理学院教师、实验室及学院各行政部门办公室，便于设备使用及行政协调和班务管理。

并发给证书①。这次暑讲会因专家学者汇聚昆明，人才济济，办理规模极为宏大。

按照部颁办法第二条，要求各校选派教员参加讲习讨论。暑讲会筹备时计划分国文科、英语科、史地科、自然科（数理化）和教育科五科，指令省会及省会附近交通便利学校69所参加，分别是：省立昆华中学、省立昆华女中、省立楚雄中学、省立临安中学、省立大理中学、省立曲靖中学、省立云南大学附属中学、省立云瑞初中、省立富春初中、省立石屏初中、省立蒙自初中、省立武定初中、省立宜良初中、省立泸西初中、昆明市立中学、昆明市立女中、昆明县立玉案初中、昆明县立清波初中、昆明县立日新初中、新平县立初中、华宁县立初中、大理县立初中、宣威县立初中、宜良县立初中、路南县立初中、玉溪县立初中、通海县立初中、曲溪县立初中、嵩明县立初中、澄江县立初中、开远县立初中、广通县立初中、禄丰县立初中、镇南县立初中、呈贡县立初中、安宁县立初中、安宁县立景秀初中、私立求实中学、私立南菁学校、江华私立铸民初中、省立昆华师校、省立昆华女子师校、省立昆华体育师校、省立昆华艺术师校、省立镇南师校、省立大理师校、省立宣威乡村师校、省立昆华简易乡村师校、省立玉溪简易乡村师校、昆明县立乡村师校、晋宁县立简易师校、昆阳县立简易师校、河西县立简易师校、宜良县立女子简易师校、峨山县立简易师校、禄劝县立简易师校、寻甸县立简易师校、易门县立简易师校、省立昆华高级工校、省立昆华高级农校、省立昆华护士助产职校、省立庆云初级工校、省立鼎新初级商校、省立官渡初级农校、省立玉溪初级农校、省立开远初级农校、省立小龙洞初级制陶职校、昆明市立商业职校、私立惠滇医院高级护士职校。原计划征调国文科128人、英语科79人、史地科106人、自然科138人、教育科26人，共475人②入班讲习。但因时间仓促、交

---

① 《教厅开办中学教员讲习讨论会，蒋梦麟等为委员龚厅长任主委并延聘名流指导促进教师进修，奉派学员统限八月三日起报到》，《云南日报》1938年7月30日。

② 云南省教育厅编：《二十七年暑期云南省中等学校各科教员讲习讨论会简报》，1938年。

第七章　西南联大与云南中等教育

通梗阻，最后上述69所学校共派出155人（内女性28人）参加，实际上共分为四组：语文组分国文科45人，英语科18人；社会科学组史地公民科27人；自然科学组算学科26人，理化科15人，生物科11人；教育组教育科13人。①

课程方面，计分精神讲话、学术演讲、教育问题讨论、专科讨论或演讲、体育活动等项。全体会员均须参加精神讲话、学术演讲、教育问题讨论，分组专科讨论或演讲，其他科别学员可自由参加。讲习内容方面，教学方法及教材之研究约占40%，实验及设备研究约占20%，各该科之最新发展情形约占20%，特教内容之各科配合研究约占10%，特教各科之实施问题研究约占10%。从课程安排看，暑讲会非常重视平常教育教学的方法和实践。

讲习导师方面，根据课程安排，计有甲项精神讲话导师蒋梦麟、梅贻琦、李书华、傅斯年、熊庆来、龚自知、徐继祖、李澍、毕近斗9人，蒋、梅、傅3人为西南联大教授；乙项体育训练导师马约翰、涂文、侯洛荀、夏翔4人，除涂文外，其余3人来自西南联大体育组；丙项学术演讲导师15人中，潘光旦、袁同礼、冯友兰、萧蘧、李景汉、吴有训、杨振声、陈序经、秦瓒9人为西南联大教授；丁项教育问题讨论导师8人中，邱椿、沈履、罗廷光、黄钰生4人为联大教授②；戊项各科教材教法讨论导师，西南联大共派出36名教师参加讲习，约占此项总数51名的71%（见表7-4）。

表7-4　西南联大与其他学校参加各科教材教法讨论导师对比

组别	科别	学校	
		西南联大	其他
语文组	国文科	罗常培、朱自清、魏建功、闻一多	汪懋祖、闻在宥、罗志英
	英文科	陈福田、叶公超、吴宓、赵诏熊	

---

① 《暑讲会给予我们的印象》，《云南日报》1938年9月5日。
② 《全省中学师范教员暑讲会行开会式，龚主委以次各委员均出席，报到会员一百五六十人》，《云南日报》1938年8月8日。《二十七年暑期云南省中等学校各科教员讲习讨论会简报》登载的学术讲演导师及其讲题略有不同。

续表

组别	科别	学校	
		西南联大	其他
社会科学组	历史科	刘崇鋐、雷海宗、钱穆、王信忠	李永清
	地理科	张印堂、刘汉	杨楷
	教育科	邱椿、戴修瓒、秦瓒、张佛泉	倪中方、周锡夒、杨家凤、何逖江
自然科学组	数学科	江泽涵、杨武之、华罗庚、赵访熊、刘晋年、陈省身、赵淞	申又振、何鲁
	物理科	郑华炽、吴大猷、赵忠尧、周培源、霍秉权	
	化学科	曾昭抡、杨石先、黄子卿	赵雁来、杨春洲
	生物科	张景钺、彭光钦、赵以炳	严楚江、李君范

资料来源：闻黎明：《西南联大与云南中等学校师资培养》，《中国国家博物馆馆刊》2012年第10期。

据表7-4，此次讲习的英文科、物理科导师均为联大教师，其余各科主要由联大教师担任。西南联大派出的36名讲习导师，除赵淞为副教授、刘汉为助教外，其余均为各学科声名卓著的教授。这次暑讲会汇集如此众多的名家大师，云南中等教育界此前是不敢想象的。

据简报记载，这次暑讲会的学术演讲共有20次，其中联大教授共开出11讲，计有萧蘧的《我国现行之外汇政策》、孙云铸的《地球与生物之演化》、秦瓒的《中国法币的理论与实施》、吴有训的《中国科学的进步》、曾作忠的《现代欧美中等教育发达的动机、原因及趋势》和《中学生心理卫生问题》、李景汉的《国势清查问题》、伍启元的《圣西门论生产体系社会之组织》、冯友兰的《道德问题》、毛准的《科学史在中等教育之地位》、戴修瓒的《我国司法的改革》等。

教育问题讨论共举行16次，主要集中讨论的问题有：导师制实施问题；中学教师进修及促进服务问题；中学生心理卫生问题；中学生训练问题；练习与考试问题等。

而本次讲习的重要内容之一——各科教材教法之讨论，共开展四周，达82次，大半均侧重于现阶段各科教学的目的、材料、方法的研究与讨论，以及课外读物中抗战时期教员的特殊任务等，内容更为密集，更有针对性。因为联大教师参与人数较多，讲座亦多，计各科联大教授有：国文科罗庸、罗常培，算学科华罗庚、赵访熊、刘晋年、杨武之，化学科曾昭抡、黄子卿、杨石先，物理科孟昭英、吴大猷、霍秉权、郑华炽，生物科彭光钦、赵以炳，英语科陈福田、柳无忌，教育科倪中方，历史科雷海宗、刘崇鋐等。

云南地处边陲，交通阻塞，战前鲜有与专家学者接触之机会。抗战爆发后，沿海都市陷落，各地博学多能之士，来滇服务者络绎不绝，文化机关亦相继迁来。1938年暑讲会筹备之初社会各界寄予厚望，视之为教育动员中之重要一环。省内外学术先进、教育专家担任导师或作学术演讲精神讲话，云南社会各界希望学员们要"自发地提出切身问题，陈述实际经验"，促进教育改革。同时也要充分利用此不可多得之机会，努力进修，"勿以被派参加为不幸，更勿以'受训'为耻辱"①。事实上，这次暑讲会因为专家云集、组织有方、保障得力，效果不错。据当时报社记者观察，学员们大多不孚所望，把握与专家学者近距离学习的难得机会，聆听伟论，增进知识。至于专科讨论，学员均能无拘束地将平日经验与心得及意见尽量陈述，而由主席逐一予以精详的解答，会场内学术空气浓厚，会场外分组自由讨论风气很盛，在联大图书馆里常常可以看见学员在找寻参考资料，或埋头精心研究，也可以听见他们在理论问题的声音②。由此可见，学员们学习积极，力争学有所获。

（二）1939年暑讲会

1939年教育部为促使中等学校教员利用暑假期间进修起见，要求川滇黔陕甘五省举办该年暑期中等学校各科教员讲习讨论会，下发办法，委任该省教育厅厅长为主任委员，省境内公私立大学校长、独立学院院长为委员，分公民国文、史地、数理化三组，采取学科演讲、精神讲话、体育活动、教育问题讨论及分科教材教法讨论等形式，会期自7

---

① 《社论：所望于中等教育暑期讲习会者》，《云南日报》1938年7月15日。
② 《暑讲会给予我们的印象》，《云南日报》1938年9月5日。

月15日至9月1日①。云南省教育厅奉令后，遂召开筹备会，决议调集省会附近公私立中等学校教师受训，每校至少3人，训练地点仍设于昆华农校，并根据本省实际，增设科目为国文公民、史地、数理化、英文四组②。7月3日教育厅召开联席会，决定会期为六周，较上年增加两周，精神讲话每周一次，学术演讲每周三次，时事讲话每周二次，教育问题分组讨论每周三次，分组演讲每周三次，分组分科演讲每周六次，体育每周四次，个别讨论每周二次，早操每周六次。同时，推选分组讨论召集教授，当即推定西南联大文学院中文系教授朱自清为国文公民组召集人，理学院教授张印堂为史地组召集人，理学院算学系教授江泽涵、化学系教授黄子卿为数理化组召集人，文学院外文系教授叶公超为英文组召集人③。

此次暑讲会于7月17日开始，教育厅厅长龚自知出席精神训话，讲"教师专业化与云南中等教育"④，因到会会员前后不一，且会务筹备繁复，直到7月29日方举行开会仪式。据龚自知报告，此次暑讲会有讲师98人，学员154人，参加学员占全省中学教员总数2/7⑤。龚自知报告后，省政府代表宣读龙云训词。龙的训词说："本省近十年来，各级教育均有良好之发展，中等学校较之以往，尤见增加，数量极甚可观，而质量则尚待改进，提高师资，顾为目前最切要之图，故此次集会，意义至为重大。各位讲师、会员学习必有丰富之补充，且以此提出实际问题，用学理参验共谋改进，于中等教育之前进，裨益亦当不少。"⑥ 8月30日暑讲会闭会，龚自知在闭会式上报告了省教育经费概

---

① 《教育部举办川滇等五省中等学校各科教员暑期讲习讨论会》，《教育通讯》1939年第27期。
② 《教厅举办二十八年中学教师暑讲讨论会，科目分国文史地理化英文四组，聘专家讲学，内设教务事务二部》，《云南日报》1939年6月21日。
③ 《教厅举办中等教师暑讲会昨开联席会，各组讲师已聘定，报到学校三十八校九十九人，定十五日开学》，《云南日报》1939年7月4日。
④ 《暑讲会昨开讲，龚厅长出席精神训话，讲教师专业化与云南中等教育，到会员一百余人情况至为热烈》，《云南日报》1939年7月18日。
⑤ 《中等教师暑讲会昨午举行开会仪式，龙主席训勉会员严格接受训练，龚厅长陈委员均希望努力迈进》，《云南日报》1939年7月30日。
⑥ 《中等教师暑讲会举行开会仪式》，《云南教育通讯》1939年第3期。

况，表扬优良教师及尽力提高教师科学程度等计划①。最后，他希望学员要专业乐业。

(三) 1942 年暑讲会

1942 年云南省教育厅奉教育部令，举办 1942 年暑期中等学校各科教员讲习讨论会。奉令后，教育厅与联大师范学院积极商洽，聘定的讲师及职员绝大多数为西南联大师范学院教授。暑讲会主任仍为龚自知，副主任为联大师院院长黄钰生，总干事为倪中方，教务组长为张清常，生活组长为马约翰，事务组长为张嘉栋，教育组名誉主任胡毅、数理组名誉主任许浈阳、文史组名誉主任孙毓棠，教育组名誉顾问陈雪屏，数理化组名誉顾问杨武之、杨石先，文史地组名誉顾问罗莘田、雷海宗②。这份名单中，除事务组长张嘉栋为教育厅中等教育科科长外，其余人员均为西南联大教授，由此可以看出，西南联大对此次暑讲会的支持仍是不遗余力。

这次暑讲会共分教育组、数理组、文史地组三组，会址及学员宿舍均设联大师范学院附校③。由于交通阻隔，学员难以按规定时间报到，暑讲会多次调整开课时间，最后定于 7 月 27 日④正式上课，会期四周，于 8 月 23 日⑤行闭会式，指派参加各中等学校教员 154 人入会讲习。

讲习讲师方面，西南联大派出的师资阵容也比较豪华。

据表 7-5 可知，数理化和文史地两组讲师均出自西南联大，而教育组讲师大多数亦为联大教授。表中所列讲师共 40 名，西南联大有 36 名，占到 90%。诸如潘光旦、闻一多、朱自清、陈省身、华罗庚、吴有训等教授均为各学科领域的知名专家学者。

---

① 《中学教师及市小教员两暑讲会昨日闭会，龚厅长在中教暑讲会致闭会词，望教师们要学而不厌诲人不倦》，《云南日报》1939 年 8 月 31 日。
② 《教厅奉令举办中学教员暑讲会，各组职员业经聘定，龚厅长兼主任》，《云南日报》1942 年 5 月 31 日。
③ 《中学教员暑讲会本月廿二日起开始》，《云南日报》1942 年 7 月 5 日。
④ 《中学教员暑讲会今日开学》，《云南日报》1942 年 7 月 27 日。
⑤ 《中学教员暑讲会昨日闭会，讲习四周收获无算，龚厅长亲临训话》，《云南日报》1942 年 8 月 24 日。

表7-5　　　　　1942年暑讲会西南联大派出讲师名单

组别	学校	
	西南联大	其他
教育组	黄钰生　查良钊　樊际昌　陈雪屏　徐继祖　胡　毅 倪中方　严文郁　潘光旦　马约翰	朱鸿遴　张嘉栋 孙起孟　李永清
数理化组	杨武之　赵访熊　陈省身　华罗庚　杨石先　谢明山 许浈阳　吴有训	
文史地组	闻一多　张清常　罗　庸　唐　兰　彭钟铎　朱自清 杨振声　沈从文　余冠英　萧涤非　王　力　罗常培 雷海宗　孙毓棠　郑天挺　吴　晗　邵循正　张印堂	

资料来源：《中学教员暑讲会下月一日开课》，《云南日报》1942年7月26日。

暑讲会对于省教育厅、入会讲习学员而言，效果明显，但也有缺点，那就是暑讲会"不是永久性的学校，而是临时设备的一个讨论会"①，这也为开办晋修班埋下伏笔。

二　主办晋修班

为"促进云南省中等教育之效率，便利在职教员之进修"，同时"使师范学院所授之学科，与经验互相观摩，得以切合实际"②，云南省教育厅奉部令，1939年10月与西南联大师范学院合作，举办第一期云南省中等学校在职教员晋修班。1940年9月教育部训令联大师院附设高初中教员晋修班，晋修班由联大自主办理，后因师院校舍在敌机空袭昆明时被炸毁，晋修班一度停办，直到1944年才开办第二期。

1939年10月省教育厅与西南联大师范学院经洽商议定，晋修班学员的调度和待遇，由省教育厅办理，教务由联大师范学院办理。教育厅厅长龚自知与联大常委会联名聘请若干名委员组成组织委员会，主持进修班各项事宜，西南联大推定蒋梦麟、黄钰生、查良钊、杨石先等人③

---

① 南湖：《两暑讲会参观记》，《云南教育通讯》1939年第8、9期合刊。
② 《促进中等教育效率教厅筹办教员进修班，原则草案已拟定下月即开班讲授，联大师院负责教务教厅担任调度》，《云南日报》1939年9月4日。
③ 北京大学、清华大学、南开大学、云南师范大学编：《国立西南联合大学史料》会议记录卷，云南教育出版社1998年版，第109页。

第七章　西南联大与云南中等教育

为晋修班组织委员会委员。晋修班指调的学员有两类：一是云南省立中等学校担任国文、史地、算学、理化等科的专任教员中，在职满两年以上志愿入班晋修者，或由教厅指定入班进修者；二是云南省县市立及私立中等学校中，担任国文、史地、算学、理化等科的代用教员，其在职两年以上且资格不符合检定标准者，或在职两年以上且任用资格不合于指定标准者。上述两类教员各占晋修班总额的一半，但倾向于前项人员入班。晋修班以一学年为期，设国文、史地、理化、算学四科。晋修班的课程全由联大教授担任，各种设备由联大供给，与联大学生无异。诸如中学用之仪器图书及教具等特殊设备，则由省教育厅拨国币25000元，交由联大支配①。

1939年的晋修班，同暑讲会一样，西南联大予以晋修班大力支持，派出了一批声誉卓著的教授担任讲师（见表7-6）。

表7-6　　　　　　　　　**晋修班课程**②

科别	课程名	学分/（分）	课程讲师
国文科	文字学概要	4	陈梦家
	中国文学史	6	浦江清
	历代文选	4	许维遹
	历代诗选	4	罗庸
	现代中国文学	4	杨振声
	中学国文教材教法研究	2	朱自清
	中国教育问题		蒋梦麟

---

① 《云南省教育厅与国立西南联合大学合办云南省中等学校在职教员晋修班办法》，载北京大学、清华大学、南开大学、云南师范大学编《国立西南联合大学史料》总览卷，第152—154页。

② 关于晋修班课程，《国立西南联合大学师范学院报告书》和《云南日报》报载略有出入，"报告书"中各科均有"选课"一项。另，报载理化组有高级物理、理化示教实验即中学理化教材教法研究，而"报告书"则为物理学发达史、物理教材教法讨论、物理工作室实习。详见北京大学、清华大学、南开大学、云南师范大学编《国立西南联合大学史料》总览卷，第146—147页。

续表

科别	课程名	学分/（分）	课程讲师
史地科	中国通史	6	雷海宗
	西洋通史	6	蔡维藩
	普通地理学	6	洪绂
	中国地理	6	周廷儒
	欧洲地理	4	洪绂
	中学史地教材法研究	4	雷海宗、蔡维藩主持
	中国教育问题		蒋梦麟
理化科	普通物理（讲演及实验）	8	郑华炽
	普通化学（讲演及实验）	8	杨石先
	高级物理		许浈阳
	高级化学	4	杨石先
	理化示教实验即中学理化教材教法研究	2	许浈阳
	中国教育问题		蒋梦麟
算学科	平面及立体解析几何	6	张希陆
	代数通论（上学期）	4	刘薰宇
	几何通论（下学期）	4	刘薰宇
	整数论（上学期）	3	华罗庚
	三角及圆（下学期）	3	郑之藩
	中国算术教材教法研究	4	数学系教授主讲
	中国教育问题		蒋梦麟

资料来源：《中等教师晋修班学科教授均已决定，共分文史数理四科，聘名教授担任主讲》，《云南日报》1939年11月13日。

由表7-6可知，此次晋修班西南联大共派出18位教授，同时大多数教授仍在各学院开设同种课程①。换言之，这些教授在西南联大各学院讲授的课程与晋修班无异，学员们享受到联大学生同等待遇。此外，

---

① 《国立西南联合大学各院系必修选修学程表》，载北京大学、清华大学、南开大学、云南师范大学编《国立西南联合大学史料》教学科研卷，云南教育出版社1998年版，第173—204页。

第七章　西南联大与云南中等教育

参加晋修的学员共计61人①。因交通不便,省城以外的一些学员不能如期报到,晋修班开课时间由原定的11月15日延迟至22日②。

1940年6月8日晋修班圆满结束,并于当日举行结业式。西南联大黄钰生、查良钊两位教授到场,先由查良钊带领来宾参观史地教法的讨论、史地工作室、物理工作室等。参观毕,旋举行茶话会,会上龚自知和黄钰生作为晋修班组织委员会正副主任分别发言。龚自知致辞时谈起开办晋修班的缘起,他先回顾了云南中等教育的历史状况,大意为,云南中等教育已有几十年的历史,1928年前后,全省在校学生不过2000人、50班,现在今非昔比,数量已较过去增加七八倍,学制亦有所增加。尽管数量增加了,但质量仍然落后,究其原因在于师资缺乏。过去的师资来源主要是外出求学归来的一部分专科学生,还有一部分是本省学校培养的,但远远不够。谈到抗战爆发后迁昆文化机关对云南教育不遗余力的帮助时,龚自知说:"尤其感谢联大师范学院,在去年暑假间,帮助我们开办了暑期讲讨会,可是因为时间太短,不能够充分的晋修,因此我们感到有合办晋修班的必要","经与黄院长查主任几度商量,多承师范学院的帮助,才使晋修班成为事实"。他认为,开办晋修班"比较暑期讲习会,要切实得多,可以说是治本的办法"③。最后,他对师院给予的帮助和合作精神,表示感谢。

黄钰生代表西南联大师范学院致辞,他说:"西南联大搬到云南来就好像一家人的房子被人烧了以后,搬到亲戚家里暂住是一样的道理。在亲戚家里住,总要想替主人做点事情,心理才过得去。联大搬到云南,总要替地方做点事情,心理才过得去,也才对得起地方。从学校的观点来说,就是这样,这次教厅的担负相当大,但是有一部分图书馆仪器还没有设备好,不能使同学们充分的应用,这是我们觉得抱歉的一

---

① 北京大学、清华大学、南开大学、云南师范大学编:《国立西南联合大学史料》总览卷,第150页。
② 《晋修班改廿二日开学,截至昨日已有卅余人报到》,《云南日报》1939年11月14日。
③ 《教员晋修班圆满结束,昨日举行茶话会,龚厅长亲临致辞谓今后教学改进定有一番新气象,学优而教教优而学》,《云南日报》1940年6月9日。

点。在晋修期间,各位学员很用功,比教学时候还忙,同时,一点也没有老师的架子,大家以学生自居,虚心学习,我以为这是一种朝气,的确使我们钦佩。至于各位教授,也很热心,能够针对学员们的需要,耐心地去共同研究。"他表示,办好晋修班,既"是云南的事情,也就是国家的事情,都是我们应该做的事情"①。

晋修班各组在报告晋修心得时,均极为满意,希望今后再有这样的机会。因属草创,联大师院坦陈"制度与内容,皆待改进"。在《师范学院报告书》中报告课程设置时,指出晋修班"试验一年之经验,发觉其不当之处颇多",所谓的"不当之处",师院同人认为,晋修班课程同师院其他各系课程一样,在遵照部定课程基础上,"似宜容许学生有个别发展之余地",同时"不必多立名目,以乱学生进修之途径"②。第一期晋修班就此圆满完竣,效果"尚称良好"。龚自知从专业训练的角度肯定了晋修班的效果。他说:"现职教师之进修,其方式约为假期演习,长期补训及参观研究等。假期讲习,因迁就师资关系,势难集中于昆明,历届经办结果,以公私费用,用费过大,调集困难,人数无多,为期较短,不如举办长期补训之较有结果。因与师院商议模仿前例,改办一年制之进修班。"③

1940年7月19日,晋修班组织委员会开会,西南联大代表蒋梦麟、黄钰生、查良钊,教育厅代表龚自知、张嘉栋到会,会议议决教育厅与西南联大继续办理第二期晋修班。"学员由厅征调,并由各校保送暨自由投考三种。凡中等以上学校毕业之教师,均有应考资格。"④

1940年9月教育部鉴于后方各省中等教育急需改进,又经第二届高级师范教育会议议决"高初中教员晋修班办法要点",训令西南联大

---

① 《教员晋修班圆满结束,昨日举行茶话会,龚厅长亲临致辞谓今后教学改进定有一番新气象,学优而教教优而学》,《云南日报》1940年6月9日。
② 《国立西南联合大学师范学院报告书》,载北京大学、清华大学、南开大学、云南师范大学编《国立西南联合大学史料》总览卷,第147页。
③ 龚自知:《一年来的云南教育——在省参议会第二届大会报告》,《云南日报》1943年10月6日。
④ 《教厅与联大续办第二期晋修班,学员分征调报送投考三种,首期成绩优良者给证明书》,《云南日报》1940年7月20日。

师范学院附设高初中教员晋修班①，晋修班即由联大师院自主办理，自此纳入师院系列。然而，一月后，师范学院校舍被炸，男生宿舍全毁，办公处及教员宿舍有多处损毁。晋修班无奈停办，直到1944年方续办第二期。

1944年7月为提高云南中等学校教师程度，依据教育部颁《师范学院附设中等学校进修班办法》，西南联大师范学院会同省教育厅办理第二期晋修班。

教育厅非常重视此次进修，认为"关系各该校之改进及教员素质之提高"，一方面要求各校遵照规定督促指调教员按期参加，"不得藉词耽延，亦不得托故请免或中途改派"②。另一方面优待进修教员，根据实施细则，学员在学期间一律免缴学杂各费，除享受师院学生同等公费待遇外，每人每月可领到公粮五公斗三升，还保留所在原校薪金待遇。同时，可照章领取奖学金及旅费。

第二期晋修班分为文史地、数理化两组，每班设班主任一人，讲师照例由联大师范学院教授、副教授、讲师兼任，选调省内各公私立中等学校担任国文、史地、算学、理化等科具有一年以上教学经验，经试验检定之初级中等学校在职滇籍教员。根据各校保送教员名单，第二期晋修班共招收学员91人，其中文史地组51名，数理化组40名，年龄最大者为文史地组来自曲溪县立初级中学的李树藩，时年已47岁，年龄最小者亦为文史地组来自西畴县立初级中学的19岁教员纪廷琛，大多数教员在25岁左右。派出学员进修的省立学校有省立昆华师范、省立镇南师范、省立开远农校、省立宣威师范、省立大理中学、省立官渡农校、省立开广中学、省立缅宁中学、省立大理女中9所学校，私立学校仅私立建国中学1所派员进修，其余皆为县市立中等学校③。

---

① 《教育部训令：关于西南联大师范学院附设高初中教员晋修班办法要点》，载北京大学、清华大学、南开大学、云南师范大学编《国立西南联合大学史料》总览卷，第154—155页。
② 《中学教员进修班下月中旬报到，厅令各校指调教员参加，不得藉词耽延托故请免》，《云南日报》1944年7月11日。
③ 《函送中等教员进修班学员名单请查照准予注册由》，1944年，云南省档案馆藏，资料号：1032-001-00219-012。

第二期晋修班的讲师阵容及开设的课程情况见表7-7：

表7-7　　　　　　　第二期晋修班讲师阵容及课程情况

组别	课程名	学分/（分）	讲师	讲师职称
文史地	历代文选	6	张清常	西南联大师范学院教授
	现代文选	4	李广田	西南联大师范学院讲师
	各体文习作	2	张清常、李广田	
	中国通史	6	孙毓棠	西南联大师范学院史地学系副教授
	西洋通史	6	丁则良	西南联大师范学院史地学系教员
	中国地理	4	张印堂	西南联大理学院地质地理气象学系教授
	西洋地理	4	王乃樑	西南联大师范学院史地学系教员
	科学与文化（讲演）			
	中国教育问题	2	卢濬	西南联大师范学院教育学系教员
	体育	2	侯洛荀	西南联大体育部专任讲师
数理化	几何	6	江泽涵	西南联大理学院算学系教授
	代数	6	申又枨	西南联大理学院算学系教授
	数学习作	2		
	物理	6	许浈阳	西南联大师范学院理化学系教授
	化学	6	陈美觉	西南联大师范学院理化学系副教授
	物理实验	2	王先镕	西南联大师范学院理化学系教员
	化学实验	2	章育中	西南联大师范学院理化学系助教
	科学与文化（讲演）			
	中国教育问题	2	卢濬	西南联大师范学院教育学系教员
	体育	2	侯洛荀	西南联大体育部专任讲师

资料来源：西南联合大学北京校友会编：《国立西南联合大学校史：一九三七年至一九四六年的北大、清华、南开》，北京大学出版社2006年版，第323—324页。

由表7-7可知，西南联大师范学院承担起了第二期晋修班的教务工作，讲师仍为师院教师，只不过副教授以下的讲师、教员、助教占了多数。课程较第一期大有调整。

晋修班的设置,一方面加强检定不合格教员的专业训练,以求改良师资素质;另一方面加深教员的专业训练,以求提高师资品质。西南联大师范学院承担的晋修班虽属草创,第一期举行时,全国并未普遍,但此种措施非常重要,当时有人建议"各个师范学院应闻风而起"①,间接说明晋修班的办理效果及其社会关注度。

三 合办中学理化实验讲习班

中学理化实验讲习班本来是"云南省中等学校教师暑期讲习讨论会特设之一班",因中学理化实验水平较低,理化仪器稀缺,故单列举办,以示重视。其宗旨"在于集合本届中等学校理化教师讲习理化仪器之实验及应用,以期增进科学教育之效率"②。1941年年初,云南省教育厅为充实各中等学校理化仪器,提高科学教育程度,特"请准发给各校理化标准仪器共五十余套,分发各校应用"③,但考虑到不少教师实验技能欠缺,若直接发往各校使用,不免浪费,教育厅遂与联大师院联系,请其代为培训,要求各校选送学员来省受训,待讲习毕,经考核合格,且返原校继续担任专任理化教员,方得申领理化仪器回校使用。4月16日的西南联大常委会会议,议决通过师院与教厅合办中学理化实验讲习班④。理化实验讲习班自6月1日至7月底,历时两月。教厅厅长龚自知与师院院长黄钰生分别兼任正副班主任,讲习地点在昆华农校,并借用联大及师院附校的理化实验室。

理化实验讲习班设班委员会,由教厅厅长龚自知、联大师院院长黄钰生、联大训导长查良钊、联大理学院化学系主任杨石先、联大师院理化系

---

① 梁兆康:《师范学院附设教员进修班问题的商榷(上)》,《教育通讯》(周刊)1941年第11期。

② 《云南省中学理化实验讲习班简章》,1941年,云南省档案馆藏,资料号:1032-001-00219-001。

③ 《理化实验班警报声中继续讲习,专题演讲参观秩序已定,龚厅长黄院长欢宴学员》,《云南日报》1941年6月18日。

④ 北京大学、清华大学、南开大学、云南师范大学编:《国立西南联合大学史料》会议记录卷,第173页。

主任许浈阳5人组成，讲习班教职员基本上为师院教师（见表7-8）。

表7-8　　　　　　　　　中学理化实验讲习班教职员录

姓名	本班职务	原职
龚自知	主任	云南省政府教育厅厅长
黄钰生	副主任	国立西南联合大学师范学院院长
杨石先	导师	国立西南联合大学化学系主任
许浈阳	导师	国立西南联合大学师范学院理化系主任
严仁荫	导师	国立西南联合大学师范学院理化系教授
钱人元	助教	国立西南联合大学师范学院理化系助教
王先镕	助教	国立西南联合大学师范学院理化系助教
陈汝铨	助教	国立西南联合大学化学系助教
卢濬	教务员	国立西南联合大学教育系助教
董石如	助理	国立西南联合大学师范学院理化系助理员
赵子聘	会计主任	国立西南联合大学师范学院附设学校会计课主任
郭平凡	事务主任	国立西南联合大学师范学院事务室主任
王植庚	事务副主任	国立西南联合大学师范学院附设学校事务课主任
沈洪涛	助教	国立西南联合大学物理系助教
廖鼎新	办事员	云南省教育厅科员

资料来源：《云南省政府教育厅、国立西南联合大学师范学院合办云南中学理化实验讲习班手册》，1941年，云南省档案馆藏，资料号：1032-001-00219-002。

中学理化实验讲习班学员的入班资格有两种：一是学历须为高中、全师、高职等学校毕业曾任理化专任教员两年以上，具有各项证明文件者。或大学毕业曾任理化专任教员一年以上，具有证明文件者；二是由校长保送，但校长必须出具该进修教员今后在校继续专任理化教员至少一年之文书。教育厅非常重视这次讲习，要求期满后举行成绩考查，凡考查合格者，给予及格证书，补助由学校来省城往返旅费及两月伙食杂项津贴260元及领取仪器回校运费，但若在班不足40天，或缺课1/3以上，或成绩考查不满60分，一概不发给证书及补助费①。根据6月

---

① 《云南省中学理化实验讲习班简章》，1941年，云南省档案馆藏，资料号：1032-001-00219-001。

13日西南联大注册股的统计，共36名学员入班注册，其中20—29岁者24人，30—39岁者10人，40岁以上者2人，大学毕业者5人①。

讲习班分为示教讨论、理化实验、专题演讲及教学参观四项内容。示教讨论、理化实验由讲习班教员负责，专题演讲共办6次，均由联大理学院物理学系、化学系知名教授担任，主讲教授和讲题有：曾昭抡讲《国防化学》，任之恭讲《无线电与国防》，朱物华讲《食品化学》，张文裕讲《近代物理》，杨石先讲《生物化学》，吴有训讲《晶体研究》。教学参观则安排学员到中央电工器材厂、昆湖电厂、炼铜厂、化工器材厂、中央机器厂、中央防疫处、清华大学无线电研究所等处参观。

讲习班期满的成绩考查显示，有2名学员没有成绩，1名学员的化学考查不及格，其余均在及格线之上，从甲等至戊等的等次划分看，大部分学员的成绩处于中间水平②，讲习班基本上达到了提高中学理化教员实验水平目标。

四 受托主办中学英语讲习会

云南地居边隅，文化素称落后，各中学英语科成绩，进步较缓，"每届中学生毕业会考及升学成绩，均以英语一科为逊"③。1938年寒假，云南省教育厅为增进各公私立中学英语教学效率，促进各校英语专任教员进修，以提高学生英语程度起见，特委托中国正字学会主办云南省中学英语教学讲习会。

1935年中国正字学会（Orthological Institute of China）由翟孟生（R. D. Jameson）、瑞恰慈（I. A. Richards）两教授创设于北平。该会旨在研究、教授英语之方法，并编制适合于中国学生的课本，最初在北平、天津两地编写英语实验课本。抗战爆发后，中国正字学会迁移到昆

---

① 《省中学理化实验讲习班学员注册表》，1941年，云南省档案馆藏，资料号：1032 - 001 - 00219 - 013。
② 《国立西南联合大学中学理化实验讲习班学生成绩报告簿》，1941年，云南省档案馆藏，资料号：1032 - 001 - 00219 - 005。
③ 《云南省政府训令（秘二教总字第一五七七号）令为据教育厅呈举办云南省中学英语教学讲习会一案仰即知照》，《云南省政府公报》1939年第17期。

明（设于光华街云瑞中学内），于1938年8月正式在滇开展工作。中国正字学会到云南后，征得省教育厅的同意，先在云瑞、虹山、富春等校进行几个初中一年级实验班。经过试验，效果不错，教育厅便有了集中全省英语教师训练的动议。

基于中国正字学会在云南的成功实践，龚自知还专门撰文介绍正字学会，他认为中学英语教学存在三个问题，一是没有专为教授中国学生学习英语的方法；二是缺乏编制适于中国学生兴趣需要的课本；三是缺乏优良师资。而中国正字学会由中西一些对于英语教学有研究和教学经验的专家组成。他们主要集中研究中国的英语教学问题，并根据他们的语言理论、教学方法，编制专给中国学生用的教材①。中国正字学会到云南后，其主要负责人为西南联大英籍教授吴可读。

吴可读（Pollard-Urquhart），西南联大文学院外国文学系教授。1894年出生于英国，牛津大学硕士，1923年执教于清华大学，担任英语教授。其中文名为吴宓先生所取。西南联大时期，吴可读主要讲授大二英文。吴可读在中国出过五本书，分别是《注释狄更司圣诞述异》(Dickens' Christmas Carol)，《潘墅美人》(The Fair Maid of Perth)，《窦华德传》(Quentin Durward)，《英国散文选》(Selections of English Prose: From Chaucer to Thomas Hardy)，《西洋小说发达史略》(Great European Novels and Novelists)。

1938年9月以后日机开始轰炸昆明，西南联大师生平静的生活被打乱。在日机的狂轰滥炸中，吴可读被汽车撞倒，伤及膝部，引起发炎，后送至罗次修养，终因治疗无效，于1940年10月24日身故。吴可读同情中国抗战，曾云："伟大的中华民族之神圣抗战，一定能得到最后胜利，奠定世界之真正和平，如中国不继续抗战，则世界永无和平之日。"吴可读逝世后，国民政府行政院发令予以褒奖，"查国立清华大学英籍教授吴可读，在校任教16年，启迪后进，劳瘁不辞，近年兼主中国正字学会英语教学研究及推进工作，亦多贡献，兹闻溘逝，悼惜

---

① 龚自知：《改进云南中等学校英语教学问题——介绍中国正字学会》，《云南日报》1939年1月18日。

良深，特予褒扬，以昭懋续。"①

中学英语教学讲习会定于 1939 年 2 月 1 日开讲，2 月 15 日结束，约计两星期，指派省会附近交通便利之各公私立中学英语专任教员 50 余人入会参加讲习。讲习地点设于省立富春初级中学②。2 月 8 日，英语教习会补行开学典礼，吴可读代表正字学会致辞。他介绍了云瑞、富春、虹山等校的实验，认为结果很好，希望通过英语讲习会，与各校取得进一步的联络。龚自知随后的训词肯定了吴可读及正字学会在虹山、云瑞、富春三校的实验效果，并提出了希望，一则希望英语教习会"在省会普及，并且希望在不久后能普及于全省"，二则各种教学法"不仅是普及本省，并希望能传布到全国"③。2 月 15 日讲习会如期结束，在闭幕式上，吴可读总结说，"这次的英语教学讲习会，时间固然很短，但结果非常的好"④，他希望讲习会继续办理下去，并热盼教厅继续改进中学英语师资及教材。

为进一步依托正字学会的优势，云南省教育厅与正字学会合作，由厅方委托正字学会派出二名视导员在省会及周边交通便利之学区视导中等学校英语。视导期为 1939 年 9 月至 1940 年 6 月，视导学区及学校计有：

昆华中学区：昆华中学、昆华女中、昆华工业学校、昆明市立中学
曲靖中学区：省立曲靖中学
临安中学区：临安中学、石屏师范附中
玉溪中学区：玉溪中学、宜良初级中学
楚雄中学区：楚雄中学
大理中学区：大理中学

---

① 《阳字第二六二〇八号令为褒扬国立清华大学英籍教授吴可读由》，《行政院公报》1941 年第 2 期。
② 《教厅举办英语教学讲习会，由各校指派应有专任教员参加，会期自二月一日起至十五日》，《云南日报》1939 年 1 月 30 日。
③ 《英语教习会昨日补行开学典礼，到讲习学员五十余人，龚厅长希望普及全省》，《云南日报》1939 年 2 月 9 日。
④ 《英语教学讲习会昨日行闭幕礼，到来宾学员五十余人》，《云南日报》1939 年 2 月 16 日。

丽江中学区：丽江中学①

此次视导主要考查各校英语教学现况，研究现行英语教学问题并提出解决方案，协助各校计划英语教学实施办法等。

1939年8月，省教育厅与正字学会合办省立英语专修科，吴可读、温德等西南联大外籍教授继续在校授课。1941年8月联大师院根据教育部令设立初级部，并适应地方需要开办师范专修科，而师范专修科与英语专修科，均为培养初中师资而设，"事同一体"，"为划一规制加强训练起见"，省教育厅商函西南联大师范学院，拟将省立英专并入联大师院专修科，改为英语组②，不知何故未果。1942年改组为省立英语专科学校，1949年并入云南大学外语系。省立英专有3班学生毕业，为云南中等学校培养了100多名英语教师。

第三节 参与地方办学

抗战时期，云南的私立中等学校，尤其昆明地区的私立中学有了突飞猛进的发展，其中大部分为联大师生创办。例如，天祥中学，由联大江西籍学生创办；长城中学，由联大东北籍学生创办；黔灵中学，由联大贵州籍学生创办；粤秀中学由联大广东籍学生主办；松坡中学，由联大湖南籍学生创办；五华中学、金江中学，由联大滇籍学生所创办；建设中学，由联大安徽籍学生创办；明德中学，也是由联大回、汉、满族学生进行恢复和发展扩大的。其他如建国中学、峨岷中学、龙渊中学、大同中学、培文中学等，主要也是由联大学生在办学③。联大师生创办中学，一方面解决了自身的一些生活问题，另一方面也给云南本地的学生解决了上学问题。

---

① 《云南省中等学校英语视导简则》，昆明市档案馆藏。
② 《云南教育厅公函：关于省立英语专修科并入联大师院（1941年10月20日）》，载北京大学、清华大学、南开大学、云南师范大学编《国立西南联合大学史料》总览卷，第195页。
③ 朱鸿运：《论西南联大对云南教育的影响》，载"一二·一"运动与西南联大编委会编《纪念"一二·一"运动五十周年暨西南联大建校五十七周年理论讨论会论文集》，云南大学出版社1996年版，第363页。

第七章　西南联大与云南中等教育

下面仅以几所私立中学为例，说明西南联大师生在其中的作用。

一　天祥中学

私立天祥中学为旅滇江西文化界人士所创设，先是邓衍林、张特之、聂扬建三人于 1941 年夏创办建华补习学校以为基础，后受江西同乡会之委托支持，在云南省、昆明市行政当局的支持下，停办原豫章小学，扩充改为私立天祥中学。为何取名"天祥"，学校的办学宗旨中已道明其缘由，"遵照中华民国教育宗旨及实施方针，并发扬民族先贤信国公文天祥先生之精神，办理高初中完全中学。办学之目的为发展青年身心培养健全国民并为研究高深学术及从事建国大业之准备"。1941 年 8 月成立校董会，推李烈钧为名誉董事长、李文鑫（子铸）为董事长，聘邓衍林为首任校长具体负责。经昆明市政府批准省教育厅备案后，9 月 10 日正式开学，招收高初中 4 班学生，翌年增加为 7 班，1943 年复增为高中 4 班初中 5 班共 9 班，学生 400 余人的规模①。天祥中学初设于昆明市南城脚江西会馆，1944 年新建校舍于昆明东北郊小坝。至抗战胜利，天祥高中已增至 10 班，全校学生 600 余人，教职员工 50 人②。

天祥中学的校董会名誉校董中，西南联大理学院院长吴有训，师范学院院长黄钰生，联大训导长查良钊，师范学院教育系教授陈雪屏、陈友松、邱椿、罗廷光，法商学院法律系教授蔡枢衡 8 人赫然在列。天祥中学的教职员绝大多数为西南联大毕业生。学校行政管理的主要职务由联大毕业生担任，计有校长邓衍林（西南联大师范学院）、校务主任张特之（清华大学工学院机械系）、教务主任章煜然（清华大学哲学系）、训导主任聂扬建（西南联大法律系）、总务主任刘伟生（西南联大机械系）、高中部主任易经香（西南联大法律系）、初中部主任张迪憼（西南联大经济系）。除图书馆主任袁克勤（北平图书馆馆员）外，其余管理人员均为联大毕业生或与联大关系密切者。

教员方面，绝大部分为西南联大助教和学生。他们是联大算学系赵

---

① 邓衍林：《私立天祥中学概况》（民国三十二年度），《天祥年刊》1943 年第 1 期。
② 云南省地方志编纂委员会编：《云南省志·教育志》，第 340 页。

嘉真，航空系葛绍祖，经济系项粹安、胡文煊、熊中煜，史地系赵伯礼，外文系许渊冲、彭国涛、夏兆凤，中文系王鸿图，化工系吕彦杰，地质系邓海泉、胡士铎，土木系张燮、物理系黄有莘，教育系石韵薇，机械系陈星瑛、梁祖厚、周泽华、罗遒生、吴又芝，电机系孙永明22人，约占教员总数29人的76%。如果算上当时已离职的魏镕、王国屏（生物系助教）、孙雪亭、王立本、邵士斌、朱汝琦、刘德仪、王岫等人①，这个比例也不低，可见西南联大师生在天祥中学的作用之大。

这是1943年的统计情况。事实上，在天祥中学的办学历史上，西南联大学生100余人曾执教于此，如邓衍林、章煜然、聂扬建、熊中煜、符开甲5人曾担任过天祥中学的校长，熊德基、张德基、胡正谒、郑侨、章煜然、许渊冲、赵家珍、邓海泉、黄有莘、母履和、车铭、张树棣12人曾担任过天祥中学的教导主任，聂扬建、施养成、彭国涛、程应镠、卢华泽、丁贻礼6人曾担任过训导主任，刘伟、戴昌时、胡正谒、孙永明、熊中煜5人曾担任过总务主任②。担任天祥中学教职的这批西南联大校友后来大部分都成为各个领域的专家、骨干。朱光亚、申泮文、池际尚、严志达、朱亚杰等人成为中科院院士，朱光亚还担任全国政协副主席。此外，尚有美国科学院院士、著名数学家王浩，北京大学教授、著名翻译家许渊冲，华东师范大学教授、著名哲学家冯契等人。许渊冲自豪地认为，天祥的师资"如果要办一个大学，也是国际第一流的；只办中学，自然是'天下第一'了"③。

西南联大师生组成了天祥中学豪华的师资阵容，他们学识渊博，教学认真负责，故天祥的教学质量一直较高。如章煜然教物理，作物理实验，亲自先作一遍。张燮在数学课上教学生如何记笔记，改课外作业

---

① 《私立天祥中学校教职员一览表》，《天祥年刊》1943年第1期。
② 彭国涛：《西南联大校友创建的昆明天祥中学》，载云南西南联大校友会编《西南联大精神永垂云南：国立西南联合大学昆明建校65周年纪念文集》，云南教育出版社2003年版，第68—70页。
③ 许渊冲：《追忆逝水年华：从西南联大到巴黎大学》，生活·读书·新知三联书店1996年版，第136页。

第七章　西南联大与云南中等教育

时,也改学生笔记,连错别字、标点符号都改①。许渊冲在天祥中学提出"周考制",在每周六上午第一堂进行考试,国文、英文、数学、史地、理化或生物各考一题,每题限在十分钟内回答②,这种考试检验了学生的平时学习效果,巩固了学生的知识。1943年天祥中学毕业16名学生,有12名考入大学,其中交通大学1名、云大8名,西南联大2名,中央军官学校1名③。天祥中学的教学质量、升学率高在昆明是公认的,许多家长都希望子女就读天祥,就连西南联大常委梅贻琦也将女儿梅祖芬送到天祥,还有张奚若教授亦将儿子张文逸送入天祥④。在西南联大校友的精心教导下,天祥中学培养出了一批杰出人才,如中科院云南天文台著名天体物理学家黄润乾,云南大学教授、美学和哲学研究专家赵仲牧等。

天祥中学取得如此成就,原因之一便是西南联大师生将西南联大的传统、风气带到了天祥。天祥创办之初,即确定了以"北大之民主,清华之务实,南开之紧张活泼"作为办学方针,与西南联大承袭北大、清华、南开风骨俨然一致。在西南联大风气的影响下,天祥中学形成了"民主治校""严谨办学""自由教学""兼收并容"⑤的办学精神。

"一二·一"运动后,天祥中学被查封,1950年恢复办学,两年后改为昆明市第十一中学,现仍称昆明市第十一中学或天祥中学。

二　五华中学

1942年秋,私立五华中学借青云街圆通小学校舍正式招生,取名"五华"意在继承五华书院、经正书院的传统,为国育才。1944年11月朱自清亲为五华中学谱写校歌,其歌词为:"邈哉五华经正,流风余

---

① 彭国涛:《西南联大校友创建的昆明天祥中学》,载云南西南联大校友会编《西南联大精神永垂云南:国立西南联合大学昆明建校65周年纪念文集》,第76页。
② 许渊冲:《追忆逝水年华:从西南联大到巴黎大学》,第141页。
③ 《毕业同学通讯录》,《天祥年刊》1943年第1期。
④ 彭国涛:《西南联大校友创建的昆明天祥中学》,载云南西南联大校友会编《西南联大精神永垂云南:国立西南联合大学昆明建校65周年纪念文集》,第76页。
⑤ 王明坤:《历史记述的天祥中学》,载昆明市盘龙区政协文史资料委员会编《盘龙文史资料》第21辑,中国文史出版社2006年版,第172页。

韵悠长。问谁承前启后？青年人当仁不让。还我大好河山，四千年祖国重光，责在吾人肩上。千里英才，荟萃一堂；春风化雨，弦诵未央，坚忍和爱，南方之强。五华万寿无疆！"① 校歌起笔即指明学校以继承五华经正书院学统为鹄，次冀年轻一辈肩负使命弦歌不辍，终寄五华源远流长之意。

五华中学以天津南开中学为办学榜样，提出"北有南开，南有五华"的目标，以"坚忍和爱"为校训。五华中学由李根源之子李希泌发起成立，李本人为西南联大历史学系毕业生。

五华中学与西南联大的关系也很密切。五华中学的名誉校董中有西南联大常委梅贻琦、历史学系教授雷海宗、师范学院院长黄钰生、地质地理气象学系教授洪绂4人②。

五华中学聘请的教师大多数是西南联大师生，其中有朱自清、潘光旦、王赣愚、蔡维藩等教授，王瑶（国文教员）、汪篯（历史教员）、王乃樑（地理教员）、季镇淮（国文教员）、姚荷生（生物教员）、李赋宁、朱德熙、吴征镒、王佐良、吴乾就、孙本旺（算学教员）、施子愉（兼任国文教员）等年轻教师曾执教于此，这些人大多有扬州中学、清华大学的学习工作经历，五华中学又被称作"清华系""扬州帮"③。除上述联大师生外，尚有联大研究生徐孝通（英文教员），联大毕业生丁则民（教务主任）、严达（肄业，音乐教员）、黄礼勋（英文教员）、袁方（历史教员）、黄永泰（物理教员）、许令德（国语教员）、王履常（习字教员）④ 等人任职于五华中学。

西南联大校友学识渊博、治学严谨、教学认真，朱自清批改学生作业认真细致，富于启发性，作文评讲精辟；季镇淮对诗词传神的讲解和

---

① 朱乔森编：《朱自清全集》第五卷，江苏教育出版社1990年版，第134页。
② 《私立五华中学名誉校董履历一览表》，昆明市档案馆藏。
③ 者承琨、李成森：《私立五华中学述略》，载中国人民政治协商会议云南省昆明市委员会编《昆明文史资料选辑》第15辑，1990年，第207页。
④ 《私立五华中学校民国三十一年度下学期教职员履历表》《私立五华中学卅五年度上学期教职员姓名表》，昆明市档案馆藏。

很有韵味的吟诵①，凡此种种给学生留下深刻印象。

五华中学开办时招收2班学生，后兼招女生。1945年共有高中4班，初中5班，学生248人②。在西南联大师生的悉心栽培和严格要求下，五华中学的高中升学考试成绩经常名列前茅。头三届高中毕业生每届均有半数以上考取国内公立各大学③。据不完全统计，建校10年，五华中学毕业390名学生，从事教育者161人，占41%（其中高等学校任教者98人，中等学校任教者51人）；从事科研工作者82人，占21%；从事医务工作者44人，占11%；在党政机关、民主党派（含驻外机构）者38人，占9.7%；从事文化出版工业部门者20余人，为国家培养了一批栋梁之材。

1952年五华中学与峨岷中学合并为昆明市第十二中学。

三 长城中学

战时在昆明拓东路中段有一所四川同乡会创办的中学——峨眉中学，最初联大学生王以中到这所学校任教，并兼任教务主任，后来他推荐一些熟识的联大同学相继来校任教，其中有东北同学刘春生、吴维诚、方龄贵、刘北汜、李振颙、刘伯林等，刘春生担任训育主任。在王以中、刘春生的精心主持下，峨眉中学办得有声有色，但1943年下半年形势变化，按照西南联大校风办学的这批联大学生不得不离开学校，另谋出路。于是，他们决定自办一所学校。经过多方奔走，在昆经商的辽宁人张春生捐出金马山地皮以为校址，办学经费也蒙时任昆明警备司令禄国藩的关照，因刘春生在禄国藩当过家庭教师，禄除了捐款外，还亲笔写介绍信由刘春生、王以中到元江、磨黑、思普区一带找其老部属募捐，不幸的是，王以中从思普募捐归途中被土匪杀害，献出了生命。

---

① 者承琨、李成森：《私立五华中学述略》，载中国人民政治协商会议云南省昆明市委员会编《昆明文史资料选辑》第15辑，第208页。

② 介川：《记抗战期间创办的五华中学》，载中国人民政治协商会议昆明市五华区委员会文史资料委员会编《五华文史资料》第15辑，2002年，第162页。

③ 孙传胜：《留在记忆中的五华中学》，载政协昆明市五华区文史资料委员会编《五华文史资料》第5辑，1993年，第69页。

可见，长城中学办学之艰辛和不易。此外，地方人士亦慷慨扶助，"各校董除捐助巨款外，并纷纷捐赠图书、用具等物"，禄国藩本人还将珍藏的一部木刻殿版二十四史捐出①。

学校取名"长城"，有两层意思：一是倡导办学的多是北方人；二是希望培养出来的人才将来能成为民族解放的先锋、国家的保卫者和建设者，如同坚不可摧的万里长城②，正如方龄贵起草的备案呈文"长邦家之志，为国干城"。

长城中学的发起人中有西南联大常委梅贻琦、潘光旦、费孝通、闻一多、吴晗、曾昭抡等教授。1944年7月29日，长城中学正式成立，成立当日的校董会上，禄国藩被推选为董事长，梅贻琦、潘光旦两位联大教师当选为校董。

1944年8月长城中学在昆明各大报刊上登报招生，至12日，报名投考者达500余人③，超过拟招收名额一倍。14日、15日两日新生考试在西南联大新校舍举行。

长城中学沿用西南联大的优良传统。首先，采用民主管理。学校设校务委员会，由教师和行政人员组成，校长、教务主任等学校主要职务，由创校教师轮流担任，刘春生、王以中、蔡劼、王兆裕等人先后担任过校长。其次，艰难困苦中锲而不舍。创校头年，因经费不足，学校的几位创始人及单身老师只管饭，不发薪金。创始人刘春生外出办事只揣一块烧饼，集工友、教师、校长于一身，既四处筹资，又亲自上课。在这些创始人的带领下，师生们挖山开辟运动场、盖宿舍，自建校园，长城中学将这种教育与生产劳动相结合的办学方式，凝练为自己的办学特色，并在第二年的招生广告上予以强调，即"本校于一般教学外，兼重生产、教育及技艺训练"④。

---

① 《禄司令官捐书长城中学》，《云南日报》1944年8月12日。
② 龚绍康、王健农、王元昌：《忆母校长城中学》，载昆明市政协文史资料和学习委员会编《风雨忆当年——昆明市政协文史资料集粹》（中）文教篇，云南美术出版社1997年版，第71页。
③ 《禄司令官捐书长城中学》，《云南日报》1944年8月12日。
④ 《长城中学招生》（广告），《云南日报》1945年7月29日。

第七章　西南联大与云南中等教育

据统计，从 1944 年创办到 1952 年并入昆八中，在长城中学任教过的老师有 50 人，学习过的学生有 1000 多人①，长城中学培养了一批杰出人才，其中包括原云南省委书记普朝柱。

上述三校为战时联大师生直接创办私立中等学校的显著代表，前文提到的其他学校亦与西南联大密切相关，也是联大师生参与云南地方教育的具体表现。由湖南同乡会创办的松坡中学，所聘教师中就有沈从文、胡毅等人，曾昭抡、吴晗亦在此兼课②。两广同乡会创办的粤秀中学曾聘王力担任校长，王力先生还为该校编写校歌"越秀之麓，字海菊波。当年庠序先河，旅滇同乡，不废弦歌。昆明设校分科，滇粤一家无偏颇，四海兄弟共切磋。师求其良，友求其多。处群其道唯和"③，而这也正是粤秀中学的办学宗旨和目的，贯穿了粤秀的办学历程。与英国教会循道公会有联系的天南中学，其第二任校长为联大体育部主任马约翰，副董事长陆迈仁也是清华大学昆虫研究所、联大生物系教授④。大同中学由联大师范学院学生陈达三创办（见表 7 - 9）。

表 7 - 9　　西南联大师生参与创办的部分私立中学一览

学校名称	创办年	与西南联大关系	流变
天南中学	1938	第二任校长（1940—1945）为联大体育部教授马约翰	1952 年改为省第七中学，1955 年并入四中。现为昆明市西山区一中高中部
粤秀中学	1942	1942—1944 年联大文学院教授王力任校长	1953 年高中部并入昆八中，初中并入昆六中

---

① 龚绍康、王健农、王元昌：《忆母校长城中学》，载昆明市政协文史资料和学习委员会编《风雨忆当年——昆明市政协文史资料集粹》（中）文教篇，第 79 页。
② 王应祺：《松坡中学追述》，载中国人民政治协商会议云南省昆明市委员会编《昆明文史资料选辑》第 15 辑，第 235 页。
③ 刘德瑞：《对粤秀中学的点滴回忆》，载中国人民政治协商会议云南省昆明市委员会编《昆明文史资料选辑》第 15 辑，第 245 页。
④ 吴醒夫：《回忆天南中学》，载中国人民政治协商会议云南省昆明市委员会编《昆明文史资料选辑》第 15 辑，第 214 页。

续表

学校名称	创办年	与西南联大关系	流变
天祥中学	1941	校长、大多数教员为联大师生	现为昆明第十一中学
五华中学	1942	董事长为联大教务长潘光旦	1952年与峨岷中学合并为昆明第十二中学
峨岷中学	1941		同上
大同中学	1944	首任校长为联大师院学生陈达三	
长城中学	1944	发起人有梅贻琦、潘光旦、闻一多等人	1952年合并为昆八中
松坡中学	1941	曾昭抡、沈从文、胡毅等湘籍联大教授支持	1952年和护国、建国中学等校合并为昆八中
建设中学	1949	联大校友周大奎为校长	
金江中学	1944	联大校友张怀德为校长	1949年9月被勒令停办
建国中学	1943	联大校友王家璋担任校长	1952年合并为昆八中
南英中学		联大校友陈尔弼为校务长（1945年）	

资料来源：中国人民政治协商会议云南省昆明市委员会编：《昆明文史资料选辑》第15辑，第167—178、206—252页。

结　语

云南中等教育历经整理，行政划一，学校布局，学级调整，设备充实，已较前有明显进步。抗战中，云南省教育厅本法令与实践兼顾、数量与内容并重之态度，整个中等教育的面貌大为改观。抗战建国需要全民动员，中等学校学生是民众的中坚分子，对其施以武装训练。抗战建国需要增加后方生产，然而中学教育偏重升学预备，缺乏生产训练。抗战建国需要地方自治和地方建设的中下级干部，然而中等教育缺乏服务训练，多数不能升学的中等学校学生并无服务的能力，这些都是值得总结的地方。

一　基本地位与评价

1946年4月，省教育厅的教育施政报告中，对本省的教育做了检讨，关于中等教育有七个方面：（1）普通中学数量已属不少，今后应注意质的改进，其改进办法，须切实着重充实设备及储备优良师资两点。（2）县立中学一律以办初中及附办简师为主，其有开办高中者，如条件不具备，应予严加限制。（3）昆明市内私立中学数量不少，其设备及办理情形，是否悉合标准，教育厅应切实加以考核。（4）师范及职业学校数量，尚属不敷，应从事推广，同时应注意质的改进。（5）师范生副食费，每人每月仅有2100百元，似觉过少，应请增加。（6）各校办公费太少，非大量增加，无法应付。（7）省立中等学校学生津助费及奖学金为乎甚微，请照物价指数，比例增加。[①]

[①] 《省参议会通过教厅施政报告审查意见》，《云南教育（月刊）》1946年第2期。

战后中等教育的检讨,一方面肯定了中等教育在特殊时代中取得的成就;另一方面也提到了抗战以来仍然存在的"痼疾"。显然,抗战时期云南中等教育得到发展,主要体现于数量的扩张,尽管质量未明显提升,但也得到一定改善。当与战火威胁、经费短缺、物价飞涨、图书设备稀缺、底子薄弱等状况摆在一起时,战时云南中等教育取得了来之不易的成绩,为抗战建国做出了贡献。但就"检讨"而言,师资、设备、办学经费、师生待遇等问题依然横亘在云南中等教育向前推进的道路上,由此间接所致的普通中学、师范学校、职业学校三种类型学校的均衡发展、地区平衡发展,中等教育与国民教育、高等教育的衔接发展等问题仍需要解决。

云南中等教育延续战前轨迹,采取战时训练方针,遵照教育部有关推动中等教育发展之规章办法,结合本省实际,普通中学、师范学校、职业学校分区设置,尤其中学布局发展,奠定了自此至今一县一校之格局。一批私立中等学校在云南各地,尤其在昆明市落地生根,成为现今昆明市部分中学无法抹去的历史记忆。在迁滇知识精英的襄助下,云南中等学校师资大为改观,因为"师荒",西南联大师范学院成为云南省培植师资之"母机",客观促成了西南联大师范学院留昆独立设置,由此实现了在云南设置高等师范院校的意愿,为今日云南基础教育发展夯实了基础。总体而言,战时云南中等教育数量上得到增加,质量上有所提升。此外,从中等教育的均衡发展、服务地方建设的水平、边疆地区的表现状况,我们也可得出一些认识。

(一) 中等教育的平衡发展

其一,中学、师范、职业学校的均衡度。

教育部公布《中等学校设校增班注意事项》,规定中学、师范、职业三类学校的设置比例,初级中等学校为6:3:2,高级中等学校为2:1:1。事实上,因为经费分配到中学、师范学校、职业学校多少不均,加之三种类型学校的底子厚度不一,中学发展优于师范学校、职业学校,三种类型学校的设置比例难以达到部订标准,如1944年初级中等学校仅能达到30:10:2。抗战期间,省教育厅努力推动师教职教的愿望并未实现，一批县立简师改为县立初中，如峨山县立初中、寻甸县立初中、华坪县立初中、剑川县立初中①，职业学校的发展速度和规模不如中学和师范学校。抗战期间，云南中等学校的校数、班数、学生数整体呈增长之势，但类型发展存在一定差异。

其二，中等教育与初等教育、高等教育衔接程度。

我国学校教育系统，通常分为初等、中等、高等三阶段，三阶段关系密切。中等教育包含中学、师范学校、职业学校，中学分初高两级，师范分师范学校、简易师范学校、简易师范科、幼稚师范科，职业学校亦分高初两级。初中毕业生得投考高中；师范学校、幼稚师范科、简易师范科及高级职业学校、初中、初级职业学校及简易师范学校均招收小学毕业生。高等教育包括专科学校、大学（或独立学院）及研究院。专科、大学招收高中毕业生及其同等学力毕业生（与专科相当之专修科不收同等学力毕业生）。

我们从两个方面重点考察中等教育与高等教育的联系程度：一是中等学校学生升学水准。"中学原为升学预备而设。但事实上，中学毕业生真能升学者，不过十五分之一。尤其县立中学毕业生之升学比率，更形低小"②，就上文所述的两次全国统一招考，云南中等学校的升学率远远落后全国的平均水平，中等学校毕业生远超过专科以上学校计划招收之数。换言之，毕业是一事，升学又是一事，"毕业易而升学难"③。二是专科学校与职业学校连贯程度。根据《修正专科学校规程》之规定，专科学校种类包括工业、农业、商业及其他专科学校。"以近数年招生情形观之，高中毕业生及高职毕业生，大多数投考大学或独立学院；专科学校所收之学生，大多数亦为高中毕业生。"④ 一般而言，高

---

① 周栗斋：《云南省教育厅最近各项设施概要》，《云南教育通讯》1939年第20、21期合刊。
② 龚自知：《教师专业化与云南中等教育——讲于中学教师暑讲会》，《云南教育通讯》1939年第2期。
③ 戴应观：《现阶段中学教育与高等教育间存在之矛盾及其消除之拟议》，《高等教育季刊》1941年第1期。
④ 黄建中：《中等教育与高等教育之关联》，《今论衡半月刊》1938年第8期。

中学生的普通学科、外国文程度优于职业学校毕业生，应以升入大学为宜，高职最终的归宿在于职业技能养成，升学并非其主旨，如若升学，当以升入学科相同之专科学校为宜。但职业学校毕业生升学者，多数升入大学，未能实现分科连贯培养之旨。

（二）中等教育在地方建设的作用

地方建设系指以省县为中心的国家建设，包含政治、经济、文化、军事等内容。地方建设需要一批有认识、有热忱、有训练的中下级建设干部，如县政人员、乡镇长、国民学校校长和教师、农工业推广人员、民众组训人员等，而中等教育承担着大部分地方建设人才的培养任务。仅从小学学校师资的供给来考量。1943 年按照新设中心学校每校平均以 6 名教师、国民学校平均以 3 名教师计，该年设置之中心学校及国民学校共需教职员 7590 人，连同原设之中心学校、国民学校所需教职员 28761 人，共需教职员 36306 人，其师资一部分来源于全省省县立师范学校毕业生 1200 人，另一部分来自各县办理之一年制师训班毕业生 1500 人，共计增加 2700 人①，师资缺口之大可以想见。小学师资的质量也令人担忧，1942 年全省各县区小学教员登记人数为 7771 人，毕业于师范学校 2541 人、中学 2851 人、其他 2379 人，而参加教员检定的 5441 人中，有 2353 人不合格②，这一比例为 43%，质量堪虞。又据周捷高的统计，1945 年云南全省有 14000 保，每保应设一个中心小学或国民学校，则全省应设立小学 14000 余所，而现有的小学总数不过 9000 所，教师也只有 12000 人③。现有的师资质量是否满足需要是一个问题。9000 所小学，只有 12000 个小学教师在担任全部国民教育的施教工作，平均每校仅 1.3 个教师，数量明显不够，质量就更不用说了。其次，教师缺口从哪里来？照一保一校的计划，全省还须开办 5000 余所小学，假如连校长教员一起在内，以每校 3 人计，则 5000 所小学需

---

① 《为检发本府民国三十二年度行政计划及政绩比较表令省教育厅收阅由》，1943 年，云南省档案馆藏，资料号：1012 - 001 - 00060 - 005。

② 《三十一年云南教育简报》，1942 年，云南省档案馆藏，资料号：1012 - 004 - 02063 - 039。

③ 周捷高：《云南师范教育的现在与将来》，《云南教育（月刊）》1946 年第 2 期。

要 15000 名小学教师，这些小学教师从何而来？这些小学教师应该由什么学校来训练？当然是师范学校，问题的关键是，假使当年师范学校所有在校学生均投身小学教育也远远满足不了需要。再从提高民众的智识程度来看，1945 年云南全省人口约为 1000 万人，受过教育者不过 300 万人，70% 以上的人口是文盲①，他们的识字教育是一个值得重视的问题。仅从提供小学师资和承担民众师资的角度来看，抗战时期，云南中等教育在地方建设中的作用远达不到预期，遑论其他。

（三）边疆民族区域的中等教育

云南中等教育，因民族众多复杂，语言宗教不一，生活状况悬殊，山川阻隔，气候差异，推进中等教育难以一概而论，呈现出内地地方教育与边疆教育两种形态。云南省自 1935 年推行边疆教育，先后创设边地小学 34 校，1941 年调整为 26 校，此种局面直至抗战胜利。除国立学校外，1945 年中等边疆学校计有维西、镇康、双江、镇越等县立初中 4 所，澜沧、麻栗坡等县立简师 2 所，共计 11 班，学生 371 人，教职员 36 人②。这种状况与云南边疆民族大省地位不相匹配。办理边疆民族教育，师资和经费是主要问题。边疆各民族语言、风俗、宗教等存在差异，应将语言相通，风习、宗教相近者划为一类，选择适当地区设置边地师范学校，造就师资训练培养机关。边地交通阻隔，边民生活落后，毫无工商业而言，与内地相比，难以征收田地赋税，就近筹款也难以实行，唯有政府划拨专款不可。1945 年 6 所边地中等学校，平均每校 6 名教员，且不论检定是否合格，师生比亦不低。至于经费，1939 年云南省少数民族人口占全省总人口 37.5%，边疆教育经费仅占全省教育经费的 2.8%③，可见边地中等教育之落后和政府的重视程度。

二　四个显著特征

战时云南中等教育呈现出四个显著的特征：

---

① 周捷高：《云南师范教育的现在与将来》，《云南教育（月刊）》1946 年第 2 期。
② 曹树勋：《抗战十年来中国的边疆教育》，《中华教育界》1947 年第 1 期。
③ 宗亮东：《边疆教育的三个重要问题》，《教与学》1940 年第 7 期。

第一，延续战前计划，顺应战时需要。抗战前，云南省奉颁中学、师范学校、职业学校相关法令规程后，分别改制，使中师职教育各成体系。中等教育行政及教学训管，逐年制订实施计划，如健全学校组织，审核学校课程，取缔专任教员兼职，认真严格训管，实行军事训练，举行毕业会考等项，抗战时期均继续推行，并应时需有所变更加强。

抗战时期云南中等教育呈现出来的一个特点就是，按照战前计划实施的节奏，结合战时特殊情况办理。抗战前云南省教育厅曾派员视察省会各中等教育，并形成了一份详细的现状调查和改进意见。根据调查，云南省教育厅认为，省会中等学校存在八大问题：一是行政组织不健全；二是校长未专任；三是教员专任制度未严格执行；四是教学以注入为主；五是教师不注意训育；六是教师指导学生实习不够；七是学校不注重学生课外活动；八是学校多未实施学生个别指导或分组指导①。省会学校如此，省内其他中等学校亦大略如此。

为此，视察专员徐继祖就组织、校长、教师、教学、训育、行政、校舍、设备提出了针对性的意见。抗战时期云南省教育厅在中等教育上的举措主要围绕战前普遍存在的问题而设法解决。换言之，教育厅只是在特定的历史境域中，强化改进措施和实施力度，这也反映出云南教育当局对战时教育的深刻理解。抗战时期，云南相对安定，受战争的影响不算大。云南教育当局充分认识到"后方"的地位，以平时教育、正常教育为主，辅之以战时特殊训练。他们对此种局面的理解主要体现在两个方面：一是用人问题。大批来自沦陷区的文教人员避难后方，为云南的教育事业带来了高素质的人才，云南教育当局充分利用后方"优势"，将这些人"为我所用"。二是地区均衡发展问题。抗战前云南省的教育方针"系着眼现在，使三迤内地教育，在必要情况之下，可能范围以内，一方面注意其均衡发展，另一方面督励其大举推动"②。云南本属落后区域，省会昆明的教育水准"一枝独秀"，其他地区相较落

---

① 徐继祖：《云南省教育厅视察专员视察省会各中等学校报告》，《云南教育公报》1936年第8期。
② 龚自知：《南防教育文化之回顾与前瞻》，《云南教育》1933年第1期。

后，存在明显的差异。如何均衡发展？战前省教育厅即已分区发展，抗战爆发后又重新划区。从办理结果来看，云南绝大多数县设立了县立中学，为云南今天的基础教育奠定了基础。师范教育、职业教育分区设置，不如普通中学那般顺利，但依然因陋就简，开创了新局面，为抗战救国、新县制建设培养了一批中初级人才。

第二，迁滇高校襄助教育，影响深远。以西南联大为代表的迁滇高校，引领云南社会风尚，致力于云南的经济社会建设，但贡献最大者当属中等教育的发展。1945年暑假前，在云南省中等学校执教的外省人，随着战争的结束大多离开云南，这一形势令教育厅长龚自知非常忧虑。9月20日全国教育复员会议在重庆召开，龚自知因公务繁忙未能前往，委托中华职教社昆明分社负责人、云南省教育厅督导室主任孙起孟代表其出席。行前，龚自知嘱孙带往会议的意见，便是希望"注意今后本省中等学校之师资问题"，原因就是"本省中等学校教师，据统计无论公立或私立，外籍者占半数以上，以后复员开始，彼等均拟返还原籍，是则本省中等学校教育，将受莫大影响"。为此，龚自知希望教育部能够给云南省外籍教员物质上的帮助，他们"生活如得安定，则暂时可能留省继续服务"，从而使西南联大留在昆明的师范学院"有充分时间培育人才"[①]。对此，云南省教育界有着相同的看法。联大行将北返，云南省参议会有大量培养师资改进全省中等教育的提案，建议"省府依照教育复员会议议决咨请教部迅速派员筹备国立昆明师范学院，大量培植优良师资。"[②] 这些共识间接说明当年以西南联大师生为代表的"外籍"知识分子在云南省地方教育中的地位[③]。西南联大师范学院创办之附设中学至今依然为云南基础教育培养大批优秀人才，起到引领示范作用。

第三，私立中学大批开办，奠定教育基础。对比战前，私立中等学

---

① 《龚厅长派孙起孟代表出席教育复员会议，将请大会注意本省师资问题》，《云南日报》1945年9月15日。

② 《为云南省参议会咨请大量培养师资改进全省中等教育一案电令云南省教育厅查核办理》，1946年，云南省档案馆藏，资料号：1012-001-00041-012。

③ 闻黎明：《西南联大与云南中等学校师资培养》，《中国国家博物馆馆刊》2012年第10期。

校不仅数量增加，而且质量不差。私立中等学校的开办，一方面解决了一部分在校大学生的生活问题，历练其社会本领；另一方面解决了部分中学生的就学问题。一批办有所成的私立中学发展至今，为昆明的中学教育夯实了基础。由私立学校发展而成的昆明八中、九中、十中、十一中、十二中、十三中，一直是昆明市属中学的骨干学校，培养锻炼了一批经验丰富的教师和教学骨干，为社会主义建设事业培养了大批优秀人才。

第四，教育经费对教育事业发展影响巨大。由于教育经费独立，来源有方，云南中等教育到抗战中期获得了较快发展，学校数、班级数、学生数增长较快。1941年教育经费失去独立地位后，此前稳定的教育经费来源被打断，云南的中等教育只得向银行举债和依靠上级拨款维持，中等教育的发展受到很大影响，一方面部分学校停办合并；另一方面师生待遇低落，教师改就他业，学生中途辍学，教学水平低落。

三　可资借鉴之处

作为边疆多民族省份，云南自然资源禀赋优异，生态环境秀美多样，民族文化旖旎独特，但经济欠发达、教育文化落后也是云南自古至今面临的不争事实。抗战时期，云南教育在抵御外侮的历史情境中有所发展，中等教育只是其中的典型代表。揆诸云南中等教育的战时历程，我们或可从中获得一些借鉴启示，主要体现在三个方面：

一是制度建设是教育发展的有力保障。教育管理牵涉组织、师资、经费、学生诸多方面。20世纪30年代初国民政府颁布一系列中等教育法规之后，云南按照"部"颁法规，逐步完善自身的教育管理办法，尤其适应抗战需要，提出教育管理"四项要则"，相应修订组织、人事、经费等方面管理制度，不断强化规范管理，在"战时"接续了"平时"教育的平稳有序。现代教育是一个错综复杂的系统组织，教育的发展必须统筹系统内各种关系，如何统筹，制度建设便是其中的重要一环。因此，我们必须重视教育管理制度的建立、健全、完善及执行，靠制度管人、管事、管物、管财，提升管理效能，实现教育的改革发展稳定。

二是师资队伍是教育发展的关键所在。有了优秀的师资队伍，方能培养合格的学生。正如本书着重阐述的西南联大与云南省教育厅合作的各种师资培训实践，为云南中等教育的师资质量提高做出了贡献。从中可以发现一些关键信息：其一是这些师训活动均为政校合作，即在政府行政推动的基础上，委诸一所学校进行，其中的组织、经费、总务等问题均无顾虑，兼顾了行政和学术，产生了实效。其二是这些师训活动得以开展的保障是有大批的"讲师"。担任讲师都是学界的知名人物，从学识水平到道德风貌，这些人给受训学员的激荡都是不小的，客观上保证了师资训练的水平和质量。这些做法对于我们今天组织在职教师进修具有重要的启示意义。

三是经费来源稳定是教育发展的应有之义。"千秋基业，人才为本"，一个国家、一个民族的发展，人才至关重要，教育之于人才培养，其作用不言而喻，而教育经费投入对于教育的改革发展至关重要。经费来源稳定、充裕，才能保证各种教育事业的稳步推进，保障教师待遇，方便学生就读。当前我国的经济水平与抗战时期相比有了很大的提高，在知识经济时代站稳脚跟，必须大力发展教育，但是教育又不能脱离经济盲目地发展，而是要受到社会经济发展水平的制约。因此，要想发展教育，需要有充足的经费保障。

参考文献

档案、方志、年鉴、资料集

《续云南通志稿》，文海出版社1966年版。

保山地区地方志编纂委员会编：《保山地区志》（上卷），中华书局1999年版。

北京大学、清华大学、南开大学、云南师范大学编：《国立西南联合大学史料》，云南教育出版社1998年版。

范义田编：《云南边地民族教育要览》，云南省义务教育委员会印行，1936年。

国民政府教育部编：《第二次中国教育年鉴》，商务印书馆1948年版。

国民政府教育部编：《第一次中国教育年鉴》，开明书店1934年版。

教育部边疆教育司编：《边疆教育概况》，1947年。

教育部编：《教育法令汇编》（第四辑），正中书局1939年版。

昆明市部分中学档案（37全宗），昆明市档案馆藏。

昆明市地方志编纂委员会编：《昆明市志》第2分册，人民出版社2003年版。

清华大学校史研究室编：《清华大学史料选编》第三卷（上）《抗日战争时期的清华大学（1937—1946）》，清华大学出版社1994年版。

清华校友总会编：《校友文稿资料选编》第4辑，清华大学出版社1996年版。

商务印书馆编：《中华民国教育新法令》（第五册），商务印书馆1913年版。

商务印书馆编：《中华民国教育新法令》（第一册），商务印书馆1912年版。

宋恩荣、章咸选编：《中华民国教育法规选编》，江苏教育出版社2005年版。

王文俊、梁吉生等编：《南开大学校史资料选（1919—1949）》，南开大学出版社1998年版。

西南联大《除夕副刊》主编：《联大八年》，新星出版社2012年版。

西南联大档案（32全宗），云南省档案馆藏。

云南地方志编纂委员会编：《云南省志·地理志》，云南人民出版社1998年版。

云南省地方志编纂委员会办公室人物志编辑组编撰：《云南省志·人物志》，云南人民出版社2002年版。

云南省地方志编纂委员会编：《云南省志·教育志》，云南人民出版社1995年版。

云南省教育厅档案（12全宗），云南省档案馆藏。

云南省教育厅经费委员会编行：《云南省教育经费历年独立收支概况》，云南开智印刷公司1933年。

云南省教育志编纂委员会办公室编：《云南教育大事记（公元前121年—公元1988年）》，云南大学出版社1989年版。

云南省课题组编：《云南省抗战时期人口伤亡和财产损失调研成果选辑》，中共党史出版社2010年版。

云南省志编纂委员会办公室编：《续云南通志长编》，1985年。

朱有瓛主编：《中国近代学制史料》（第3辑上册），华东师范大学出版社1990年版。

文集、回忆录、传记

陈立夫：《战时教育行政回忆》，台湾商务印书馆股份有限公司1973年版。

符开甲：《杏坛往事》（内部印刷），1996年。

钱穆：《八十忆双亲·师友杂忆》，生活·读书·新知三联书店 2008 年版。

吴俊升：《文教论评存稿》，台北正中书局 1983 年版。

谢本书：《龙云传》，四川民族出版社 1988 年版。

许渊冲：《追忆逝水年华：从西南联大到巴黎大学》，生活·读书·新知三联书店 1996 年版。

云南西南联大校友会编：《西南联大精神永垂云南：国立西南联合大学昆明建校 65 周年纪念文集》，云南教育出版社 2003 年版。

张梓华编：《越秀之麓　学海菊波——记述粤秀学校的光彩史页》（内部印刷），2004 年。

朱乔森编：《朱自清全集》（第五卷），江苏教育出版社 1990 年版。

著述

蔡寿福主编：《云南教育史》，云南教育出版社 2001 年版。

陈启天：《最近三十年中国教育史》，上海太平洋书店 1930 年版。

陈征平：《民国政治结构变动中的云南地方与中央关系研究》，中国社会科学出版社 2012 年版。

独立出版社编：《抗战与宣传》，独立出版社 1938 年版。

葛夫平：《中法文化教育合作事业研究（1912—1949）》，上海书店出版社 2010 年版。

顾明远主编：《教育大辞典》，上海教育出版社 1990 年版。

郭桓编著：《云南省经济问题》，正中书局 1940 年版。

郭建荣主编：《国立西南联合大学图史》，云南教育出版社 2007 年版。

姜朝晖：《民国时期教育独立思潮研究》，中国社会科学出版社 2008 年版。

京滇公路周览筹备会云南分会编：《云南概览》，1937 年。

昆明市盘龙区政协文史资料委员会编：《盘龙文史资料》第 21 辑，中国文史出版社 2006 年版。

昆明市政协文史资料和学习委员会编：《风雨忆当年——昆明市政协文

史资料集粹》（中）文教篇，云南美术出版社1997年版。

李华兴主编：《民国教育史》，上海教育出版社1997年版。

刘光智：《云南教育简史》，贵州人民出版社1993年版。

刘捷、谢维和：《栅栏内外：中国高等师范教育百年省思》，北京师范大学出版社2002年版。

刘兆吉编：《西南采风录》，商务印书馆1946年版。

马廷中：《民国时期云南民族教育史》，民族出版社2007年版。

毛礼锐、沈灌群主编：《中国教育通史》（第五卷），山东教育出版社1988年版。

钱能欣：《西南三千五百里》，商务印书馆1939年版。

舒新城编：《近代中国教育思想史》，福建教育出版社2007年版。

孙邦正：《六十年来的中国教育》，国立编译馆1974年版。

孙代兴、吴宝璋主编：《云南抗日战争史（增订本）》，云南大学出版社2005年版。

闻黎明：《西南联合大学的抗战轨迹》，社会科学文献出版社2010年版。

西南联合大学北京校友会编：《国立联合大学校史：一九三七年至一九四六年的北大、清华、南开》，北京大学出版社2006年版。

严德一：《云南边疆地理》，商务印书馆1946年版。

余子侠、冉春：《中国近代西部教育开发史：以抗日战争时期为重点》，人民教育出版社2008年版。

云南经济研究所编：《云南近代经济史文集》，《经济问题探索》杂志社1988年。

云南日报理论部编：《云南百年》，云南教育出版社2004年版。

云南省归国华侨联合会、云南华侨历史学会编：《赤子丰碑——华侨与抗日战争》，2005年。

云南师范大学校史编写组编：《云南师范大学校史稿》，1988年。

张肖梅编：《云南经济》，中国国民经济研究所，1942年。

政协昆明市五华区文史资料委员会编：《五华文史资料》第5辑，

1993 年。

中共云南省委党史研究室、云南省社会科学学会联合会等编:《全民抗战的胜利——云南省纪念抗日战争胜利 50 周年理论研讨会论文选编》,云南教育出版社 1996 年版。

中国人民政治协商会议昆明市五华区委员会文史资料委员会编:《五华文史资料》第 15 辑,2002 年。

中国人民政治协商会议西南地区文史资料协作会议编:《抗战时期内迁西南的高等院校》,贵州民族出版社 1988 年版。

中国人民政治协商会议西南地区文史资料协作会议编:《抗战时期西南的交通》,云南人民出版社 1992 年版。

中国人民政治协商会议西南地区文史资料协作会议编:《抗战时期西南的教育事业》,1994 年。

中国人民政治协商会议云南省昆明市委员会编:《昆明文史资料集萃》,云南科技出版社 2009 年版。

中国人民政治协商会议云南省昆明市委员会文史资料委员会编:《昆明文史资料选辑》,1985—1997 年。

中国人民政治协商会议云南省委员会文史资料(研究)委员会编:《云南文史资料选辑》,1963—1998 年。

中国人民政治协商会议云南省昭通市委员会文史资料编辑室编:《昭通文史资料选辑》第 1 辑,1985 年。

庄俞、贺圣鼐:《最近三十五年来之中国教育》,商务印书馆 1931 年版。

报纸、期刊

《传记文学》(1964)

《高等教育季刊》(1941—1943)

《教与学》(1935—1942)

《教育部公报》(1938—1945)

《教育通讯》(1938—1941)

《教育与科学》（1946）

《教育杂志》（1917—1948）

《今论衡半月刊》（1938）

《今日评论》（1939—1941）

《申报》（1937—1945）

《天祥年刊》（1943）

《统计月报》（1937—1944）

《行政院公报》（1937—1945）

《云南档案史料》（1983—1994）

《云南地方志通讯》（1986）

《云南教育》（1932—1934）

《云南教育（月刊）》（1946）

《云南教育公报》（1935—1938）

《云南教育通讯》（1938—1939）

《云南日报》（1937—1945）

《云南省政府公报》（1937—1945）

《战时知识》（1938—1939）

《中华教育界》（1947）

云南省教育厅编：《二十七年暑期云南省中等学校各科教员讲习讨论会简报》（1938）

云南省教育厅编审股编印：《三十年云南教育简报》（1941）

云南省教育厅编印：《云南省教育概览》（1935—1938）

论文

高雪凯：《抗战时期云南兵役工作研究》，硕士学位论文，云南大学，2017年。

任胜文：《抗战时期的云南中等职业教育研究》，硕士学位论文，云南民族大学，2011年。

王运明：《1928—1937年山东中等教育研究》，博士学位论文，首都师范大学，2011年。

闻黎明：《西南联大与云南中等学校师资培养》，《中国国家博物馆馆刊》2012年第10期。

夏绍先：《抗战时期云南的教育——内迁院校与云南教育的发展》，《云南师范大学学报》（哲学社会科学版）2002年第6期。

杨立德：《西南联大师院加强与中学的联系》，《云南师范大学学报》（哲学社会科学版）1994年第3期。

张洁：《抗战时期西南联大对云南中小学教育的影响》，《楚雄师范学院学报》2004年第4期。

朱鸿运：《论西南联大对云南教育文化的影响》，《楚雄师专学报》（社会科学版）1996年第4期。

后 记

这本书是在我的博士学位论文基础上进一步修改而成的。论文的写作和修改，都是利用假期和工作间隙，犹记得那些"抛家舍子"的寒暑，难以忘怀那些"挑灯夜书"的日子，成书之际，心中感慨万千。

在这里，首先感谢我的导师闻黎明先生，从论文选题到框架敲定，他都倾注了大量心血，为了帮助我顺利开展研究工作，除了在北京的开题报告之外，他还利用赴云南开会间隙特地邀请了云南的专家集中为我"开小灶"。感谢他在我的学习、工作、生活方方面面予以的关心、支持。

感谢我的家人，父母都是老实巴交的农民，母亲更是目不识丁，从小到大，父母言传身教，教我老老实实做人、踏踏实实做事，予以我无微不至的关怀。感谢我的妻儿，无论是工作，还是学习，妻子尽其所能，给了我最大的支持，儿子给了我学着做一名父亲的快乐。

在论文的写作、答辩及修改中，北京大学欧阳哲生教授、中国社科院近代史所左玉河研究员、于化民研究员、黄道炫研究员、雷颐研究员、王也扬研究员、周斌研究员，西北大学姚远教授，云南师范大学吴宝璋教授、封海清教授等诸位先生提出了宝贵的意见建议。中国社会科学院近代史所图书馆、云南省图书馆、云南省档案馆、云南师范大学图书馆、昆明市档案馆为我的论文写作提供了资料支持，在此一并致谢。感谢在我的工作、生活中，予以关心、支持、理解的领导、同事和朋友。

博士论文有幸得到云南省哲学社会科学学术著作出版资助，感谢云南省哲学社会科学规划办公室设立此资助，感谢评审专家对论文的认可，使得论文能有付梓出版的机会。同时，感谢云南师范大学历史与行政学院对本书的出版予以的大力支持。感谢中国社会科学出版社使得本书能顺利出版。

  由于学识有限，书中难免有不少错漏之处，敬请专家和读者批评指正。

朱俊

2020年7月